INTERMEDIATE FRENCH FOR COMMUNICATION

BIEN SÛR!

CULTURE ET COMMUNICATION

MARIE-CHRISTINE WEIDMANN-KOOP
University of North Texas

Library of Congress Cataloging-in-Publication Data
Weidmann-Koop, Marie-Christine, 1954-
Bien sûr!: Culture et communication/Marie-Christine Weidmann
-Koop
p. cm.
French and English.
Includes index.
ISBN: 0-13-474412-8
1. French language—Textbooks for foreign speakers—English.
I. Title.
PC2129.E5W45 1995
448.2'2421—dc20 95-40568
CIP

Editor in Chief: Steve Debow
Executive Editor: Laura McKenna
Director of Development: Marian Wassner
Assistant Editor: María F. García
Editorial Assistant: Karen George

Managing Editor: Debbie Brennan
Graphic Project Manager: Ximena de la Piedra
Illustrator: Andrew Lange
Manufacturing Buyer: Tricia Kenny

A Simon and Schuster Company
Upper Saddle River, New Jersey 07458

Printed in the United States of America
10 9 8 7 6 5 4 3

ISBN 0-13-474412-8

Prentice Hall International (UK) Limited, *London*
Prentice Hall of Australia Pty. Limited, *Sydney*
Prentice Hall Canada Inc., *Toronto*
Prentice Hall Hispanoamericana, S. A., *México*
Prentice Hall of India Private Limited, *New Delhi*
Prentice Hall of Japan, Inc., *Tokyo*
Simon & Schuster Asia Pte. Ltd., *Singapore*
Editora Prentice Hall do Brasil, Ltda., *Rio de Janeiro*

A mes parents

Table of Contents

Chapitre 7
Recherche, économie et politique 126

Culture et communication

Boîte à outils

Echos francophones

Chapitre 8
La gastronomie 150

Culture et communication

Boîte à outils

Echos francophones

Chapitre 9
L'habitat 174

Chapitre 10
Loisirs et culture 198

Preface

Bien sûr is a flexible, two-volume program that focuses on expanding communicative competence and developing cultural skills at the intermediate level. It consists of a cultural reader/conversation text (***Culture et communication***) and a grammar review text (***Grammaire en contexte***) that may be used together, separately, or in conjunction with other texts, depending on the focus and goals of the course.

Culture et communication uses a variety of authentic documents from contemporary France and Francophone regions to equip students to function in different situations within a French-speaking context. It offers balanced work in all skill areas, including materials for developing cultural skills. ***Grammaire en contexte*** includes a systematic presentation of French structures accompanied by contextualized activities that further explore the themes and recycle the vocabulary in the corresponding chapters of ***Culture et communication***. ***Grammaire en contexte*** may serve as an active review of French grammar or a grammar reference text.

Highlights of the Program: *Culture et communication*

- Each of the ten chapters is organized around a cultural theme. An introduction, written in clear, manageable French, provides students with an overview of the basic elements of each theme and prepares them for the authentic texts that follow.
- Reading and discussion materials include a generous mix of authentic selections from magazines and newspapers, essays by recognized authors, literary excerpts and other authentic documents.
- A complete range of pre- during- and post-reading activities helps students develop good reading habits through intensive practice in skimming, scanning, decoding and other reading strategies.
- An abundance of widely-ranging activities, including both the guided and open-ended types, provides progressive practice in all skill areas.
- A focus on functions and idiomatic phrases exposes students to several language registers. Communicative activities encourage students to recycle functions and idiomatic phrases as they explore provocative themes.
- The *Echos francophones* collages assemble a variety of materials that offer unusual glimpses into French-speaking regions around the world. Along with the other authentic texts in the chapter, the *Echos francophones* provide a dynamic and up-to-date picture of life in contemporary France and the Francophone world.

Highlights of the Program: *Grammaire en contexte*

- Grammar explanations in English enable students to review material outside of class.
- All exercises are contextualized and related to the themes in ***Culture et communication.***
- A section of skill-using activities provides opportunities to synthesize material introduced throughout the chapter in an expanded context.
- A series of process-writing activities which includes peer editing and journal work.
- Listening texts-on-cassette provide opportunities to develop aural skills.

Chapter Organization

Every chapter of ***Culture et communication*** contains these elements:

- *Introduction.* An overview of the chapter theme that provides key background information in clear, easy-to-read French.
- *Vocabulaire pour la discussion.* A semantically-organized list of basic words and expressions related to the chapter theme. Brief activities give students the opportunity to process this new vocabulary before encountering it in authentic texts and using it in more open-ended activities.
- Authentic texts. Two or three authentic reading texts from magazines, newspapers, essays, literature and other sources present different aspects of the chapter theme. Extensive pre-, during-, and post-reading tasks help students become independent readers by developing their repertoire of reading strategies. The authentic texts also serve as a basis for activities that develop students' oral communicative competence and cultural awareness.
- *Boîte à outils.* This section presents key language functions and idiomatic phrases, including those typically used in colloquial French. Here students develop an array of oral strategies for communicating in different situations and are exposed to registers other than the formal language. The activities in this section include role-plays and other opportunities for practicing functions and phrases in context.
- *Echos francophones.* A series of brief, authentic documents that explore dimensions of the chapter theme as it relates to French-speaking regions and countries outside of France.

Every chapter of ***Grammaire en contexte*** contains two sections:

- The first section comprises a systematic review, in English, of French grammatical structures. A series of exercises, contextualized around the themes of the corresponding chapter in ***Culture et communication***, offers immediate practice of each structure.
- The *Faisons le point!* section provides an array of skill-using activities and tasks that synthesize the chapter material, including additional opportunities to practice grammatical structures in context. A carefully-developed sequence of process-writing activities provides guidance for doing peer editing and journal work.

A separate section at the end of the book (*Compréhension auditive*) includes listening activities based on dialogs and authentic materials recorded on a separate cassette.

Supplements

Student cassette

This 60-minute cassette contains recordings of the dialogs and other aural texts that provide a basis for the listening comprehension activities in the *Compréhension auditive* section of ***Grammaire en contexte***.

Instructor's Manual with Testing Program

The Instructor's Manual provides teaching suggestions and tips for presenting material, additional activities, a tapescript of material on the student cassette, and a complete test bank with a testing cassette.

The two-volume format allows maximum flexibility. Instructors may choose **Bien sûr** to suit a variety of courses and goals. ***Culture et communication*** may be used as a stand-alone reader or conversation text, or in conjunction with any reference grammar. Similarly, ***Grammaire en contexte*** may be combined with any intermediate-level reader or conversation text.

Acknowledgments

The ***Bien sûr*** program is the result of many years of research and benefits from the input and invaluable suggestions from instructors, students, and colleagues from around the country. In particular, I would like to thank the many students at the University of North Texas who participated in the testing of this program. I would also like to extend my appreciation to the following professionals who participated in reviewing preliminary drafts of the manuscript at various stages of development:

Dorothy Betz, *Georgetown University*
David Birdsong, *University of Florida*
Richard Boswell, *Binghampton University*
Lynne Breakstone, *Washington University*
Joseph Brienes, *Boston University*
Madeleine Cottenet-Hage, *University of Maryland*
Ernest F. Crystle, *University of North Texas*
Martine Debaisieux, *University of Wisconsin, Madison*
Christian R. Derobert, *Boston University*
Cecil Fay-Baulu, *McGill University (Canada)*
Rosalee Gentile
Helene Germain-Simoes, *University of Kansas*
Donald Gilman, *Ball State University*
Elizabeth M. Gunthrie, *University of California, Irvine*
Deborah Hess Morsink, *Drew University*
Karen Kelton, *University of Texas, Austin*
Celeste Kinginger, *University of Maryland*
Lynn Klausenburger, *University of Washington*
John Klee, *Foothill College*
Pam LeZotte, *University of Nebraska, Lincoln*
Jeff Loveland, *University of Cincinnati*
Lucy Mould, *University of South Carolina*
Sini Prosper Sanou, *University of Arizona*
Jean-Marie Schultz, *University of California, Berkelely*
Sharon L. Shelly, *University of Kentucky*
Susan F. Spillman, *Xavier University of Louisiana*
William Thompson, *Memphis State University*
Sharon T. Trachte, *Elizabethtown College*
Andy Wallis, *University of Georgia*
Erin Walsh, *Penn State University*
Jeannie Welch, *Brigham Young University*
Mary Williams, *Tarrant County Junior College*

I am especially grateful to Isabelle Kaplan who provided many insightful suggestions during the development of the manuscript and to Elizabeth New for agreeing to participate in the second volume of the program, ***Grammaire en contexte*** and for her invaluable contributions.

I would also like to thank the staff at Prentice Hall: to Steve Debow who guided me skillfully through the entire publishing process; Marian Wassner for her suggestions; Debbie Brennan for her project management and page layout; Joan Schoellner for her keen insight for both form and content; María García for her management of the audio component of the program; Karen George for her assistance throughout the project; and Todd Ware and Maria Piper for their help with the art production.

Finally, I wish to thank my family and friends who supported me throughout the process. I am indebted to my parents who helped me with the search for authentic documents and realia, and to my friend Isolde Crahay for her assistance in many ways. Last, but certainly not least, I express my thanks to Dave for his suggestions and untiring help with the proofreading, and Caroline for her patience and understanding.

M.-C. W.-K.

La France
L'ANGLETERRE
Londres
LES PAYS-BAS
L'ALLEMAGNE
LA BELGIQUE
Bruxelles
Bonn
LE LUXEMBOURG
Luxembourg
Calais
Lille
NORD-PAS DE CALAIS
Amiens
PICARDIE
Cherbourg
Le Havre
HAUTE-NORMANDIE
Rouen
Caen
BASSE-NORMANDIE
Reims
Metz
LORRAINE
Nancy
Strasbourg
Paris
ÎLE-DE-FRANCE
CHAMPAGNE-ARDENNE
Brest
BRETAGNE
Rennes
Troyes
Chaumont
LES VOSGES
ALSACE
Le Mans
Orléans
PAYS DE LA LOIRE
Angers
Tours
CENTRE
Mulhouse
FRANCHE-COMTÉ
Besançon
Dijon
Nantes
BOURGOGNE
LE JURA
Berne
LA SUISSE
N
O
E
S
Poitiers
POITOU-CHARENTES
La Rochelle
Vichy
Genève
LES ALPES
Chamonix
Mont Blanc
Annecy
Limoges
LIMOUSIN
Clermont-Ferrand
Lyon
AUVERGNE
RHÔNE-ALPES
St-Étienne
Grenoble
LE MASSIF CENTRAL
L'ITALIE
Bordeaux
AQUITAINE
MIDI-PYRÉNÉES
LANGUEDOC-ROUSSILLON
PROVENCE-ALPES-CÔTE-D'AZUR
MONACO
Avignon
Nîmes
Montpellier
Nice
Cannes
Aix-en-Provence
Marseille
Toulon
Toulouse
Bayonne
LES PYRÉNÉES
Perpignan
L'ANDORRE
L'ESPAGNE
CORSE
Bastia
Ajaccio
0 50 100 150 200
Kilomètres

BIEN SÛR!

CULTURE ET COMMUNICATION

Langue française et francophonie

Culture et communication

- Introduction
- Texte 1: Bora-Bora
- Texte 2: Français joual ou québécois?

Boîte à outils

- Donner des renseignements sur soi-même. Saluer. Se présenter. «tu» ou «vous»
- Dire à quelqu'un de faire quelque chose
- Gagner du temps

Echos francophones

- Le parler créole
- Le Sénégal: La langue et les salutations
- Le statut du français au Viêt-nam

Introduction

La langue française est le produit d'influences diverses qui se sont combinées au cours de l'histoire. Les anciens habitants de la France, les Gaulois, étaient d'origine celtique. Les Romains ont ensuite occupé la Gaule et le latin s'est imposé. La langue a ensuite subi l'influence d'invasions germaniques aux IVe et Ve siècles. La langue française s'est également enrichie de mots régionaux et étrangers. Aujourd'hui, beaucoup de mots anglais sont introduits en français, en particulier dans les domaines du commerce, des médias et de la technologie. C'est pourquoi l'on essaie de préserver la pureté de la langue en créant des mots nouveaux correspondants en français. En 1994, on a même passé une loi pour imposer l'usage de mots français uniquement, mais il faut se demander si l'on peut vraiment changer la langue par décret.

La France avait autrefois un empire colonial très développé. La plupart des anciennes colonies françaises (en Indochine et en Afrique) ont obtenu leur indépendance après la Deuxième Guerre mondiale, en particulier dans les années 1960, et beaucoup ont conservé l'usage du français. D'autres anciennes colonies sont devenues des départements ou des territoires français d'outre-mer.

Où parle-t-on français exactement? Les francophones sont présents sur les cinq continents, et le terme de francophonie désigne l'ensemble des pays et territoires où l'on emploie le français à des degrés divers: langue maternelle, langue officielle ou langue d'enseignement. On compte dans le monde plus de 80 millions de personnes dont le français est la langue maternelle (surtout en Europe occidentale, en Amérique du Nord et en Afrique), plus de 70 millions qui l'utilisent comme langue seconde et plus de 100 millions qui l'ont apprise comme langue étrangère.

De nombreux organismes ont été créés par les gouvernements des pays francophones pour développer des programmes de coopération dans les domaines économiques et culturels. Depuis 1986, on organise régulièrement des Sommets de la francophonie pour encourager la solidarité et la coopération entre pays industrialisés et pays en voie de développement.

Vocabulaire pour la discussion

Voici une liste de mots et expressions utiles pour aborder ce chapitre. Révisez (*review*) ceux que vous connaissez déjà et apprenez à reconnaître les autres. Faites attention à l'orthographe et au genre des noms (masculin ou féminin)!

Chronologie et histoire

actuel(le)	*current*
ancien(ne)	*former; old*
au cours de	*during, in the course of*
la Deuxième Guerre mondiale	*World War II*
un siècle	*century*
suivant	*according to*

Territoires et leurs habitants

l'Afrique (f.) → **africain(e)**
l'Amérique (f.) → **américain(e)**
l'Asie (f.) → **asiatique**
l'Europe (f.) → **européen(ne)**

un(e) habitant(e)	*inhabitant*
le monde	*world*
un pays	*country*
un pays en voie de développement	*developing country*
un territoire / département d'outre-mer	*overseas territory*

La langue

francophone → personne qui parle français ≠ **anglophone**

la langue maternelle	*native language*
l'orthographe (f.)	*spelling*

unilingue ≠ bilingue ≠ trilingue

Quelques professions

un(e) avocat(e)	*attorney, lawyer*
un chef d'Etat	*head of state*
un écrivain	*writer*
un médecin	*physician, doctor*

Quelques verbes utiles

appartenir (à)	*to belong (to)*
créer	*to create*
s'enrichir	*to get rich*
évoluer	*to evolve*
introduire	*to introduce*

Quelques expressions

donner naissance (à)	*to give birth (to)*
être situé(e)	*to be located*
mettre à jour	*to update*
subir une influence	*to be influenced*

Evaluez vos connaissances

A. Définitions. Complétez les phrases suivantes à l'aide du **Vocabulaire pour la discussion**.

1. Il y a 15 millions d' ____________________ dans cette ville.
2. Une personne qui parle français est ____________________ .
3. La France et le Canada sont des ____________________ .
4. Nous sommes maintenant au XXe ____________________ .
5. La langue ____________________ est la première langue que l'on parle.
6. Les habitants d'Europe sont des ____________________ .
7. Une personne créatrice est une personne qui aime ____________________ .
8. Le Canada n'est pas un pays européen; il ____________________ à l'Amérique du Nord.
9. S' ____________________ signifie devenir riche.
10. Le Maroc ____________________ au nord-ouest de l'Afrique.

Parlez-vous franglais*?

Voici quelques mots anglais qui sont couramment employés en français. Les mots qui ont une signification différente en anglais sont accompagnés de leur traduction.

le bowling		**un parking**	*parking lot*
un camping	*campsite*	**un pressing**	*dry cleaner's*
le chewing gum		**le shampooing**	*shampoo*
un(e) fan	*fan (admirer, supporter)*	**un smoking**	*dinner jacket*
un fast-food	*fast-food restaurant*	**un week-end**	
le marketing			

* **franglais** = *Frenglish*

B. Vérification. Révisez le **Vocabulaire pour la discussion**, puis cachez-le. Choisissez un(e) camarade de classe. Ce(tte) camarade vous lit quelques mots de la liste, et vous essayez d'en donner la définition. Puis changez de rôles. Ensuite, faites l'activité inverse: donnez une définition d'autres mots de la liste pour que votre camarade restitue le mot correspondant.

C. Questions à discuter.

1. Quelle est votre langue maternelle?
2. Quelle est la langue officielle de votre pays?
3. Quelle est la langue étrangère qu'on étudie le plus dans votre pays? Pourquoi?

Comprendre la langue des jeunes

Voici quelques exemples de mots courants employés par les jeunes Français aujourd'hui:

Anglicismes	Préfixes	Abréviations
être cool	**super**	**sensas** = sensationnel(le)
le flip: la peur	**hyper**	**sympa** = sympathique
le look	**extra**	

Verlan («langue» où l'on parle à l'envers en inversant les syllabes)

un beur, une beurette = jeune Arabe (jeune d'origine maghrébine, mais né(e) en France)

chébran = branché(e): à la mode

la meuf = la femme

TEXTE 1

Bora-Bora

Avant la lecture

Culture

A. Questions à discuter.

1. Préférez-vous les vacances à la mer ou à la montagne?
2. Que faites-vous quand vous êtes en vacances?
3. A quoi pensez-vous quand vous entendez le nom «Bora-Bora»?

B. Géographie. Regardez la carte du monde francophone au début du livre et situez la Polynésie française. Où se trouve-t-elle exactement?

C. Pouvez-vous…

1. nommer une île célèbre de la Polynésie française?
2. en décrire le paysage et le climat?
3. parler de la culture?

La Polynésie française en bref

Superficie: 4 200 km^2 (130 îles et atolls)
Climat: tropical
Population: 188 000 habitants
Statut: d'abord territoire anglais, puis colonie française devenue territoire français d'outre-mer en 1946
Siège administratif: Papeete (île de Tahiti)
Langues: français et tahitien (langues officielles)
Religions: protestants: 54%, catholiques: 33%, divers: 10%
Economie: pêche, élevage des porcs et des volailles (*poultry*), récolte du coprah*, vanille

*Le coprah: partie de la noix de coco dont on fait de l'huile

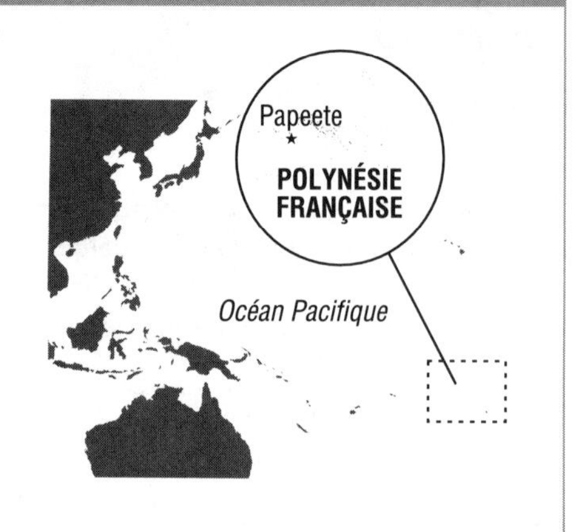

Vocabulaire

A. Mots apparentés. Devinez le sens. Essayez de deviner (*guess*) le sens des mots suivants en trouvant une analogie avec des mots apparentés (*cognates*) en anglais.

la senteur La senteur est une odeur agréable.
la flore La flore est l'ensemble des plantes que l'on trouve dans une région.
la faune La faune est l'ensemble des animaux que l'on trouve dans une région.
un ketch Un ketch est un voilier à un mât et deux voiles.

B. Mots de la même famille. Devinez le sens. Pour chacun des mots suivants, identifiez la racine (*stem*) sur laquelle il a été formé; cela vous aidera à en deviner la signification.

un cocotier Un oranger est un arbre à oranges; un cocotier est un arbre à noix de coco.
un voilier Un voilier n'est pas un bateau à moteur mais un bateau à voile(s).

Lecture

A. Titre et illustration. Etudiez le titre du texte qui suit ainsi que les illustrations qui l'accompagnent. A votre avis (*in your opinion*), de quoi est-ce que ce texte va parler?

B. Première lecture intégrale sans dictionnaire.

1. Lisez maintenant le texte une fois en entier. Essayez de ne pas utiliser le dictionnaire. Il n'est pas nécessaire de comprendre tous les mots. Il est préférable de commencer par une compréhension globale du texte avant de le lire en détail.
2. Si vous deviez donner un titre précis à ce document, lequel choisiriez-vous ci-dessous? 

Venez vous détendre à Bora-Bora! | Bora-Bora, paradis exotique!
A Bora-Bora, pas de monotonie! | [autre titre de votre choix]

BORA-BORA

Polynésie

Le bonheur[1] à Bora-Bora c'est:

- un fabuleux lagon aux eaux cristallines
- des soirées baignées de chants et de danses envoûtants[2]
- la découverte du monde enchanteur des mers du Sud: fonds[3] marins en technicolor, plages désertes à l'ombre[4] des cocotiers, îles aux senteurs de vanille et de tiaré[5]

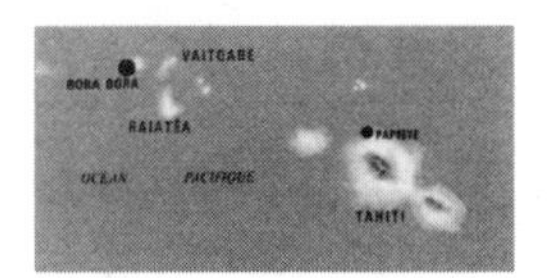

SITUATION

Sur l'île de Bora-Bora, à 240 km au nord-ouest de Papeete.

FORMALITES ET VOYAGE CLUB

Vous reporter à l'encart des prix[6].

VILLAGE

Un petit village lacustre[7] réparti sur deux îles artificielles. Ouvrant sur le lagon, de confortables farés[8] à 2 lits avec salle d'eau. Voltage: 220.

A votre disposition: une boutique. Enfants acceptés à partir de 6 ans mais pas de moniteurs[9] spécialisés. En compagnie de nos adhérents d'outre-Atlantique.

SPORTS

Sports nautiques: équipement prévu pour pratiquer la planche à voile[10] et la plongée[11] libre. Promenades en bateau à fond de verre. Découverte de la faune et de la flore sous-marines. Pique-niques. Avec participation aux frais[12]: pêche au gros[13].

EXCURSIONS

En 1/2 journée

Safari jeep: balade[14] dans les montagnes. Très beau panorama sur le lagon.
Coucher de soleil: une belle promenade en voilier.
Tour de l'île: en truck (bus local)
Tour de l'île en pirogue[15]: découverte du lagon et visite d'un aquarium naturel.
Survol en hélicoptère
A la carte: croisières d'une 1/2 ou 1 journée sur un ketch de 18 mètres: atoll du Tupai, Tahaa, pique-nique, coucher de soleil, ...
Prix communiqués sur place.

C.M.[16] - Bora-Bora - B.P. 34 Bora-Bora-
Tél: 689.67.70.57

Club Med

[1]*happiness* (≠ le malheur), [2]*captivating* [3]*bottoms* [4]*shade*, [5]plante de Polynésie à grandes fleurs parfumées, [6]*price insert*

[7]village construit au-dessus de l'eau, maisons traditionnelles de Polynésie, recouvertes de branches de palmier
[8]maisons traditionnelles de Polynésie, recouvertes de branches de palmier
[9]*instructors*

[10]*windsurfing* [11]*scuba diving* [12]*expenses* [13]*deep-sea fishing* [14]*stroll* [15]*dug-out canoe* [16]le Club Med

C. Idée générale.

1. De quelle sorte de texte s'agit-il ici?
2. De quel type de publication est-il extrait, à votre avis?

D. Recherche d'informations spécifiques.

1. Introduction: quels sont les détails qui indiquent que Bora-Bora est un monde enchanteur?
2. Quels sont les sports que l'on peut y pratiquer?
3. Quelles sont les excursions qui sont offertes à Bora-Bora?

E. Lecture détaillée. Stratégies de lecture: Relisez maintenant le texte à raison d'un paragraphe à la fois et complétez pour chacun les exercices suivants.

1. Relisez le paragraphe en entier et entourez (*circle*) les expressions les plus importantes.
2. Quand vous rencontrez des mots que vous ne connaissez pas, essayez d'en deviner le sens (*meaning*) à partir des éléments suivants:
   a. mots apparentés en anglais (*cognates*)
   b. mots français de la même famille (*words with the same stem*)
   c. le contexte

Après la lecture

A. Questions à partir du texte.

1. Observez la carte du monde francophone au début du livre et essayez d'y retrouver les endroits dont on parle dans le texte.
2. Quels sont les trois éléments principaux du bonheur à Bora-Bora?
3. De quelle façon y est-on logé?
4. Quel est le voltage? Est-ce le même dans votre pays?
5. Est-il possible de venir avec des enfants? A quelle condition?
6. Imaginez la faune et la flore de Bora-Bora: qu'est-ce que vous voyez?
7. Quelles sont les activités que l'on peut pratiquer dans la journée? le soir?
8. De toutes les activités mentionnées dans le texte, laquelle préférez-vous?

B. Une semaine en Polynésie. Vous désirez passer une semaine en Polynésie française et vous téléphonez à une agence de voyages. Choisissez un(e) camarade qui jouera le rôle de l'employé(e). Posez-lui cinq questions sur les conditions du séjour; votre camarade vous répond en utilisant les renseignements contenus dans le texte sur Bora-Bora.

C. Vacances à Bora-Bora. Le texte «Bora-Bora» se présente sous forme de résumé (*summary*). Récrivez-le au présent à partir de «Situation» en utilisant des verbes pour former des phrases complètes.

EXEMPLE: Sur l'île de Bora-Bora, à 240 km au nord-ouest de Papeete.
Le village du Club Med est situé sur l'île de Bora-Bora, à 240 km au nord-ouest de Papeete.

D. La brochure touristique. Choisissez un pays ou une région que vous aimez particulièrement et préparez une brochure contenant…

1. des renseignements généraux sur ce pays ou cette région.
2. les avantages de cet endroit (*place*).
3. les raisons pour lesquelles il faut absolument le/la visiter.

TEXTE 2

Français joual[1] ou québécois?

Avant la lecture

Culture

A. Questions à discuter.

1. Le bilinguisme existe-t-il dans votre pays ou dans certaines régions de votre pays?
2. Dans votre pays, y a-t-il des professions où l'on doit parler une langue étrangère? Lesquelles?
3. Quelles sont les régions de votre pays où les gens ont un accent régional particulier?

B. Géographie. Observez la carte des pays francophones et situez la province de Québec.

1. Où se trouve-t-elle exactement?
2. Quel pays se trouve à la frontière du Québec?

C. Pouvez-vous...

1. en nommer quelques villes?
2. en décrire le paysage et le climat?
3. parler de l'origine des Québécois?

Le Québec en bref

Superficie: 1 667 926 km² (trois fois la France, un peu plus grand que l'Alaska)
Climat: hivers très froids, étés tempérés
Population: 7 000 000 d'habitants (dont 81% de francophones et 9% d'anglophones)
Statut: colonie française de 1535 à 1763, cédée aux Anglais au Traité de Paris en 1763; province du Canada depuis 1867
Capitale: ville de Québec
Langues: français (seule langue officielle depuis 1977)
Religion: catholique (87%)
Economie: hydroélectricité, bois, tourisme, aérospatiale, électronique

Vocabulaire

A. Mots apparentés. Devinez le sens.

ancestral(e) qui fait référence aux ancêtres (pluriel: **ancestraux, ancestrales**); Cette maison ancestrale appartient à la famille depuis le XIXe siècle.

un cas En cas d'accident, il faut appeler une ambulance.

B. Mots de la même famille. Devinez le sens.

anglais (adj.) → **un anglicisme** (nom.); construction ou usage linguistique typique de la langue anglaise.

Essayez de deviner le sens des mots suivants formés de la même manière:

un amérindianisme, un canadianisme, un québécisme

français(e) (adj.) → **franciser** (verbe) **rendre** (*to make*) **français**; → **la francisation** (nom.): action de rendre français

la route (nom.) → routier, routière (adj.)

[1]Le joual: prononciation canadienne française du nom «cheval». Par extension, le joual désigne le parler populaire québécois.

A. Titre du texte. Etudiez le titre du texte qui suit. A votre avis, quel est le sujet de ce texte? Si vous n'en comprenez pas le titre, passez à l'exercice suivant.

B. Première lecture intégrale sans dictionnaire. Lisez le texte une fois en entier pour en comprendre l'idée générale.

Français joual ou québécois?

Lorsqu'on met les pieds sur le sol[1] québécois, on ne se rend pas nécessairement compte[2] que le Québec est un Etat francophone. Malgré[3] le fait que 80% de la population ait le français comme langue maternelle, que 75% l'ait comme langue de travail et que le français soit la langue officielle du Québec, l'anglais y occupe une place stratégique. Si l'affichage routier[4] est unilingue français, les services (garages, restaurants, motels et hôtels) de même que plusieurs commerces et entreprises sont au moins bilingues. Ce n'est qu'au contact direct de la population que vous pourrez constater[5] qu'elle communique surtout en français: mais vous pourrez être un peu étonnés, dans bien des cas, d'entendre un français à l'accent et au vocabulaire un peu particuliers.

Le français québécois, issu des[6] parlers ancestraux du XVIIe siècle, coupé pendant presque deux siècles de ses origines, influencé par un contact prolongé avec l'anglais et par l'adaptation à de nouvelles conditions de vie, contient encore, à côté d'un bloc français solide, des formes anciennes (archaïsmes), des mots anglais plus ou moins francisés (anglicismes), quelques amérindianismes et des canadianismes (ou québécismes). Les caractéristiques linguistiques régionales du français québécois sont moins marquées dans les couches sociales[7] plus favorisées et plus instruites[8].

Malgré le fait qu'ils soient devenus minoritaires dans ce pays confédéré, les francophones ont lutté[9] systématiquement et de façon permanente pour conserver leur identité et ont progressivement obtenu l'application de droits[10] et de pouvoirs[11] constitutionnels. Il y a eu d'abord la loi sur les langues officielles (consacrant le Canada comme pays bilingue) en 1969, puis, en 1977, la Charte de la langue française au Québec (Loi 101) qui faisait du Québec un Etat officiellement unilingue français et obligeait les jeunes immigrants à fréquenter l'école française.

L'anglais demeure[12] toujours pour les francophones une véritable langue seconde, c'est-à-dire une langue nécessaire dans plusieurs secteurs d'activités (le commerce, les affaires, les banques, l'export-import, la technologie, l'administration supérieure de l'entreprise privée et même les études supérieures). Mais pour les anglophones du Québec, le français est une langue étrangère dont ils n'ont pas toujours besoin dans les secteurs mentionnés. Pour le reste (l'administration et les services publics, les professions, le travail en chantiers[13] et en usines[14], etc.) le français domine. Le Québec est un milieu où l'on trouve les plus nombreux bilingues, surtout dans la région montréalaise et chez les jeunes.

(Gilles Bibeau, «Français joual ou québécois?», extrait de *Découvrir le Québec. Un guide culturel*, 1984.)

[1] *soil*
[2] *realize*
[3] *in spite of*
[4] *roadsign posting*
[5] *notice*
[6] *coming from*
[7] *social strata*
[8] *educated*
[9] *struggled*
[10] *rights*
[11] *powers*
[12] *remains*
[13] *work sites*
[14] *factories*

C. Recherche d'informations spécifiques. Trouvez les renseignements suivants dans le texte.

1. Quel pourcentage de la population québécoise a le français comme langue maternelle? comme langue de travail?
2. Nommez les contextes qui sont unilingues et ceux qui sont bilingues.
3. Quels sont les cinq éléments qui composent la langue québécoise?
4. Quelle est la signification des lois de 1969 et de 1977 dans le domaine linguistique?
5. Nommez les sept secteurs où l'usage de l'anglais est nécessaire au Québec.

Ministère des Affaires Internationales, de l'Immigration et des Communautés Culturelles, Québec.

D. Lecture détaillée. Relisez maintenant le texte à raison d'un paragraphe à la fois et complétez pour chacun les exercices suivants.

1. Relisez le paragraphe et entourez les expressions importantes.
2. Quand vous rencontrez des mots que vous ne comprenez pas, essayez d'en deviner le sens en faisant attention à leur forme et au contexte.
3. Relevez (*pick out*) les phrases qui discutent...
   a. les origines de la diversité linguistique du Québec.
   b. les différences linguistiques en fonction de la catégorie sociale.
   c. la relation qui existe entre la langue et l'identité culturelle.
   d. la législation relative à la langue.

Après la lecture

A. Questions à partir du texte.

1. Qu'est-ce que le «joual»?
2. Quelle est la langue officielle du Québec? Depuis quelle année?
3. Pensez-vous que l'affichage routier unilingue puisse poser des problèmes aux étrangers?
4. Pourquoi les services et les commerces sont-ils généralement bilingues?
5. Quel est le facteur qui influence le plus l'accent régional des Québécois?
6. Comment la législation a-t-elle imposé l'usage du français au Québec?
7. A votre avis, le français a-t-il de l'avenir au Québec? Pourquoi?

B. Mon pays. Travaillez en groupes de deux ou trois étudiant(e)s et complétez les exercices suivants avec vos camarades en ce qui concerne votre pays.

1. Identifiez les groupes ethniques ou linguistiques minoritaires présents dans votre pays et indiquez dans quelle(s) région(s) ils se trouvent.
2. Relevez les domaines dans lesquels ces groupes minoritaires ont des problèmes d'adaptation.
3. Y a-t-il plus d'une langue officielle dans votre pays?
   a. Si la réponse est oui, faites la liste des régions, provinces ou Etats qui ont plus d'une langue officielle et précisez, pour chaque région, les autres langues en usage.
   b. Si la réponse est non, accepteriez-vous que votre gouvernement reconnaisse une autre langue officielle pour satisfaire les groupes ethniques minoritaires? Quelle langue proposeriez-vous? Dans quels domaines cela risquerait-il de poser des problèmes?

C. Variété ethnique et linguistique dans mon pays. A partir de la discussion de l'activité précédente et de votre expérience personnelle, parlez des différents groupes ethniques et linguistiques de votre pays en utilisant les éléments identifiés par votre groupe.

Boîte a outils

1. Donner des renseignements sur soi-même

Saluer quelqu'un

Using **Monsieur**, **Madame**, or **Mademoiselle** without the family name is the most formal way of greeting someone. It shows a high degree of respect.

—Bonjour, Monsieur / Madame / Mademoiselle!
—Bonjour, Monsieur / Madame / Mademoiselle!

Using the same form of address with the family name shows respect but also a certain degree of familiarity. This form may be used among neighbors, for example.

—Bonjour, Monsieur / Madame Dupont! Ça va?
—Oui, ça va, et vous?

This form of address shows familiarity, but also some distance as nothing else is added.

—Bonjour!
—Bonjour!

This form shows definite familiarity, even in the **vous** form which may indicate a difference in age or social hierarchy.

—Bonjour! Ça va?
—Oui, ça va! Et vous/toi?

This is the most familiar form of address used by younger people among themselves. **Salut** is not normally used with **vous**.

—Salut! Ça va?
—Oui, et toi?

Se présenter

These forms are used when meeting someone in a formal or semi-formal context.

Je m'appelle Paul / Brigitte Dupont.
Enchanté(e) / Ravi(e) de faire votre connaissance! *How do you do? / Pleased to meet you!*

J'ai vingt ans.
Je vais avoir vingt ans.
Je suis célibataire / marié(e) / divorcé(e) / séparé(e) / veuf (veuve)
Je suis né(e) le 5 juin 1977 à Cannes.
J'habite à Grenoble.
J'habite chez mes parents.
Je travaille. Je suis ingénieur / médecin / musicien(ne) / professeur / secrétaire, etc.
Je suis étudiant(e) en anglais / français / médecine, etc.
Je vous présente mon frère Bernard.

«Tu» ou «vous»?

Until a person is about twelve years old, it is probably appropriate to address him/her with **tu**. Beyond that point, there are a few rules to observe regarding the choice between **tu** and **vous**.

Tu implies a certain degree of familiarity because of the following criteria:

- equality in age or social hierarchy (fellow students and workers)
- family members and very close friends
- children among themselves

Vous indicates formality, usually because of a difference in age or social hierarchy. It is usually used by…

- adults who are neither relatives nor close friends
- children toward adults
- employees at a different level in the hierarchy (also the relationship student/teacher)

When in doubt, it is always safer to start with **vous** (**vouvoyer** = *to say "vous" to someone*).

The French do not usually switch from **vous** to **tu** without warning; they first say something like **On se dit tu, non?** or **On peut se tutoyer, non?** (**tutoyer** = *to say "tu" to someone*). When there is a difference in age or social hierarchy, the decision to switch from **vous** to **tu** must come from the person who is either older or higher in rank.

Note that in Quebec and French-speaking countries in Africa people are less formal and use **tu** more readily than in France.

2. Dire à quelqu'un de faire quelque chose

There are several ways of asking someone to do something, and various degrees of formality and politeness.

Using a plain imperative tense may indicate a certain degree of familiarity and therefore little politeness.

> Ferme la fenêtre, s'il te plaît!

In a formal context, politeness requires the use of a circumlocution.

> Ça ne vous dérangerait pas de fermer la fenêtre, s'il vous plaît?
> *Would you mind closing the window, please?*
>
> Pardon, s'il vous plaît, pourriez-vous fermer la fenêtre?
> *Excuse me, could you please close the window?*

Here are two ways of expressing exasperation:

> Ça ne vous / te ferait rien de fermer la fenêtre, non?
> Fermez / ferme donc la fenêtre!

Anger, and even threat, may be expressed in the following manner:

> Vous allez / tu vas fermer la fenêtre, oui ou non?

3. Gagner du temps

In the course of a conversation, you sometimes hesitate or need time to think. Here are some common phrases that French speakers use as conversation fillers to gain time.

Euh...	*Umm...*
Eh bien...	*Well...*
Ben... (familiar form of **eh bien**)	*Well...*
Alors...	*Then...*
Bon...	*Well then...*
Voyons...	*Let's see...*
Enfin...	*Finally...*

A vous maintenant

A. Salutations. Jouez le rôle des personnes suivantes; vous rencontrez dans la rue certaines personnes et vous les saluez en fonction du contexte indiqué.

1. Un garçon de 10 ans rencontre son grand-père.
2. Une fillette de 12 ans rencontre sa voisine, une dame âgée.
3. Un étudiant rencontre un autre étudiant de son cours de français.
4. Une vendeuse de 25 ans rencontre une autre jeune femme, vendeuse comme elle dans le même magasin.
5. La directrice d'une banque rencontre sa secrétaire.
6. Un professeur rencontre son élève de 17 ans.

B. Faisons connaissance. A l'aide des thèmes suivants, choisissez un(e) camarade de classe et présentez-vous à lui/elle en formant cinq phrases complètes au présent. Votre camarade doit ensuite vous poser cinq questions pour obtenir des détails sur ce que vous venez de dire.

nom	études	situation de famille	activités de loisir
âge	travail	adresse	projets d'avenir

C. Jeu du portrait. Un(e) étudiant(e) choisit une personne célèbre. Il/Elle se tient ensuite debout devant ses camarades et se présente comme s'il / si elle était ce personnage. Ses camarades doivent deviner qui il/elle est. L'étudiant(e) qui devine présente un personnage à son tour. Continuez de la même façon et employez des expressions pour gagner du temps.

D. Ne nous énervons pas! Choisissez un(e) camarade de classe et imaginez que vous vous trouvez dans les situations suivantes où vous demandez à quelqu'un de faire quelque chose. L'autre personne vous ignore ou refuse de faire ce que vous voulez, et vous vous énervez (*become irritated*). Demandez trois fois la même chose en changeant de ton et en employant trois structures appropriées.

1. Au guichet de la poste: une dame ne veut pas attendre son tour et veut passer avant vous; vous lui demandez de regagner sa place.
2. Au restaurant: la soupe que vous avez commandée est froide et vous demandez au serveur de vous en apporter une autre.
3. A la plage: vous êtes allongé(e) sur la plage et vos voisins font marcher leur radio trop fort; vous leur demandez de baisser (*turn down*) le volume.

ECHANGES

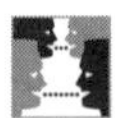

Situation 1: Les présentations

Form groups of four or five students. Within each group, each student impersonates someone (a personality, a newscaster, a comic strip character, a famous writer / director / artist, an historical figure) and introduces himself/herself as such to the other members of the group. The other members of the group must guess who the student is impersonating.

Situation 2: Entretien d'embauche (*job interview*)

Select a partner. You are a student, and you apply for a summer job as a moniteur/monitrice at the Club Med in Bora-Bora. Your partner asks you five questions (about your educational level, leisure activities, favorite sport, professional experience, knowledge of a foreign language) to find out whether your background fits the job. Then switch roles.

Echos francophones

Le parler créole

Aux Antilles, les enfants n'entendent parler, dès leur enfance, que le créole. C'est donc dans cette langue qu'ils s'expriment en premier, et ils continueront ensuite à le faire; le français à l'école ne constitue, pour la plupart, qu'un intermède[1] de leur existence. A la Martinique et en Guadeloupe, le français demeure l'instrument de promotion sociale numéro un: tout Antillais qui cherche à faire un pas en avant[2] le reconnaît... sans pour autant vouloir couper les ponts[3] avec son entourage. Comprendre, être compris: voilà pourquoi le créole ne peut disparaître en tant que langue vernaculaire.

L'origine du créole se situe dans la nécessité où se trouvaient, il y a trois siècles, les maîtres blancs de donner des ordres aux esclaves[4]. Des mots simples, imagés, suffisaient. Aujourd'hui encore, on trouve dans le créole de vieux mots picards[5], normands, bretons et poitevins[6], alliés à de rares mots africains et quelques survivants du vocable caraïbe, comme carbet pour désigner la maison, hamac, manioc, ananas, cacao...

(Louis Doucet, *Les Antilles aujourd'hui*, ©Editions du Jaguar.)

[1] *interlude*
[2] *a step forward*
[3] *cut oneself off from, burn one's bridges*
[4] *slaves*
[5] de Picardie, une région française
[6] de Poitou, une région française

Questions à partir du texte

1. Quelle est la langue maternelle de la majorité des Antillais?
2. Quelle est l'origine du parler créole?
3. A votre avis, pourquoi dit-on que le français est l'instrument de promotion sociale à la Martinique et en Guadeloupe?

Le Sénégal en bref

Superficie: 196 192 km^2 (⅓ de la France)

Climat: tropical

Population: 7 millions d'habitants

Statut: République présidentielle (ancienne colonie française, indépendante depuis 1960)

Capitale: Dakar, 1 200 000 habitants

Langues: français (langue officielle), wolof (langue nationale)

Religions: musulmans (84%), catholiques (6%), animistes (7%)

Economie: arachides (1er rang mondial), mil, canne à sucre, phosphates (9e rang mondial), minerais, élevage, pêche

Le Sénégal: La langue et les salutations

Il existe au Sénégal dix-sept langues vivantes qui possèdent toutes une littérature orale très riche. Le wolof, langue parlée par 37% de la population, est considéré comme la première langue vernaculaire. Il est maintenant enseigné à l'école maternelle et l'on a publié des manuels scolaires dans cette langue. Cependant, le Sénégal est une ancienne colonie française et l'élite continue d'employer le français. Les écrivains sont obligés d'écrire en français mais, au théâtre, on peut s'exprimer en wolof ou en pulaar, autre langue vernaculaire.

Les salutations. Dire bonjour est le véritable passeport pour le Sénégal. Ici, il faut savoir perdre son temps pour en gagner. Pour saluer les vieilles connaissances, on se prend et on se reprend la main quatre ou cinq fois à l'envers et à l'endroit[1], en psalmodiant[2] le nom de famille de l'interlocuteur. Puis l'on fait quelques pas main dans la main. Le salut le plus répandu[3] dans ce pays à majorité musulmane est le «salaam maleekum»[4] arabe — réponse: «maleekum salaam».

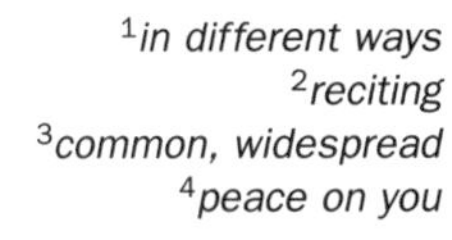

[1] *in different ways*
[2] *reciting*
[3] *common, widespread*
[4] *peace on you*

(Christian Saglio, *Sénégal*, Collection Points Planète ©Editions du Seuil, 1990.)

Questions à partir du texte

1. Quelle est la langue vernaculaire la plus importante? Que fait-on pour lui accorder le statut de langue?
2. A votre avis, pourquoi le français est-il la langue d'expression de l'élite au Sénégal?
3. Dans quel domaine culturel le wolof et le pulaar sont-ils présents? Pourquoi, à votre avis?
4. En ce qui concerne les salutations, expliquez «il faut savoir perdre son temps pour en gagner».
5. Quel est le salut le plus répandu au Sénégal? Expliquez sa signification et son origine.

Le Viêt-nam en bref

Superficie: 329 566 km^2 (¾ de montagnes et de plateaux, plusieurs milliers d'îles)

Climat: tropical (mousson [*monsoon*])

Population: 72 millions

Statut: république socialiste. Ancienne colonie française faisant partie de l'Indochine (Viêt-nam, Cambodge et Laos) qui a obtenu son indépendance de la France en 1954; séparation entre le Nord et le Sud en 1956; Sud allié aux Etats-Unis et en guerre contre le Nord (1964-1973); réunification du Viêt-nam en 1976

Hanoï
VIÊT-NAM
Hô Chi Minh-Ville

Capitale: Hanoi (3 millions d'habitants)

Ethnies: 54 ethnies dont les Viêt (85%)

Langue officielle: viêt-namien; autres langues: chinois, anglais, russe, français, langues des minorités ethniques

Religions: bouddhistes (80%), caodaïstes (10%), catholiques (9%), culte des ancêtres, protestants (400 000)

Economie: riz (5e rang mondial), céréales, canne à sucre, fruits et légumes, thé; élevage des porcs et des buffles; pêche; charbon, pétrole

Le statut du français au Viêt-nam

Jusqu'en 1954, le français était la langue officielle au Viêt-nam. Après la guerre d'Indochine avec la France, l'usage du français a beaucoup diminué et les jeunes Viêt-namiens ont aujourd'hui tendance à étudier l'anglais plutôt que le français. Cependant, on constate depuis quelques années un rapprochement certain entre le Viêt-nam et la France. Le Viêt-nam fait partie des grands organismes francophones, dont le Haut Conseil de la Francophonie. L'Agence de coopération culturelle et technique (ACCT) a développé un projet d'enseignement du français à 15 000 cadres viêt-namiens. Cinq universités viêt-namiennes adhèrent à l'AUPELF (Association des universités partiellement ou entièrement de langue française). De plus, on enregistre un nombre important de francophones dans certains secteurs scientifiques comme la médecine et l'informatique[1].

[1] *computer science*

Questions à partir du texte

1. Pourquoi l'usage du français au Viêt-nam a-t-il diminué à partir de 1954?
2. Citez quelques organismes francophones dont le Viêt-nam est membre.
3. Dans quels domaines scientifiques trouve-t-on au Viêt-nam un nombre important de francophones?

La France: territoire et environnement

Culture et communication

- Introduction
- Texte 1: Hyères vous offre la Provence
- Texte 2: La diversité régionale

Boîte à outils

- S'exprimer avec la négation
- Poser des questions. Se renseigner

Echos francophones

- Côte d'Ivoire: déforestation et énergie solaire
- Découvrons Martinique

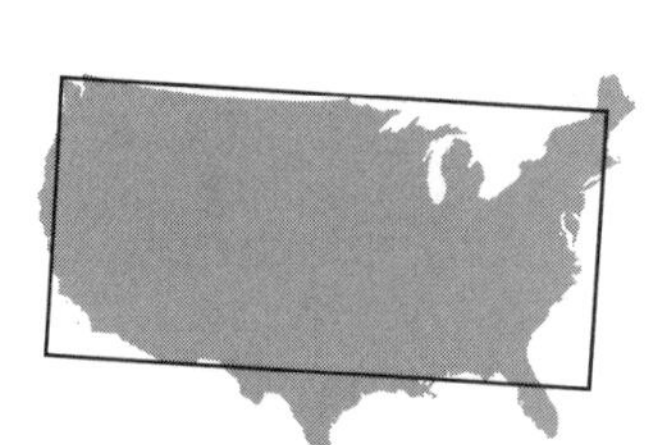

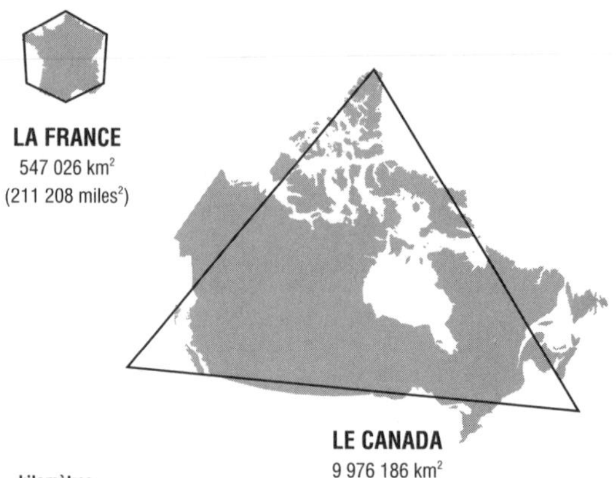

Introduction

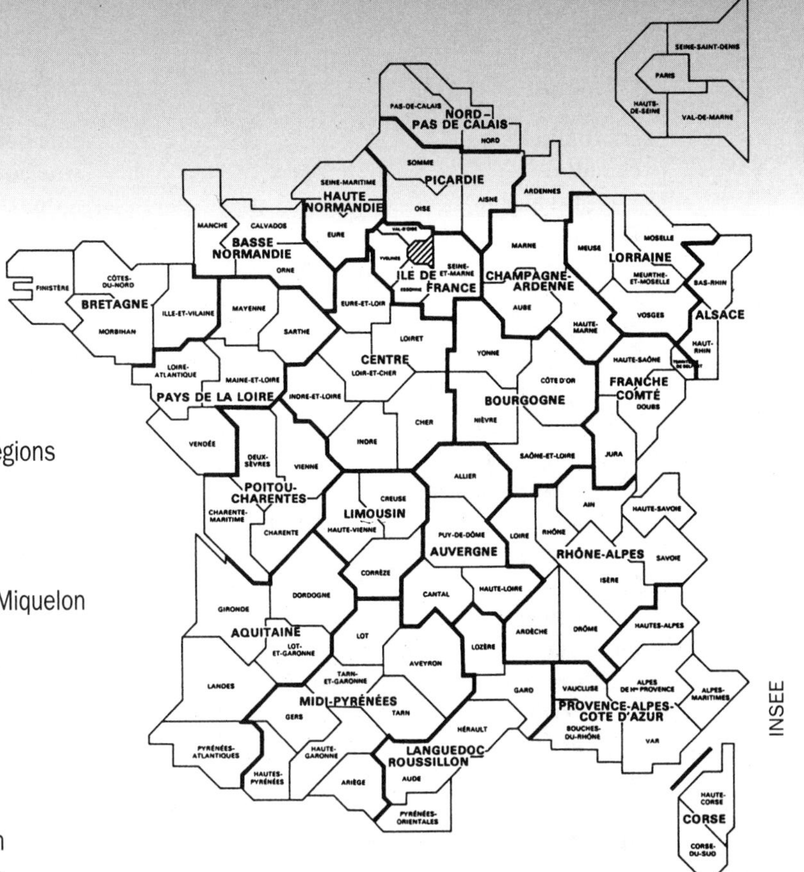

INSEE

Formation du territoire français

Le territoire français que nous connaissons aujourd'hui s'est formé au cours des siècles par des guerres et des alliances, mais ce n'est qu'en 1919, après la Première Guerre mondiale, que les frontières de la France contemporaine sont définitivement établies. Le territoire français se compose aujourd'hui des éléments suivants:

- la métropole (la France): divisée en 22 régions économiques et 96 départements
- cinq départements d'outre-mer (les D.O.M.): la Guadeloupe, la Guyane, la Martinique, la Réunion et Saint-Pierre-et-Miquelon
- plusieurs territoires d'outre-mer (les T.O.M.) tels que la Nouvelle-Calédonie et la Polynésie française, par exemple.

Géographie de la France

La France occupe en Europe une situation centrale privilégiée. De plus, ses frontières se situent à la fois au bord de quatre mers différentes et sur des montagnes et des plaines, ce qui permet une circulation variée et un accès illimité aux quatre coins du globe. La France est souvent appelée l'hexagone en raison de sa forme géométrique à six côtés.

La France offre des paysages variés. Elle est arrosée par cinq fleuves (la Garonne, la Loire, le Rhin, le Rhône et la Seine) et possède plusieurs chaînes de montagnes dont les Alpes, les Pyrénées et le Massif central. Enfin, la France connaît quatre climats:

- le climat océanique avec des hivers doux, des étés frais et humides et des pluies fines toute l'année (côtes de l'Atlantique, de la Manche et de la mer du Nord)
- le climat continental avec des hivers froids, des étés chauds et des pluies fréquentes (grandes plaines du Centre, du Nord et de l'Est)
- le climat méditerranéen avec des hivers doux, des étés chauds et la sécheresse en été (région méditerranéenne)
- le climat montagnard avec des hivers longs et rigoureux, des étés courts et pluvieux (dans les régions montagneuses).

Environnement et écologie

La France participe à la préservation de la planète et fait de gros efforts pour le recyclage des déchets, les économies d'énergie et la protection de l'environnement. La France n'a pas de pétrole et 75% de l'énergie est d'origine nucléaire. Avec le grand nombre de centrales nucléaires en France, les mesures de sécurité sont extrêmement strictes et les risques d'accident très limités. Il existe deux partis écologistes, les Verts et Génération Ecologie, qui proposent aux problèmes actuels des solutions humaines, respectueuses de l'environnement.

Vocabulaire pour la discussion

Le climat

le brouillard	*fog*
chaud(e)	*warm, hot*
→ **la chaleur**	*heat*
le ciel	*sky*
doux, douce	*soft; temperate*
frais, fraîche	*cool*
froid(e) → **le froid**	*cold*
le gel	*frost*
→ **geler**	*to freeze*
une inondation	*flood*
la mer Méditerranée	
→ **méditerranéen(ne)**	
montagnard(e)	*from the mountains*
≠ **montagneux (-se)**	*mountainous*
la neige	*snow*
→ **neiger**	*to snow*
un nuage	*cloud*
→ **nuageux (-se)**	*cloudy*
l'océan (m.)	
→ **océanique**	*from the ocean*
un orage	*thunderstorm*
→ **orageux (-se)**	*stormy*
un parapluie	*umbrella*
la pluie	*rain*
→ **pleuvoir**	*to rain*
→ **pluvieux (-se)**	*rainy*
prévoir	*to foresee, forecast*
→ **la prévision**	*forecast*
quotidien(ne)	*daily* (adj.)
→ **quotidiennement**	*daily* (adv.)
rigoureux (-se)	*harsh*
les quatre saisons (f.):	
l'hiver (m.)	*winter*
le printemps	*spring*
l'été (m.)	*summer*
l'automne (m.)	*fall*
sec, sèche	*dry*
→ **la sécheresse**	*drought*
le vent	*wind*

L'environnement

une bombe	*bomb; aerosol can*
une bombe atomique/ nucléaire	*nuclear bomb*
une centrale nucléaire	*nuclear plant*
chauffer	*to heat*
la couche d'ozone (f.)	*ozone layer*
les déchets (m.)	*waste material*
l'énergie solaire (f.)	*solar energy*
une éolienne	*windmill*
gaspiller	*to waste*
≠ **économiser**	*to save*
le pétrole	*petroleum*
une poubelle	*trash can*
protéger	*to protect*
recycler	
→ **le recyclage**	*recycling*

La géographie physique

arroser	*to water, flow through*
le bord	*edge, rim, shore*
→ **au bord de**	*along*
la campagne	*countryside*
diviser	*to divide*
le fleuve	*large river with tributaries*
≠ **la rivière**	*smaller river*
la frontière	*border, boundary*
le lieu = **l'endroit** (m.)	*place, location*
→ **avoir lieu**	*to take place*
le paysage	*landscape*
les quatre points (m.) **cardinaux:**	
le Nord	
le Sud	
l'Est	
l'Ouest	
traverser	*to cross*

Evaluez vos connaissances

A. Définitions. Complétez les phrases suivantes à l'aide des mots du **Vocabulaire pour la discussion.**

1. Il faut ____________________ les plantes régulièrement.
2. Prends ton parapluie! Il va ____________________ !
3. Avant de ____________________ la rue, il faut regarder à droite et à gauche.
4. La ____________________ s'oppose à la ville.
5. La ____________________ est une ligne de séparation entre deux pays.
6. Le ____________________ méditerranéen se caractérise par des hivers doux et des étés chauds.
7. Le ____________________ des déchets permet d'économiser des sources d'énergie.
8. Dans une ____________________ nucléaire, on produit beaucoup d'électricité.
9. L'énergie ____________________ utilise les rayons du soleil.

B. Une interrogation de géographie. Révisez le **Vocabulaire pour la discussion**, puis cachez-le. Imaginez que vous préparez une interrogation (*test*) de géographie. Choisissez un(e) camarade et vérifiez vos connaissances avec lui/elle en vous posant des questions à tour de rôle (*in turn*) sur les aspects suivants concernant votre pays.

1. les fleuves principaux
2. les montagnes et leur situation
3. les mers/océans qui le bordent
4. les différents climats
5. les principales divisions administratives

C. Questions à discuter. Observez le document suivant et discutez les questions ci-dessous.

1. Quels efforts fait-on dans votre ville pour préserver l'environnement?
2. Quelle est votre contribution personnelle à la protection de l'environnement? Donnez des exemples pris dans votre vie de tous les jours.

Ensemble, prenons soin de Cannes

La propreté de la Ville dépend de nous tous, de l'effort collectif déterminé par l'équipe municipale, mais aussi de ce que nous faisons nous-mêmes dans notre vie quotidienne. La défense de la couche d'ozone, la lutte pour la protection de la nature, la contribution à une meilleure qualité de notre cadre de vie, tout cela participe du même esprit. L'environnement, c'est aussi notre maison, notre immeuble, notre rue, notre ville. Ne l'oublions pas!

Mairie de Cannes

D. Les gestes verts. Voici des domaines cités par les écologistes pour protéger l'environnement. Pour chaque domaine, faites une liste de gestes verts correspondants, puis comparez votre liste à celle des autres groupes.

1. recyclage des déchets
2. économie de l'eau
3. économie d'énergie
4. pollution
5. respect des forêts
6. protection des animaux
7. informer le public

TEXTE 1

Hyères vous offre la Provence

Avant la lecture

Culture

A. Questions à discuter.

1. Y a-t-il dans votre pays une région tempérée où les gens passent leurs vacances en hiver? Décrivez cette région et parlez des activités qu'elle offre.
2. En vous aidant des cartes de France qui figurent dans ce chapitre et au début du livre, situez la Provence et essayez de décrire
   a. ses paysages
   b. ses spécialités
   c. des activités propres à cette région
3. D'après vos connaissances personnelles, essayez de décrire le caractère de villes comme Cannes, Nice ou Saint-Tropez en précisant les raisons pour lesquelles elles sont célèbres.

Vocabulaire

A. Mots apparentés. Devinez le sens.

le séjour J'ai passé une semaine en Suisse et c'était un excellent séjour!

B. Faux amis. Il y a des mots français qui ressemblent à des mots anglais mais qui ont une signification totalement différente. Voici un exemple du texte suivant.

la cave la partie souterraine de la maison; aussi, une cave à vin (≠ *cave*: caverne);
Il est descendu dans la cave pour chercher une bonne bouteille de vin.

Lecture

A. Titre et illustration.

1. Etudiez cette annonce publicitaire en faisant attention au titre. D'après vous, qu'est-ce que Hyères? Où se trouve-t-elle?
2. Concentrez-vous maintenant sur l'illustration. Quels sont les différents éléments qui la composent? Dressez-en une liste par catégories et décrivez au moins:
   a. les personnages
   b. le paysage
   c. l'architecture

B. Première lecture intégrale sans dictionnaire. Lisez maintenant le texte de cette annonce et résumez en une phrase l'objet de la publicité.

[1]petits arbres à fleurs jaunes très parfumées qui fleurissent en hiver en Provence
[2]mountain chain

[†]Un santon est une petite figurine de terre cuite, peinte à la main et portant le costume provençal, que l'on utilise dans les crèches à l'époque de Noël. Une foire aux santons a lieu chaque année à Marseille.

C. Recherche d'informations spécifiques.

1. Quels sont les quatre aspects qui sont vantés (*praised*) au centre de la publicité?
2. A votre avis, est-ce que ces quatre aspects sont représentés sur l'illustration? Justifiez votre réponse à l'aide de détails précis.
3. Y a-t-il des aspects de la Provence qui figurent sur le dessin et auxquels on ne fait pas allusion dans le texte?
4. Décrivez en détail chaque partie de l'image et essayez de lui donner un titre:
   a. la partie droite
   b. la partie gauche
   c. la partie centrale
   Y a-t-il des éléments que vous ne pouvez pas identifier?

Après la lecture

A. Questions à partir du texte.

1. Selon l'illustration, de quoi se compose la végétation de la Provence? son architecture?
2. A quel élément de la gastronomie fait-on allusion ici?
3. Qu'est-ce qui fait la célébrité de Saint-Tropez?
4. Pourquoi Hyères est-elle considérée comme «votre soleil d'hiver en Provence»?
5. D'après l'illustration, quelles activités peut-on pratiquer en Provence?
6. En fonction de cette annonce, auriez-vous envie de passer vos vacances à Hyères? Justifiez votre réponse.

B. Vacances en famille. Par groupes de trois, préparez un petit sketch avec un père, une mère et leur enfant adolescent(e). Ils passent quelques jours en Provence et aucun membre de la famille ne veut faire la même chose. Comme ils n'ont qu'une voiture, ils ne peuvent pas tout faire; alors, ils discutent de leur itinéraire pour aboutir à un compromis.

C. Une annonce publicitaire. Vous êtes présentateur/présentatrice de radio et on vous demande de faire une annonce publicitaire pour Hyères. Préparez le script de l'annonce en utilisant les éléments de l'illustration.

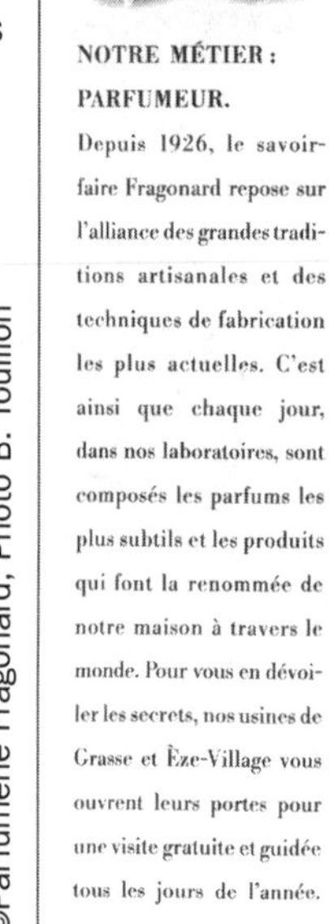

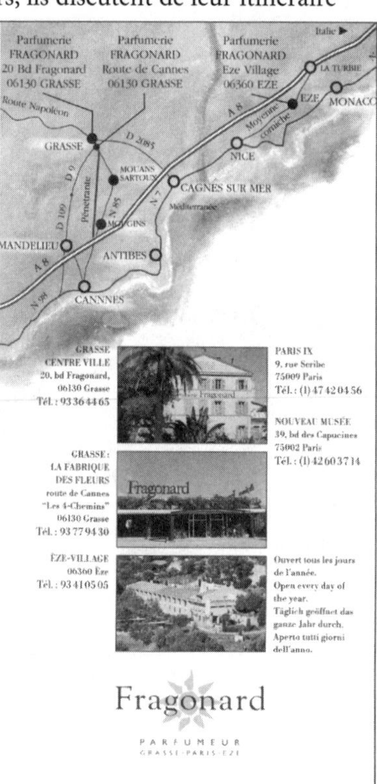

TEXTE 2

La diversité régionale

Avant la lecture

Culture

1. La région: dans quels domaines les différences régionales peuvent-elles se remarquer en général? Notez au moins quatre domaines et indiquez celui qui, à votre avis, est le plus courant.
2. Choisissez trois régions de votre pays qui ont des caractéristiques particulières. Complétez le tableau ci-dessous pour établir les différences qui séparent ces régions et répondez aux questions qui suivent.

	RÉGION 1	RÉGION 2	RÉGION 3
climat			
paysage(s)			
économie			
architecture			
langue			
cuisine			
mode			
activités			

   a. Si ces régions sont frontalières (*on the border*), leurs caractéristiques sont-elles dues à l'influence d'un pays voisin?
   b. Est-ce qu'on a tendance à attribuer des traits de caractère particuliers aux habitants de ces régions? A votre avis, ces stéréotypes sont-ils fondés?

3. Voici quelques régions françaises.

la Normandie
la Bourgogne
l'Alsace
l'Auvergne
la Provence
la Bretagne
la Champagne

   a. Notez ce qu'elles évoquent pour vous. A quelles images sont-elles associées dans votre esprit?
   b. Comparez ces résultats entre eux et indiquez, pour chaque domaine ci-dessous, les régions auxquelles vous l'avez associé.

l'histoire
les monuments
la cuisine
[autres domaines]
le climat
le paysage
l'architecture

Vocabulaire

A. Révision. Savez-vous comment on appelle les habitants des villes suivantes?

Marseille Québec Paris

Rappel Le nom et l'adjectif qui se réfèrent aux habitants d'un pays, d'une région ou d'une ville sont souvent formés en ajoutant le suffixe **-ais**, **-ois** ou **-ien** au nom d'origine.

Lyon → lyonnais(e), un(e) Lyonnais(e)
Lille → lillois(e), un(e) Lillois(e)
le Canada → canadien(ne), un(e) Canadien(ne)

Il y a cependant des exceptions:

Bordeaux → bordelais(e), un(e) Bordelais(e)
Saint-Etienne → stéphanois(e), un(e) Stéphanois(e)

Remarque les noms de nationalités commencent par une lettre majuscule.

B. Mots apparentés. Devinez le sens.

les habitudes (f.) Ma grand-mère ne veut pas quitter la Normandie parce qu'elle ne veut pas changer ses habitudes.
la mémoire Il n'a pas de mémoire: il ne se souvient pas de son voyage en Provence.
les remparts (m.) les fortifications (f.); Les remparts de ce vieux château sont tombés en ruines.

C. Mots de la même famille. Devinez le sens. Pour chacun des mots suivants, notez la racine sur laquelle il a été formé; cela vous aidera à en deviner la signification.

riche (adj.)→ **la richesse** (Nom); Chaque région conserve la richesse de son folklore.

maintenir (verbe)→ **le maintien** (Nom); On a décidé de maintenir la division en départements = On a décidé le maintien de la division en départements.

Lecture

A. Approche initiale du texte. Etudiez le titre du texte qui suit. De quelle sorte de document s'agit-il (**il s'agit de...** = *it's about ...*)?

B. Première lecture intégrale sans dictionnaire. Lisez le texte une fois en entier pour en comprendre l'idée générale.

La diversité régionale

L'unité précoce de la France et l'uniformisation des modes de vie, liés à l'urbanisation et aux progrès de la circulation, n'ont pas empêché[1] le maintien d'une grande diversité régionale. Bien que la division en départements date de près de deux siècles, le souvenir des divisions administratives plus anciennes est toujours présent dans les mémoires: on se dit encore volontiers alsacien, auvergnat[2] ou breton.

La personnalité régionale se traduit d'abord par l'usage d'une langue, d'un dialecte ou d'un patois original. C'est notamment le cas dans les régions périphériques, telles la Corse, l'Alsace, le pays Basque, la Bretagne... C'est aussi le fait de la plupart des départements et territoires d'outre-mer, comme le rappelle, par exemple, le créole antillais.

La richesse du folklore est un autre élément de la personnalité des régions. Quelque peu malmené[3] durant la seconde moitié du XIXe siècle et la première moitié du XXe, il revient à l'honneur à la faveur de fêtes locales, activement soutenues par les jeunes. Les costumes régionaux retrouvent alors leurs lettres de noblesse[4], à l'image de la coiffe alsacienne ou bretonne, cette dernière étant encore portée quotidiennement par un certain nombre de femmes dans le Finistère[5]. Il en est de même des danses, comme la bourrée auvergnate ou la sardane catalane[6], des jeux et de certains sports: c'est ainsi que le tir à l'arc et le jeu de fléchettes[7] ont conservé de nombreux adeptes dans le Nord, alors que le rugby et la corrida restent l'apanage[8] des villes méridionales, de Dax à Arles.

[1] *prevented*
[2] de la région d'Auvergne
[3] *abused*
[4] *win acclaim, establish their pedigree*
[5] *area at the very end of Brittany, along the coast*
[6] *from Catalogne, presently part of northeastern Spain*
[7] *darts*
[8] *prerogative*

La diversité régionale se manifeste également dans l'art culinaire. Née de la richesse des terroirs[9] et de l'imagination fertile des grands chefs, la gastronomie est une composante essentielle de la personnalité des régions et les habitudes alimentaires demeurent encore imprégnées de traditions. Il y a une France de la bière au Nord et à l'Est et une France du cidre en Normandie. De même, alors que l'Ouest privilégie l'usage de la crème et du beurre, le Sud recourt[10] plus fréquemment à l'huile d'olive. Chaque région s'honore de posséder des plats typiques, telles la bouillabaisse provençale, la choucroute alsacienne ou encore la potée auvergnate[†]. Quelques-uns misent sur la renommée[11] de leurs fromages ou de leurs vins pour séduire[12] le gourmet, à l'image de la plantureuse[13] Bourgogne.

Enfin, la diversité régionale est toujours présente dans les paysages eux-mêmes, qu'il s'agisse des campagnes secrètes des pays de bocage[††] de l'Ouest, des vastes étendues céréalières de Beauce ou de Brie, des villages alsaciens tapis[14] derrière leurs vergers[15] et leurs remparts ou encore des lourds mas[16] cévenols[17], couronnés[18] de leurs toits de pierres.

(D'après, J.-L. Mathieu et A. Mesplier, *Géographie de la France*, © Hachette, 1986)

[9]*soils*
[10]*resorts*
[11]*la réputation*
[12]*seduce*
[13]*fertile*
[14]*nestled*
[15]*orchards*
[16]des maisons typiques du Sud de la France
[17]de la région des Cévennes
[18]*crowned*

[†]La bouillabaisse provençale (de Provence) est composée de poissons cuits dans un bouillon et mangés avec du pain grillé et une mayonnaise à l'ail. La choucroute (*sauerkraut*) alsacienne (d'Alsace) est préparée avec des pommes de terre, de la viande et des saucisses cuites dans du vin blanc. La potée auvergnate est un plat de viande et de légumes préparés dans une grande casserole.

[††]**Le bocage:** un paysage normand qui se caractérise par des champs séparés par des haies ou des rangées d'arbres et où les fermes sont dispersées.

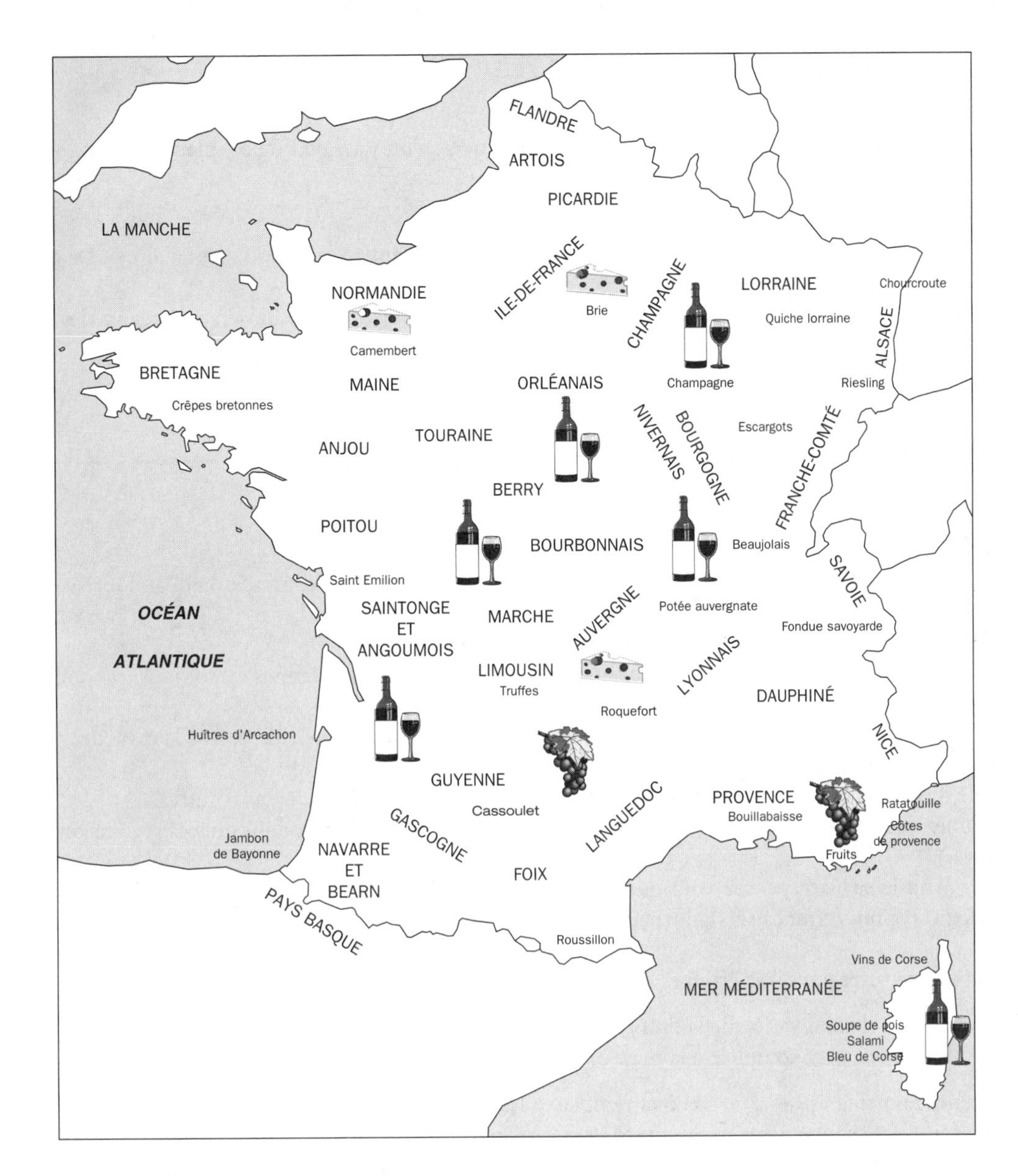

C. Recherche d'informations spécifiques. A l'aide de la carte des anciennes provinces, situez les régions mentionnées dans la grille (*grid*) suivante. Complétez ensuite cette grille autant que possible en vous aidant des renseignements contenus dans le texte, puis répondez aux questions ci-dessous.

	LANGUE	CUISINE /BOISSONS	COSTUME	DANSES
Alsace				
Auvergne				
Bourgogne				
Bretagne				
Normandie				
Pays Basque				
Provence				

1. Quelles sont les régions où l'on parle encore une langue ou un dialecte différent du français?
2. Où se trouve le Finistère? Qu'est-ce que certaines femmes portent encore sur la tête à cet endroit?
3. Quels ingrédients utilise-t-on pour faire la cuisine dans l'ouest de la France? dans le sud?

D. Organisation du texte.

1. Quel est le sujet de chaque paragraphe?
2. Pour chaque paragraphe, soulignez la phrase qui indique qu'on va traiter de ce sujet.

E. Les mots pour situer.

1. Dans la première phrase de chaque paragraphe, on trouve le mot «région» ou «régional(e)». De quel autre mot est-il accompagné?
2. Quels sont les mots qui indiquent une progression dans la description des différences régionales d'un paragraphe à l'autre?

Après la lecture

A. Questions à partir du texte.

1. Quel est le paradoxe exprimé dans le premier paragraphe? Quelle est l'expression qui annonce ce paradoxe ou cette contradiction?
2. Qu'est-ce qui a favorisé l'uniformisation des modes de vie?
3. Pourquoi dit-on que le souvenir des divisions administratives plus anciennes est toujours présent dans les mémoires?
4. Quels sont les cinq départements d'outre-mer? Où sont-ils situés? (Reportez-vous à la carte des pays francophones au début du livre.)
5. Quels sont les plats régionaux français cités dans ce texte? En connaissez-vous d'autres?
6. Nommez deux types de paysages mentionnés dans le passage et indiquez dans quelles régions on les trouve.
7. Après avoir lu ce texte, pensez-vous que son titre soit justifié? Donnez des exemples.
8. Quelle(s) région(s) française(s) aimeriez-vous visiter? Pourquoi?

B. La variété de votre pays. Par groupes de trois ou quatre, discutez les questions suivantes.

1. Votre pays est-il aussi varié que la France? Donnez des exemples précis. Vous pouvez vous référer au tableau que vous avez complété à la page 27.
2. Reprenez les paragraphes 2, 3, 4 et 5 et remplacez les régions françaises par des régions de votre pays en faisant tous les changements nécessaires relatifs aux renseignements concernant chaque région. Allez-vous conserver les mêmes catégories (langue, folklore, cuisine, paysage)? Faut-il en enlever ou en ajouter? Si oui, lesquelles?

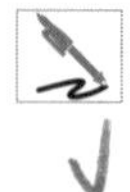

C. Séance de diapositives (*slides*). Vous passez une année en France dans le cadre d'un programme d'échange. Un professeur d'anglais prépare pour sa classe une projection de diapositives sur votre pays et vous demande de choisir dix diapositives et de préparer un commentaire pour les accompagner. Imaginez la nature de ces diapositives et rédigez pour chacune une phrase en français.

D. La France en dix jours! Imaginez l'itinéraire d'un voyage organisé en France. Il doit durer dix jours avec un arrêt dans six villes différentes. En vous inspirant de la carte des régions françaises au début de ce chapitre, rédigez la brochure touristique avec les choses à voir et à faire à chaque endroit.

Boîte à outils

1. S'exprimer avec la négation

Ce n'est pas vrai! Ce n'est pas possible!	*I can't believe it!* (colloquial)

Literally, both mean *It isn't true (possible)*, but they are actually expressions of surprise. They do not mean that you are calling the other person a liar, but simply that you are astonished.

Je n'en peux plus! J'en peux plus!	*I'm beat!* (colloquial)

Literally, it means that you are so tired that you cannot do anything else.

Je n'en sais rien!	*I don't know!*
Ce n'est vraiment pas de chance!	*This is really bad luck!*

Literally, this expression means that you do not know anything about it; but it is often used in exasperation when someone else keeps asking questions on a subject about which you know nothing.

De rien! or: Il n'y a pas de quoi!

Either one of these phrases may be used to express *You are welcome!* when someone thanks you for something. In a formal context, the phrase **Je vous en prie!** is preferred.

Il n'est pas question que je le fasse!	*There's no way I'm going to do it!*
Il ne trouverait pas de l'eau dans la mer!	*He would not find water in the sea!*

This phrase is used to refer to someone who can never find anything.

Il n'y a rien à faire! Rien à faire!	*There's nothing to do!*

In a colloquial context, this phrase may also mean *No way!* when someone refuses to do or to believe something.

Note: in spoken colloquial French, **ne** is often omitted in negative expressions; however, it must be used in formal contexts and in writing.

When you want to refute a negative statement and restore an affirmative statement, use **si**.

Il ne fait pas froid dans les Alpes. Mais si, il y fait très froid en hiver!	*It is not cold in the Alps.* *But yes, it is very cold there in winter!*

2. Poser des questions. Se renseigner

Pardon? Comment? Hein? Quoi?

These four expressions are used to ask someone to repeat what he/she has just said. There is, however, a gradation in the language register.

Pardon? is the most polite form, used in a formal setting. **Comment?** is standard and can be used anywhere. **Hein?** and **Quoi?** are more colloquial and may be perceived as rude in a formal context.

La forme interrogative

Sometimes French uses an interrogative form to express what would be an exclamation in English.

Tu ne vas pas me dire que tu as peur, non?	*Don't tell me that you are afraid!*
Vous n'allez pas me faire croire que vous avez peur, non?	*Don't try to make me believe that you are afraid!*
On y va?	*Let's go!* or *Are we going?*

Exasperation or impatience will be expressed by either **On y va, oui ou non?** or **On y va, ou quoi?** (both colloquial). *Are we going, or what?*

Vous connaissez la nouvelle?	*Guess what!*
Tu connais la dernière?	*Guess what!* (more colloquial)
Tu te moques de moi?	*You've got to be kidding!*
Tu te rends compte? Vous vous rendez compte?	*Do you realize?*

This expression is used to express surprise (*I can't believe it*) rather than to ask a question.

A vous maintenant

A. Du tac au tac! (*tit for tat*). Observez les dessins suivants et lisez ce que dit chaque personnage. Formulez ensuite la réponse de l'autre en employant une expression idiomatique correspondant à la situation.

1.

2

3.

4.

B. Réactions. Choisissez un(e) autre étudiant(e). Votre cousin(e) vient d'assister à une réunion de famille chez vos grands-parents et vous donne des nouvelles de membres de la famille que vous connaissez bien. Il/Elle formule des phrases avec une expression idiomatique et les éléments ci-dessous. Après chaque phrase, vous employez une expression idiomatique (négative ou interrogative) en guise de réaction.

EXEMPLE: Jean-Claude / être / toujours / à l'hôpital

VOTRE COUSIN(E): Tu te rends compte que Jean-Claude est toujours à l'hôpital?
VOUS: Comment? Ce n'est vraiment pas de chance!

1. Oncle Henri / perdre / la mémoire; il / chercher / toujours / ses clés
2. Grand-mère / venir de / décider / d'apprendre à conduire
3. Paul et Martine / aller / passer / l'été / dans les Alpes
4. tes parents / avoir besoin / de ton aide / pour repeindre la maison de campagne
5. Grand-père / espérer / se réconcilier avec son frère
6. je / avoir / l'impression / que / tu / être / fatigué(e)

ECHANGES

Situation 1: Voyage en France

You have just won a France Railpass, which offers unlimited travel in France on five different days within a month, and you must use this Railpass before the end of the year. Your father/mother tries to gather some information about your trip; he/she would like you to postpone it, if possible. He/She asks you about the advantages of this Railpass, the dates of your trip, any possible travel companions, your tentative itinerary, and the reasons why you must go now.

Situation 2: A la douane

The customs officer (**le douanier / la douanière**) stops every car and requests every driver to show his/her passport; he/she then asks how long the traveler is going to stay in France, where he/she will be staying, why he/she is coming to France, and whether he/she has something to declare.

Défense de fumer

Depuis novembre 1992, la loi anti-tabac interdit de fumer dans les lieux publics: cafés, restaurants, hôtels, casinos, lieux de loisirs et de travail, établissements scolaires et médicaux, gares et aéroports, etc. Avec cette loi, le gouvernement français espère réduire la consommation du tabac qui, avec l'alcoolisme, représente la cause principale des problèmes de santé.

Echos francophones

La Côte d'Ivoire en bref

Superficie: 322 464 km² (2/3 de la France)
Climat: sud-équatorial (région côtière), tropical (forêts), soudanais (savane)
Population: 12 millions (60 ethnies)
Statut: République; ancienne colonie française qui a obtenu son indépendance en 1960
Capitale: Yamoussoukro (110 000 habitants)
Langues: français (langue officielle), dioula et baoulé (langues commerciales entre ethnies)
Religions: animistes (65%), musulmans (23%), catholiques (12%)
Monnaie: le franc CFA (CFA = Communauté Française d'Afrique)
Economie: cacao (1er rang mondial), riz, café, coton; élevage; pêche; bois; concentration industrielle à Abidjan.

Côte d'Ivoire: déforestation et énergie solaire

Depuis longtemps déjà, des milliers d'hectares[1] de forêt ivoirienne disparaissent chaque année dans le Sud et dans les savanes pour plusieurs raisons: agriculture, feux de forêt (défrichage[2], mais aussi charbon de bois[3] qui représente le seul combustible dans les villages). A ce rythme, c'est la totalité de la forêt qui risque d'être anéantie[4] dans dix ans. Tous les spécialistes, le président du pays à leur tête, ont poussé un cri d'alarme.

Le bois est l'une des principales matières premières destinées à l'exportation et 40 000 employés dépendent de l'exploitation du bois. Avec la déforestation, ils risquent donc de se trouver au chômage[5]. De plus, au plan écologique, la déforestation a des conséquences dramatiques: persistance de l'harmattan, vent très sec dans le Sud, et perturbation du régime des pluies dont la baisse fait diminuer la fertilité. Le remède est le reboisement[6], mais son efficacité passe par une prise de conscience[7] générale et la possibilité de mettre à la disposition des villageois un combustible de substitution.

On commence à utiliser l'énergie solaire mais, pour l'instant, elle n'est pas assez développée pour remplacer le combustible. Dans un certain nombre de pays africains, on a créé des pompes fonctionnant à l'énergie solaire. En Côte d'Ivoire, on voit des téléphones publics à énergie solaire dans les rues d'Abidjan. Il est possible qu'on développe des cuiseurs convectifs[8] pour cuisine collective, ce qui économiserait le bois comme combustible.

[1] *2.5 acres*
[2] *clearing of land*
[3] *charcoal*
[4] *annihilated*
[5] *unemployment*
[6] *reforestation*
[7] *awareness, awakening*
[8] *convection cookers*

Questions à partir du texte

1. Quelles sont les causes de la déforestation?
2. Pourquoi la déforestation est-elle dramatique en Côte d'Ivoire?
3. Quelles sont les conséquences de la déforestation?
4. Comment essaie-t-on de remédier au problème?

Découvrons

Martinique

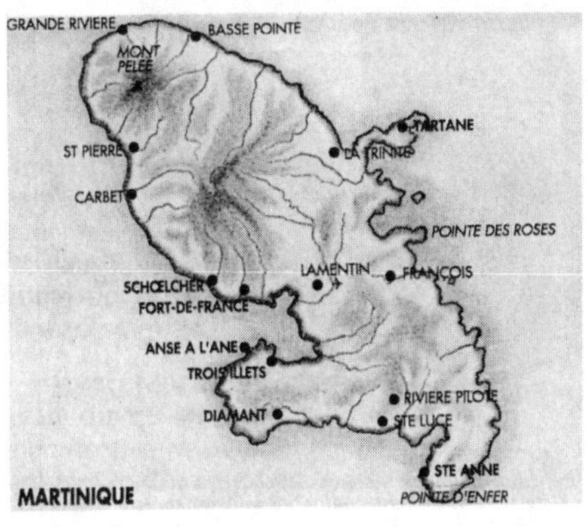

GÉOGRAPHIE:

80 km dans sa plus grande longueur et un peu plus de 35 km dans la plus grande largeur pour une superficie de 1080 km², telles sont les «mensurations[1]» de cette Grande Dame.

7500 km² de Paris, 3500 km de New-York mais seulement une heure d'avion pour le Vénézuéla et 20 minutes pour l'île de la Guadeloupe et pourtant nous sommes dans un département français.

La diversité des paysages passe de la forêt subtropicale et massifs montagneux dans le Nord, à la désertique savane dans le Sud. Le Centre, seule véritable plaine, concentre la quasi[2] totalité de l'industrie et près d'un tiers[3] de la population.

Des différences importantes pour de courtes distances, c'est un des atouts[4] de la Martinique que l'on appelle également l'île des revenants[5]. En effet, pour tout découvrir sur cette île, il faudra revenir.

CLIMAT:

Chaud et humide mais les alizés[6] qui balayent[7] l'Ile en permanence fonctionnent comme des régulateurs.

Deux saisons: le Carême[8] de décembre à mai, période sèche. L'hivernage[9], de juin à novembre, plus humide. C'est pendant cette période que sévissent[10] les cyclones.

FAUNE ET FLORE:

L'Ile aux fleurs: c'est paraît-il les Indiens Caraïbes qui ont donné ce nom à la Martinique. Ils n'ont pas menti[11] car l'île est toujours verte, tout pousse à profusion, la nature est prodigue en fruits, fleurs, feuillages[12].

Par contre[13], la faune est pauvre, et hormis[14] les animaux domestiques, l'élevage ovin et bovin[15], on ne pourra croiser que mangoustes[16] et manicous[17] sur la route. Dans tous les cas, rien de dangereux sauf si vous vous sentiez l'âme aventureuse et que vous décidiez de traver-ser la forêt tropicale. Ceci dit vous le feriez surement seul...

POPULATION:

Un étonnant mélange[18]. Le métissage[19] trouve ici toute sa signification. 90% de la population est noire ou mulâtre. Les 10% qui restent sont blancs, métropolitains ou békés issus des premiers colons. Quelques petites communautés d'Afrique du Nord, Syrie, Liban et Chine.

HISTOIRE:

Découverte en 1502 par Christophe Colomb, la Martinique est colonisée en 1635 par Pierre Belain d'Esnambuc sur ordre de la Compagnie des Indes de l'Amérique. Mais c'est M. Du Parquet qui organisera et fera prospérer la Martinique.

Par besoin de main d'œuvre[20], l'esclavagisme[21], interdit en France, est institué (début XVIIIᵉ). Après 20 ans de combat, en 1848, un ancien homme d'affaires devenu parlementaire obtint un décret abolissant l'escalavage sur toutes les terres françaises. Cet homme, c'est Victor Schoelcher. On comprendra aisément que bon nombre de rues et places portent son nom. Ce n'est qu'en 1946 que, sous l'impulsion d'Aimé Césaire[†], déjà député, la Martinique perd son statut colonial au profit de celui de départment à part entière.

[1] *measurements*
[2] *almost*
[3] *third*
[4] *advantages*
[5] *ghosts*
[6] *tradewinds*
[7] *sweep*
[8] *Lent*
[9] *winter*
[10] *rage*
[11] *have not lied*
[12] *foliage*
[13] *on the other hand*
[14] *except*
[15] *sheep and cattle breeding*
[16] *mongoose*
[17] *native animals*
[18] *mixture*
[19] *cross-breeding*
[20] *manpower*
[21] *slavery*

Questions à partir du texte

1. Indiquez à quelle distance les endroits suivants se trouvent de la Martinique (en km ou en durée de voyage par avion): Paris, New York, le Vénézuéla, la Guadeloupe.
2. Quels sont les trois paysages que l'on trouve à la Martinique?
3. Quelles sont les deux saisons de la Martinique et quelles sont leurs caractéristiques?
4. Quel est le nom que les Indiens Caraïbes ont donné à l'île? Ce nom est-il justifié?
5. A quoi sont associés les noms de Victor Schoelcher et Aimé Césaire?
6. Indiquez à quoi correspond chacune des dates suivantes: 1502, 1635, 1848 et 1946.

[†] Aimé Césaire: homme politique et poète martiniquais, né en 1912, qui a développé le concept de la négritude.

Les Français

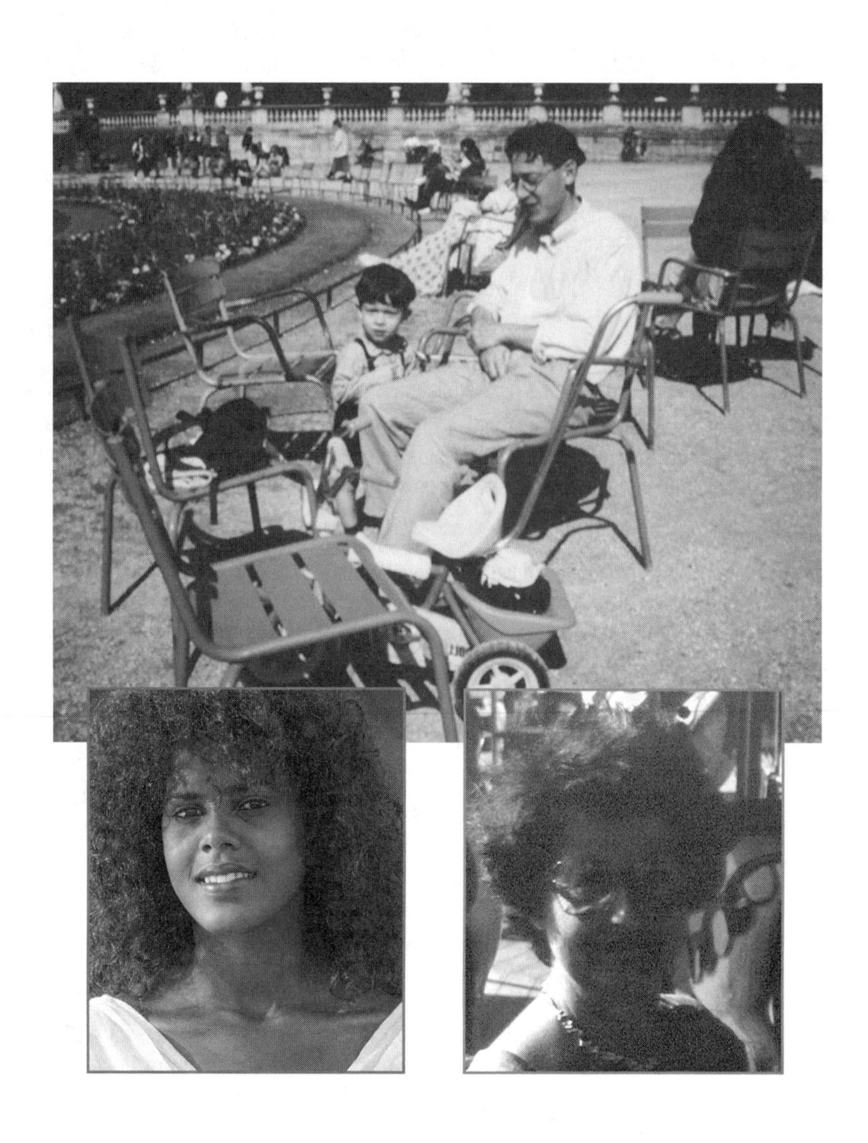

Culture et communication

- Introduction
- Texte 1: 32e recensement général de la population
- Texte 2: Comment reconnaître les Français
- Texte 3: Tu es un homme, moi aussi

Boîte à outils

- Expressions associées à des parties du corps
- Expressions associées à des nombres

Echos francophones

- Les Acadiens
- Les Québecois: une société pluraliste
- Les Marocains

Introduction

La population de la France métropolitaine est d'environ 57 millions d'habitants et de 58,5 millions avec les départements et territoires d'outre-mer. Au cours des siècles, il y a eu en France d'importants mouvements migratoires dus aux invasions et aux vagues d'immigration: les Romains vers le 1er siècle av. J.-C.† , les Germains dès le Ve siècle et les Normands d'origine scandinave au Xe siècle. Au cours des siècles, la France a également attiré des étrangers d'autres pays européens. Depuis quelques décennies, les groupes ethniques les plus nombreux sont originaires d'Italie, de Pologne, d'Espagne, du Portugal et, dans un passé plus récent, des pays du Maghreb (Algérie, Maroc, Tunisie), ce qui a eu pour résultat un grand mélange de races. Le Français moyen n'existe pas vraiment; cependant, les statistiques révèlent les données suivantes:

	HOMMES	FEMMES	COULEUR DES YEUX
TAILLE MOYENNE	1,72 m	1,60 m	foncés: 55%
POIDS MOYEN	75 kg	60 kg	Bleus ou gris-bleu: 31%
			gris: 14%

On remarque des différences particulières dues à divers facteurs:

1. **Le facteur géographique**
   - dans le Nord et dans l'Est: on est plus grand avec les cheveux et les yeux plus clairs, à cause de l'héritage germanique
   - dans le Sud et dans la région méditerranéenne: on est de stature moyenne ou plus petite avec les cheveux et les yeux très foncés
   - c'est dans l'Ouest qu'on est le plus petit, avec les cheveux et les yeux clairs.
2. **Le facteur social.** D'une part, les cadres supérieurs sont plus grands que les ouvriers (5 cm en moyenne) qui sont eux-mêmes plus grands que les agriculteurs. D'autre part, les enfants des VIIIe et XVIe arrondissements bourgeois de Paris sont plus grands que ceux des autres quartiers (voir la carte des arrondissements de Paris à la page 194 du Chapitre 10). Les démographes expliquent ce phénomène par l'amélioration des conditions d'alimentation et d'hygiène en fonction du niveau d'éducation.
3. **Le facteur âge.** Les Français grandissent de plus en plus, ce qui explique que les personnes âgées sont en moyenne plus petites que les jeunes.
4. **Le facteur métissage.** On a également remarqué que le métissage fréquent entre les nationalités favorise l'accroissement de la stature, en particulier dans des pays comme la France ou les Etats-Unis, où de grands mouvements d'immigration ont eu lieu au cours des cent dernières années.

†av. J.-C. = avant Jésus-Christ (ne pas prononcer les consonnes finales;≠ le Christ: prononcer les consonnes finales).

La France est en effet une terre d'immigration où l'on recense actuellement 4,1 millions d'étrangers, soit 8% de la population totale, répartis de la façon suivante:

Origine européenne: 48,6% dont	Origine africaine: 43,5% dont 1/3 sont issus des pays du Maghreb	Origine asiatique: 8%
• 845 000 Portugais • 370 000 Italiens • 340 000 Espagnols	• 710 000 Algériens • 575 000 Marocains • 230 000 Tunisiens	

60% des étrangers qui résident en France se trouvent concentrés dans les grands centres économiques du pays: région parisienne et les régions Rhône-Alpes (Lyon) et Provence-Côte d'Azur (Marseille et la Côte d'Azur). La concentration d'étrangers y est parfois si élevée que le seuil de tolérance des Français d'origine est dépassé. On assiste alors à des conflits sociaux d'autant plus graves que la France traverse depuis plusieurs années une crise économique caractérisée par un taux important de chômage. Plusieurs organismes se sont formés pour lutter contre ce courant de racisme et de xénophobie, notamment le groupe «Touche pas à mon pote°» fondé par Harlem Désir; ce groupe représente un mouvement de solidarité de la part des jeunes.

° *buddy*

Vocabulaire pour la discussion

Activités professionnelles

un(e) agriculteur (-trice) *farmer*
un cadre *manager*
le chômage *unemployment*
→ **un(e) chômeur (-euse)** *unemployed person*
un(e) ouvrier (-ère) *worker*

Description d'une personne

bête *dumb, stupid*
clair(e) *light*
fier, fière *proud*
foncé(e) *dark*
laid(e) *ugly*
léger (-ère) *light; frivolous*
métis(-se) *cross-bred*
→ **le métissage** *cross-breeding*
la mode *fashion*
triste *sad*
→ **la tristesse** *sadness*

La démographie

apparaître (pp. **apparu**) *to appear*
≠ **disparaître** *to disappear*
un arrondissement *district in a large city*
croiser *to cross; to cross-breed*
une décennie *decade*
les données (f.) *data*
le foyer *hearth, home*
le mélange *mixture*
la naissance *birth*
≠ **la natalité** *birth rate*
le portrait robot *composite portrait*
un préjugé *prejudice*
la provenance *origin*
→ **en provenance (de)** *from*
le recensement *census*
→ **recenser** *to record, count*
le seuil *threshold*
la vague *wave*
le vieillissement *aging*

La santé

l'alimentation (f.)	*nutrition*
≠ **la nourriture**	*food*
avoir de la fièvre	*to have a fever*
avoir mal (à)	*to ache (in)*
un(e) chirurgien(ne)	*surgeon*
le cœur	*heart*
la douleur	*pain*
l'estomac (m.)	*stomach*
le ventre	*tummy*
éternuer	*to sneeze*
un(e) infirmier (-ière)	*nurse*
malade	*sick, ill*
→ **la maladie**	*disease*
un médicament	*medicine*
la mort	*death*
un os	*bone*
le poumon	*lung*
le sang	*blood*
tousser	*to cough*

Les dimensions

dépasser	*to go beyond*
les mensurations (f.)	*body measurements*
moyen(-ne)	*average*
→ **la moyenne**	*mean, average*
le niveau	*level*
le poids	*weight*
réparti(e)	*distributed*
la taille	*height, size*
le taux	*rate*

Quelques expressions

d'après = selon	*according to*
à l'égard de	*with reference/respect to*
d'une part… d'autre part	*on the one hand … on the other hand*
plutôt	*rather*
≠ **plus tôt**	*earlier, sooner*

Evaluez vos connaissances

A. Définitions. Complétez les phrases suivantes à l'aide du **Vocabulaire pour la discussion**.

1. Les statistiques et renseignements divers employés pour des recherches sont des ________________.
2. Le cancer et la tuberculose sont des ________________.
3. En voiture, il ne faut pas ________________ la limite de vitesse.
4. Un ________________ est une personne qui travaille dans une ferme.
5. Un ________________ dirige des employés.
6. Quand on n'a pas de travail, on est au ________________.
7. Une personne dont les parents appartiennent à deux races différentes est ________________.
8. Dans un magasin d'________________, on trouve tout ce qu'il faut pour préparer un bon repas.
9. Pendant une tempête, il y a beaucoup de ________________ dans la mer.
10. Il n'est ni grand ni petit; il est ________________.

B. L'étudiant(e) moyen(ne). En petits groupes, établissez le profil de l'étudiant(e) moyen de votre classe en fonction de plusieurs critères: la taille, l'âge, le lieu de résidence, les études, la profession envisagée, les années d'étude du français, les voyages, les loisirs, etc. Chaque groupe doit se concentrer sur l'un des critères mentionnés ci-dessus. Les étudiant(e)s de chaque groupe vont circuler dans la classe et interroger leurs camarades. En fin d'activité, regroupez tous les résultats au tableau pour établir le portrait robot de l'étudiant(e) moyen(ne) de votre classe.

C. Sujet de discussion: les immigrés dans votre pays.

1. Quels sont les pays d'où viennent la plupart des étrangers dans votre pays? Où vivent-ils?
2. Leur présence est-elle la cause de conflits sociaux ou économiques? Si oui, expliquez.

TEXTE 1

32e recensement général de la population

Avant la lecture

Culture

1. Quelle est la population approximative de votre pays?
2. Quels sont les différents groupes ethniques que l'on rencontre dans votre pays?
3. Quel est, dans votre pays, l'organisme qui s'occupe de recenser la population?
4. En quelle année le dernier recensement a-t-il eu lieu? Y avez-vous participé?
5. Pourquoi fait-on des recensements?
6. Que pensez-vous des résultats des recensements en général? Pensez-vous qu'ils soient fiables (*reliable*)?

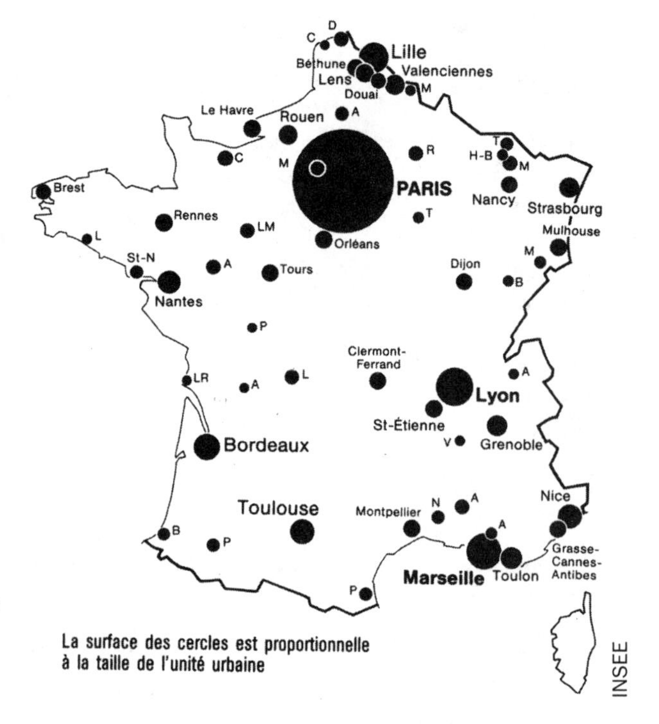

La surface des cercles est proportionnelle à la taille de l'unité urbaine

Vocabulaire

A. Mots apparentés. Devinez le sens. Essayez de deviner le sens des mots suivants en trouvant une analogie avec des mots apparentés en anglais. Composez ensuite une phrase avec chacun de ces mots.

anonyme	**obligatoire**
confidentiel(le)	**significatif, significative**
exact; exactitude	

B. Mots de la même famille: devinez le sens.

réussir (verbe) → **la réussite** (nom.); La réussite aux examens est le résultat de la chance mais aussi du travail!

C. Faux amis.

la commune = la ville — la plus petite division administrative en France (≠ *commune:* la communauté)

la formation — (ici) éducation, instruction (≠ *formation*: la création, l'organisation)

Lecture

A. Titre et illustration. Etudiez le document suivant en faisant attention au titre et aux sous-titres. A votre avis, de quoi s'agit-il?

B. Lecture intégrale sans dictionnaire. Lisez le texte une fois en entier pour en comprendre l'idée générale.

32e RECENSEMENT GENERAL DE LA POPULATION

Pour préparer l'avenir, tout le monde compte.

LE RECENSEMENT: UNE PHOTOGRAPHIE DE LA POPULATION

Tous les 7 ou 8 ans, les habitants de la France sont recensés.

Recenser la population, c'est d'abord la compter. C'est aussi connaître sa structure par âge, les professions exercées, la formation reçue, les conditions de logement, etc. C'est une photographie de chacune des 36 500 communes.

UNE IMAGE DU PRÉSENT POUR PRÉPARER L'AVENIR

Dans chaque région, chaque département, chaque commune, le recensement révèle et décrit l'évolution de la population. C'est une base indispensable pour déterminer les besoins en écoles, crèches[1], maisons de retraite[2], routes, équipements culturels et sportifs, etc.

LA RÉUSSITE DU RECENSEMENT DÉPEND DE VOUS

Tout le monde compte. Chacun de vous. De l'exactitude de vos réponses dépend la qualité du recensement. Nous comptons sur vous pour que ce recensement soit une réussite.

LE RECENSEMENT, C'EST OBLIGATOIRE

Toute personne résidant en France doit être recensée. Vos réponses sont strictement confidentielles et seront traitées de façon anonyme.

LE DERNIER RECENSEMENT GENERAL A EU LIEU EN 1982. DECOUVREZ PAGES 2 ET 3 QUELQUES- UNS DES RESULTATS LES PLUS SIGNIFICATIFS DE VOTRE DEPARTEMENT.

LE RECENSEMENT ET VOUS: A partir du 5 mars 1990, un agent recenseur viendra vous voir pour vous faire remplir des imprimés[3] très simples. Nous vous remercions par avance de votre collaboration. Comment remplir vos imprimés? Rendez-vous page 4.

INSEE

[1]daycare centers [2]retirement homes [3]print, printed matter

C. Idée générale.

1. Quelle est la nature de ce document?
2. A qui s'adresse-t-il?
3. Citez deux ou trois aspects importants qui y sont mentionnés.
4. A votre avis, quel est l'objectif de ce document?

D. Lecture détaillée. Relisez le texte à raison d'une partie à la fois et complétez les activités suivantes pour chaque partie.

1. Expliquez le titre de chaque sous-partie en fonction du paragraphe qui l'accompagne.
2. Relevez la phrase qui explique ou complète le titre de la sous-partie.
3. Relevez les expressions employées pour persuader les gens de l'importance du recensement.

Après la lecture

A. Questions à partir du texte.

1. En quelle année a eu lieu le dernier recensement de la population en France?
2. Combien de communes y a-t-il en France?
3. Pourquoi dit-on dans le texte que le recensement est «une image du présent pour préparer l'avenir»?
4. De quel facteur important dépend la réussite du recensement?
5. Quel argument présente-t-on pour justifier le fait que la participation au recensement est obligatoire?
6. Quel est le rôle des recenseurs?
7. Le verbe «compter» dans «tout le monde compte» a deux sens. Pouvez-vous les expliquer?

B. Le bulletin du recensement. Pour le recensement de 1990, on a utilisé deux imprimés: une feuille de logement remplie par chaque famille et un bulletin individuel rempli par chaque personne. Formez des groupes de trois ou quatre étudiant(e)s et imaginez les rubriques (*items*) du bulletin individuel. Partagez ensuite votre bulletin individuel avec le reste de la classe.

C. Le travail du recenseur. Vous êtes recenseur de l'I.N.S.E.E† et vous rendez visite à une personne aveugle (*blind*) qui ne peut donc ni lire ni remplir le bulletin individuel. Vous lui posez les questions correspondant à l'imprimé préparé par votre groupe dans l'activité B et il/elle vous répond. Rédigez le dialogue entre le recenseur et la personne aveugle.

†Institut National de la Statistique et des Etudes Economiques

TEXTE 2

Comment reconnaître les Français

Avant la lecture

Culture

1. Discussion générale de classe
   a. Quelle a été l'époque glorieuse de votre pays? Pourquoi?
   b. Essayez de définir les stéréotypes relatifs au caractère national des citoyens de votre pays. Quelle est, à votre avis, l'origine de ces stéréotypes?
   c. Y a-t-il dans votre pays un personnage de bande dessinée représentatif du caractère national comme Astérix en France? Justifiez votre choix.
   d. Existe-t-il dans votre pays un nom de famille considéré comme typique?
2. Formez de petits groupes et faites une liste des stéréotypes qui sont généralement attribués aux Français. Essayez chaque fois de déterminer la façon dont ce stéréotype vous a été transmis (publicité, éducation, lecture, voyages, films, etc.).

Vocabulaire

A. Mots apparentés. Devinez le sens.

courageux (-euse)	Les héros sont généralement courageux.
incarner	Ce superhéros incarne les Français.

B. Mots de la même famille. Devinez le sens.

la culture (nom) → **cultivé(e)** (adj.)	Cet homme est cultivé parce qu'il lit beaucoup.
un nombre (nom) → **nombreux (-euses)** (adj.)	Y a-t-il beaucoup d'étrangers en France? —Oui, il y a de nombreux étrangers.

C. Faux amis.

prétendre	affirmer (≠ *to pretend*: faire semblant); Il prétend qu'il mesure 1,80 m mais, en réalité, il mesure seulement 1,76 m.

Lecture

A. Titre. Lisez le titre du texte qui suit et essayez d'en deviner le contenu. A votre avis, quels sont les facteurs qui permettent de reconnaître un(e) Français(e)?

B. Première lecture intégrale sans dictionnaire. Lisez maintenant le texte une fois en entier pour avoir une idée générale de son contenu.

Comment reconnaître les Français

Dans Les Français, *Theodore Zeldin montre la relativité des stéréotypes qui sont traditionnellement attribués aux Français. Comme les Etats-Unis et d'autres pays, la France a toujours attiré des individus de toutes origines. Avec le pourcentage élevé d'immigrés que l'on y trouve, il est impossible de définir les traits qui caractérisent les Français, malgré les nombreuses recettes* (recipes) *que l'on propose depuis des siècles.*

Astérix est le Français le plus connu de l'époque actuelle. Il incarne les Français, même s'il s'amuse de tout ce qu'ils sont supposés représenter et vénérer. Astérix est petit et laid, mais il est roublard[1], courageux et invincible. Ce n'est pas un Parisien cultivé, c'est un rustre[2]; il n'a pas l'ambition d'être une vedette[3], ce n'est qu'un astérisque. C'est presque un Mickey Mouse, mais qui parfois se transforme en Superman. Il symbolise la France (la Gaule) luttant pratiquement seule contre le reste du monde. Il rit des étrangers, mais également de ses préjugés à leur égard. Astérix est fier d'être logique et cartésien[a] comme il convient[4] à un Français mais Obélix, son meilleur ami, est innocent, bête, querelleur et essentiellement préoccupé de nourriture. Ainsi, les Français sont présentés comme ayant au moins un caractère double. Astérix est le livre le plus vendu en France; il est traduit en vingt-deux langues. Le succès d'Astérix s'explique également par le fait qu'il correspond à une longue tradition. Au XVIIIe siècle, l'Encyclopédie[b] posait que chaque nation a son caractère propre, et que celui de la France était d'être «léger», c'est-à-dire de ne pas se prendre trop au sérieux. Un siècle plus tard, des professeurs continuaient à voir le trait dominant des Français dans leur faculté de s'amuser, à la fois intellectuellement et sensuellement, de jouer avec les idées, de mener une conversation brillante, élégante et spirituelle, de recourir à l'art pour chasser la tristesse, de le mettre au service de la vie sous toutes ses formes, car être français, c'était avant tout être artificiel. Pour faire un Français, on a proposé plusieurs recettes, bien différentes, mais aujourd'hui, aucune n'est suffisante.

- Il n'y a pas de peuple français. La France est la création d'une dynastie monarchique qui a graduellement étendu son empire par la force, la diplomatie et les alliances matrimoniales. Au XVIIIe siècle, la France était probablement le pays le plus riche du monde. Elle étonnait non seulement par sa supériorité militaire, mais par son luxe, sa littérature, son art. Sa langue avait remplacé le latin comme langue universelle. La France était devenue synonyme de civilisation. Louis XIV[c] avait été le Roi-Soleil et

[1] *artful, crafty*
[2] *lout*
[3] *leading person, star*
[4] *suits, fits*

[a] Cartésien(ne) = logique. Cet adjectif est formé sur le nom de René Descartes, philosophe, mathématicien et physicien (1596-1650), auteur du *Discours de la méthode* (1637) où il illustre sa méthode de logique.

[b] *L'Encyclopédie ou Dictionnaire raisonné des sciences, des arts et métiers* (1751-1772): publication dirigée par le philosophe Denis Diderot. Elle avait pour objectif de faire connaître les progrès de la science et de la pensée dans tous les domaines.

[c] Louis XIV ou Roi-Soleil: roi de France de 1643 à 1715. Son long règne est une illustration du pouvoir absolu, «L'Etat, c'est moi». Louis XIV a fait la gloire de la France, dont Versailles, mais il a ruiné le pays avec ses guerres de conquête.

Napoléon[d] réussit presque à soumettre[5] l'Europe entière. Selon cette recette, un Français était le produit de l'éducation, de l'idéalisme et de la générosité; il se distinguait par une culture à laquelle chacun pouvait aspirer et, dans le monde entier, des gens instruits[6] considéraient la culture française comme une religion. Mais cette recette ne marche plus. La France n'est plus une civilisation universelle et sa culture s'est avérée[7] trop élitiste pour l'époque démocratique.

- Une autre recette mettait l'accent sur les qualités par lesquelles les Français se différenciaient des autres êtres humains en les mettant dans un moule[8] unique; elle se fondait sur un nationalisme et un loyalisme exclusifs. Ceci donna naissance au stéréotype du Français. Au début du XXe siècle, Monsieur Dupont et Monsieur Durand ont été inventés pour symboliser le Français moyen; cela est curieux car le patronyme français le plus commun est Martin, suivi de Bernard et Thomas. Ainsi, en 1980 Superdupont est apparu. C'est un héros de bande dessinée comique, équivalent français du Superman américain. Gotlib, son créateur, le représente avec une baguette de pain, un camembert et une bouteille de vin rouge à la ceinture, chaussé de pantoufles[9] et coiffé d'un béret. Le béret, autrefois, n'était pas le trait distinctif des Français; jusqu'en 1923, il était basque et se portait principalement dans la région pyrénéenne. Et puis, tout à coup, la mode s'est répandue[10] au point que, en 1932, il était pratiquement devenu un uniforme national. Mais, dans les années 1950, cette mode a disparu. L'homme au béret ne représente donc qu'une brève période de l'histoire du pays. Aujourd'hui, le personnage moyen des statistiques n'a plus rien de réel. Pour tout dire, il est aussi difficile de savoir ce qui est moyen en France qu'aux Etats-Unis. La réputation qu'ont les Français de «parler avec les mains» n'est plus méritée. En Europe, il semble que la gesticulation augmente plus on va vers le Sud, mais diminue quand on monte dans l'échelle[11] sociale. Aujourd'hui, deux habitudes sont considérées comme typiquement françaises: le baiser[12] comme salut et la poignée de main facile. Autrefois, toutes deux étaient typiquement anglaises et, lorsqu'au XIXe siècle les dandys importèrent la poignée de main sur le continent, on trouvait à Paris des professeurs enseignant le «handshake». Bien sûr, le physique des Français a toujours été divers. Maintenant qu'on se marie entre régions et qu'un dixième de la population a du sang étranger, les variations génétiques se multiplient à chaque génération. Prétendre qu'on est de sang français devient problématique.
- Ceci nous mène[13] à une troisième recette pour fabriquer un Français. La France de l'unanimité a été remplacée par celle des minorités. Le pluralisme est généralement admis comme une caractéristique nationale et les droits des nombreuses minorités ethniques, régionales, sexuelles ou de génération sont reconnus comme respectables. Aujourd'hui, la France n'est qu'un pays parmi tous ceux qui autorisent l'expression pluriculturelle, ce qui entraîne une manière entièrement nouvelle d'être français.

(Theodore Zeldin, *Les Français*, ©Librairie Arthème Fayard, 1983)

[5]*subjugate*
[6]*learned, educated*
[7]*turned out, proved*
[8]*mold*
[9]*wearing slippers*
[10]*spread*
[11]*ladder*
[12]*kiss*
[13]*leads (to)*

[d]Napoléon Ier: empereur des Français de 1804 à 1815. Grand administrateur et conquérant qui a aussi ruiné la France avec de longues guerres. Les grands pays d'Europe ont formé des coalitions et ont obligé Napoléon à abdiquer.

C. Recherche d'informations spécifiques.

1. Relevez les adjectifs qui caractérisent:
   a. Astérix
   b. Obélix
2. Relevez les détails qui font de Superdupont le stéréotype du héros français.
3. On a proposé trois recettes pour faire un Français. Pour chaque recette, complétez les rubriques suivantes en vous aidant du texte.
   a. définition de la recette
   b. époque à laquelle cette recette a été proposée
   c. exemples de manifestation de cette recette
   d. cette recette est-elle applicable aujourd'hui? Pourquoi?

D. Lecture détaillée.

1. Relisez maintenant le texte et essayez d'en déterminer la structure. Donnez un titre à chaque partie.
2. Résumez ensuite chaque partie en deux ou trois phrases.
3. Relevez la phrase ou expression qui résume le mieux cette partie.

Après la lecture

A. Questions à partir du texte.

1. Qui est Astérix? Que savez-vous de ce personnage? Qu'est-ce qui fait son succès?
2. Quelles sont les différences entre Astérix et Obélix? Qu'est-ce que ces différences illustrent?
3. Comment peut-on expliquer le côté «léger» des Français? A quelle époque remonte cette caractéristique?
4. Comment la France a-t-elle été formée?
5. Quelle était la position de la France au XVIIIe siècle? Pourquoi?
6. Quel rôle Louis XIV et Napoléon ont-ils joué dans la grandeur de la France?
7. Qui est Superdupont? Comment son nom a-t-il été choisi?
8. Qu'est-ce qu'on apprend sur le béret dans ce texte?
9. Est-il vrai que les Français parlent beaucoup avec les mains?
10. Quelles habitudes distinguent le plus les Français des étrangers?
11. La poignée de main est-elle typiquement française?
12. Quelle est la nouvelle caractéristique de la France?

B. Qui sont ces personnes? Formez des groupes de quatre ou cinq étudiants et observez les photos suivantes. Décrivez ces personnes en détail et, pour chacune, essayez d'imaginer le lieu et la date de naissance, le poids, la taille, la catégorie socio-professionnelle, le lieu de résidence, les habitudes alimentaires et les loisirs.

C. Portrait. Choisissez l'une des photos étudiées avec votre groupe et décrivez la personne qui y est représentée (apparence physique, attitude, situation). Imaginez autant de détails possibles sur sa vie personnelle—peut être une journée typique.

Mickey Mouse contre Astérix

Quand Eurodisney a ouvert ses portes dans la région parisienne en 1992, les Français ont eu peur d'être submergés par la culture américaine. Il y a eu une forte réaction de la part des médias à ce sujet, malgré la création d'emplois que cela représentait.

Rolandaël, *Télé 7 Jeux*, septembre 1990

TEXTE 3

Tu es un homme, moi aussi

Avant la lecture

Culture

1. Essayez de définir la différence qui existe entre le racisme et la xénophobie.
2. Le racisme et la xénophobie existent-ils dans votre pays? Si oui:
   a. quels sont les groupes ethniques ou religieux qui sont victimes de cette situation?
   b. sous quelle(s) forme(s) le racisme et la xénophobie se manifestent-ils?

Vocabulaire

A. Mots de la même famille. Devinez le sens.

la respiration (nom.) → **respirer** (verbe); On respire avec les poumons.

B. Faux amis.

la chair	la substance solide et pénétrée de sang qui se trouve entre la peau (*skin*) et les os (≠ *chair:* la chaise); On dit parfois que «la chair est faible».
l'humeur	(f.; ≠ *sense of humor*: sens de l'humour); Quand il est heureux, il est de bonne humeur et parle gentiment à tout le monde; mais quand il a des problèmes, il est de mauvaise humeur et ne parle à personne.
transpirer	(≠ *to transpire, happen*: se passer, arriver); Quand il fait très chaud, on transpire.

Lecture

A. Forme. Observez le texte qui suit. De quel genre littéraire s'agit-il? A quoi le voyez-vous?

B. Première lecture intégrale sans dictionnaire. Lisez maintenant le texte une fois en entier et essayez d'en comprendre l'idée générale.

Tu es un homme, moi aussi

Dans ce poème, Philippe Staïner met en évidence l'absurdité du racisme et de l'intolérance qui existent en France. Ce poème a été publié dans le premier numéro du magazine de S.O.S. Racisme, Touche pas à mon pote, paru en 1985.

T'es triste,
T'es seul,
T'es pas bien mon copain?
Qu'est-ce que t'as?
Tu causes[1] pas bien la France? (5)
C'est pas bien important.
Tu as des yeux,
Tu as des mains,
Tu as un cœur,
    moi aussi. (10)
Tu es fait de chair,
    de sang,
    et d'eau
    moi aussi.
Tu respires, (15)
Tu manges,
Tu bois,
    moi aussi.
Tu grognes[2],
Tu es de mauvaise humeur, (20)
Tu as mal aux cheveux,
    moi aussi.
Tu grelottes[3]
quand il gèle,
Tu transpires (25)
au soleil,
Tu te mouilles[4]
sous la pluie,
    moi aussi.
Tu n'as pas ta famille, (30)
Tu n'as pas ta maison,
Tu n'as pas tes amis,
    moi si.
Tu n'as pas tes coutumes,
Tu n'as pas ton prophète, (35)
Tu n'as pas tes racines[5],
    moi si,
    mais, je peux partager[6].
Tu es noir,
    jaune, (40)
    maghrébin,
    philippin,
    kanak[7],
    maori[8],
Tu es juif, (45)
    protestant,
    calviniste,
    mormon,
Tu es communiste,
    anarchiste, (50)
    libéral,
    démocrate,
Et alors,
Tu es un homme, moi aussi.

[1]parles (fam.)
[2]*grumble*
[3]*shiver*
[4]*get wet*
[5]*roots*
[6]*share*
[7]Mélanésien de Nouvelle-Calédonie
[8]population indigène de la Nouvelle-Zélande

C. Structure du poème.

1. Quelle est le sujet de chaque strophe (*verse*)?
2. Quelles sont les grandes parties du poème? Donnez un titre à chacune.

D. Forme.

1. Y a-t-il une rime entre les vers (*lines*)?
2. Quelle est l'expression qui revient souvent?
3. A quel endroit du poème retrouve-t-on la phrase du titre?
4. A votre avis, le style de ce poème est-il familier ou soutenu (*formal*)? Justifiez votre réponse à l'aide d'exemples précis (pronoms, noms, verbes, etc.).

E. Sens du poème.

1. Le narrateur s'adresse-t-il vraiment à son copain? A qui s'adresse-t-il?
2. Qu'est-ce que le narrateur veut démontrer dans les strophes
   a. qui se terminent par «moi aussi»?
   b. qui se terminent par «moi si»?
3. Expliquez les deux derniers vers du poème. Quel est leur message?
4. D'après ce qu'il dit au lecteur (vers 39-52), essayez de deviner l'identité du narrateur en ce qui concerne sa race, sa religion et ses convictions politiques. Cette identité correspond-elle à celle du groupe dominant en France?

Après la lecture

A. Intégration des immigrés. Formez un petit groupe avec vos camarades et proposez des mesures ou des actions destinées à améliorer l'intégration des immigrés dans leur pays d'adoption. Partagez ensuite le résultat de votre discussion avec le reste de la classe.

B. Mesures d'intégration. Rédigez un compte rendu (*report*) de l'activité précédente en donnant des exemples précis.

Boîte à outils

1. Expressions associées à des parties du corps

Expressions accompagnées d'un geste particulier

Avoir un poil dans la main (fam.)
= être paresseux (-se). *To be lazy.*

The idea is that having a hair in your hand bothers you and therefore prevents you from working.

La barbe! (fam.) *How boring!*

This phrase is associated with **un rasoir** (literally, *a shaver,* but used colloquially to mean a bore).

Bof! (fam.) *So what!*

This word is used to express a lack of enthusiasm. It is accompanied by a shrug.

Je m'en lave les mains!
= Je décline toute responsabilité! *I wash my hands of it!*

Se tourner les pouces (fam.) = être paresseux (-se).

Twiddling one's thumbs instead of working indicates laziness.

Il ne lève pas le petit doigt! = Il ne fait rien = Il est paresseux.

The idea of not even lifting one's little finger implies that the person does not do anything at all.

Avoir un petit coup dans le nez (fam.)
= être ivre. *To be a little drunk.*

J'en ai par-dessus la tête! (fam.) = J'en ai marre! (fam.)
= J'en ai assez! (standard French). *I've had it!*

Expressions sans geste particulier

Faire la tête (fam.) = bouder. *To sulk.*

Avoir le bras long (fam.) = avoir des relations. *To have connections.*

Il n' a que la peau et les os (fam.)
= Il est maigre. *He is only skin and bones.*

Je ne sais plus où donner de la tête! (fam.)
= Je ne sais plus où aller. *I am at my wit's end.*

Se casser la tête = réfléchir avec effort. *To think hard, "rack one's brains".*

2. Expressions associées à des nombres

Le premier âge. *Infancy.*
Le 3e âge. *Golden age.*

Every French town has a Club du troisième âge, which offers activities for the elderly.

Faire d'une pierre deux coups. *To kill two birds with one stone.*

Il n'est pas plus haut que trois pommes (fam.) = Il est petit.

This phrase is normally used for a toddler.

Monter les escaliers quatre à quatre = monter très rapidement, en courant.

Literally, the image is that of going up the stairs four steps at a time.

Je n'ai pas six bras! (fam.) = Je ne peux pas tout faire.

Les jeunes de 7 à 77 ans. Literally: *young people from 7 to 77 years old.*

This phrase is especially used in advertising to indicate that a product should appeal to everyone.

Huit jours. *A week.*

This phrase is preferred to **sept jours**.

Quinze jours. *A fortnight, two weeks.*

This phrase is preferred to **quatorze jours** and even **deux semaines**.

Etre sur son trente et un.	*To be all dressed up.*
Voir 36 chandelles.	Literally: *to see 36 candles.*

This phrase is used when someone has hit his/her head and is dizzy from the blow.

Faire les cent pas.	*To pace up and down impatiently.*
Je te l'ai dit cent fois!	*I told you a dozen times!* (Literally, *one hundred times*)
Faire les 400 coups.	Literally: *to give 400 blows.*

This expression means *to misbehave*, or *to sow one's wild oats.* It could be applied to a juvenile delinquent.

Un mille-pattes.	*A centipede.*
Un mille-feuille.	*A Napoleon (pastry).*

A vous maintenant

A. Gestuelle. Choisissez un(e) camarade de classe. Lisez les expressions associées aux parties du corps pendant que votre camarade mime les gestes qui les accompagnent. Ensuite, changez de rôle. Variante: l'un de vous mime les gestes et l'autre essaie de retrouver l'expression idiomatique correspondante.

B. Expressions idiomatiques. Complétez chacune des phrases suivantes avec une expression idiomatique qui convient.

1. Il s'est tapé la tête contre la porte et…
2. J'ai rendez-vous avec ma copine, mais elle est en retard et…
3. A la maison, je dois toujours aider tout le monde! Je…
4. Nous n'avons rien à faire aujourd'hui; nous…
5. Elle va à un mariage et elle a mis une très belle robe; elle…
6. Ils ont tellement de travail qu'ils…

C. Mon voisin / ma voisine. Vous décrivez votre voisin(e) à votre meilleur(e) ami(e) en essayant d'employer au moins six des expressions idiomatiques mentionnées plus haut.

ECHANGES

Situation 1: A l'agence de mannequins

You saw an ad (**une petite annonce**) in the newspaper about a modeling job (*a model* = **un mannequin**) for the summer, and you call the agency to apply for it. The director asks you how you heard about the job and wants to know your height, weight, hair color, and eye color. He/She also wants to know whether you wear glasses and whether you have any experience in modeling.

Situation 2: Interview à la télévision

You are a sociologist and are invited to participate in a television talk show. The presenter asks you questions regarding the French population: the number of inhabitants, the average height and weight of the French, and their predominant hair color. He/She also wants to know which people tend to be taller and where immigrants come from. Respond with as much information as you can.

Les Acadiens

Grâce à la création de l'association CODOFIL (Conseil pour le développement du français en Louisiane) en 1968, la langue française a connu un renouveau en Louisiane, et le français y est enseigné dans les écoles primaires. Un tiers de la population est d'origine française mais, aujourd'hui, seulement 260 000 personnes parlent ou comprennent le français. Qui sont donc les Acadiens?

Les Acadiens sont les descendants des premiers colons qui arrivent en Nouvelle-France au début du XVIIe siècle. Ils s'établissent en Acadie mais, après le traité d'Utrecht de 1713, ce territoire devient anglais et s'appelle désormais[1] la Nouvelle-Ecosse[2]. Les Acadiens sont alors persécutés par les Anglais et, en 1755, ceux qui refusent de prêter le serment[3] d'allégeance à l'Angleterre sont déportés dans des conditions dramatiques: c'est le «Grand Dérangement[4]» qui va durer plusieurs années et où l'on sépare pères, mères et enfants. Finalement, un grand nombre d'Acadiens vont se réfugier en Louisiane où ils sont plus de 4000 à la fin du XVIIIe siècle. Ils sont établis dans la région située entre Houma, Alexandria et le lac Sabine. Ils conservent leur langue, leur religion catholique et leurs traditions qu'ils vont transmettre aux nouveaux colons qui viennent peupler la Louisiane. En anglais, le mot «Cajun» est dérivé du terme «Acadien» tel qu'il était prononcé autrefois.

[1]*from now on* 2*Nova Scotia* [3]*pledge* [4]*disturbance*

Quelques expressions en français cajun

Lâche pas la patate! (*Don't let go of the potato.*)	Persévère! Ne laisse pas tomber!
Laissez le bon temps rouler. (*Let the good times roll.*)	Amusez-vous bien! Ne vous en faites pas!
Le cabri est dans le maïs. (*The kid goat is in the corn*)	Il faut faire quelque chose, il est temps d'agir.

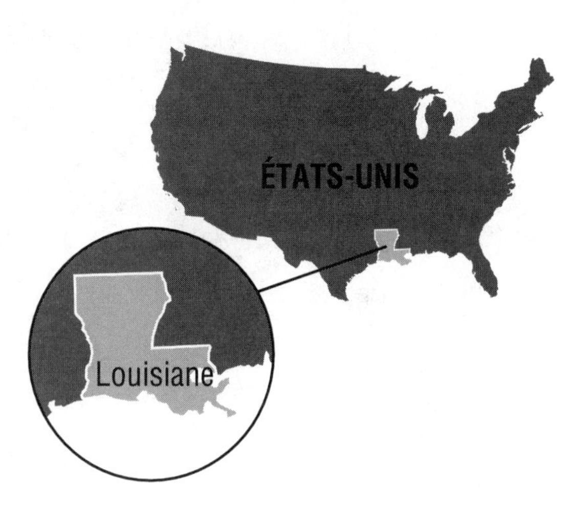

Questions à partir du texte

1. Quel est le nom actuel de l'ancienne Acadie? Situez ce territoire sur la carte du Canada.
2. A quoi le «Grand Dérangement» correspond-il?
3. Dans quelle partie de la Louisiane trouve-t-on une importante concentration d'Acadiens?
4. A votre avis, comment les Acadiens ont-ils pu préserver leur culture originale, leurs traditions et leur religion?

Les Québécois: une société pluraliste

Photo: Ministère des Affaires Internationales, de l'Immigration et des Communautés Culturelles, Québec

Le Québec compte 7 millions d'habitants dont plus de 5 millions descendent des pionniers français et près de 500 000 sont d'origine anglo-saxonne. Mais le Québec d'aujourd'hui est une société pluraliste: en plus du français et de l'anglais, on y parle 35 autres langues, principalement l'italien, le grec et l'espagnol. C'est d'ailleurs au Québec que l'on retrouve la plus grande proportion de gens bilingues au Canada.

Pendant de nombreuses années, la plupart des nouveaux arrivants étaient originaires d'Europe mais, depuis le début des années 1970, les Latino-Américains et les Asiatiques constituent la majorité des immigrants. Les Québécois considèrent cette contribution comme un enrichissement culturel, économique et démographique.

La population du Québec compte également près de 59 000 Amérindiens[1] et Inuit[2] qui habitent sur des territoires qui leur sont réservés ou sur des terres cédées[3] par le gouvernement fédéral. Les nations autochtones[4] ont le droit de posséder et de contrôler elles-mêmes les terres qui leur sont attribuées.

(*Perspectives Québec*, Gouvernement du Québec)

[1] *American Indians* [2] nom que se donnent les Eskimos [3] *granted* [4] *aboriginal*

Questions à partir du texte

1. De quels pays les premiers colons du Québec étaient-ils originaires? D'où viennent les immigrants depuis 1970?
2. A part le français et l'anglais, quelles sont les autres langues que l'on entend le plus au Québec?
3. Quels sont les deux grands groupes ethniques qui peuplaient le territoire avant sa colonisation?
4. Quel est le statut spécial accordé aux nations autochtones?
5. Y a-t-il dans votre pays un ou plusieurs groupes ethniques qui bénéficient d'un statut spécial? Si oui, expliquez.

Le Maroc en bref

Superficie: 447 000 km² (presque la France)

Climat: méditerranéen au Nord-Est, atlantique à l'Ouest, saharien dans le désert

Population: 26 millions

Statut: monarchie parlementaire; ancien protectorat français et espagnol qui a obtenu son indépendance en 1956

Capitale: Rabat (1 500 000 habitants)

Langues: arabe (langue officielle), parlers berbères (33%), français (langue administrative)

Religions: musulmans (99,95%), catholiques (40 000), israélites (10 000), protestants (3 000)

Monnaie: le dirham

Economie: céréales, légumes, betteraves à sucre, oranges et mandarines; élevage; pêche; ressources minières; phosphates (3e rang mondial); concentration industrielle à Casablanca.

LES MAROCAINS

Au Maroc, le groupe ethnique le plus ancien et le plus important est représenté par les Berbères qui parlent une langue spécifique, le berbère, dont les variations sont nombreuses. Cette noble race habite en général dans les montagnes et le désert. A la différence des Arabes, les Berbères sont monogames et leurs femmes ne portent pas le voile[1]. Les Arabes, qui se sont établis au Maroc entre le VIIe siècle et le VIIIe siècle, constituent un autre groupe ethnique important. Les Israélites, provenant pour la plupart d'Europe, sont parvenus au Maroc en plusieurs fois à cause des persécutions chrétiennes. Ils sont actuellement au nombre de 200 000. On trouve enfin les Européens, principalement des Français et des Espagnols (environ 300 000), mais aussi des Italiens (15 000), installés au Maroc depuis le XIXe siècle.

(Maroc, *Guide Leclerc Evasion*, ©Disellee, 1991)

[1] *veil*

Questions à partir du texte

1. Quel est le groupe ethnique le plus ancien au Maroc? Où le trouve-t-on surtout?
2. Citez deux grandes différences entre les Arabes et les Berbères.
3. A quelle époque les Arabes se sont-ils installés au Maroc?
4. Que savez-vous des Israélites présents au Maroc?
5. D'où viennent les Européens installés au Maroc?

Le couple et la famille

Culture et communication

- Introduction
- Texte 1: Les disputes
- Texte 2: L'entraide familiale
- Texte 3: L'image du père hier et aujourd'hui

Boîte à outils

- Identifier une personne
- Demander son chemin
- Donner des indications sur la direction à suivre

Echos francophones

- Sénégal: déclin de la polygamie
- Tunisie: disparition des traditions dans le rituel du mariage

Introduction

J. Lerauge pour *L'Ecole des Parents*, mai 1989

Les familles en France sont de plus en plus petites et on a moins d'enfants. Les liens entre les différentes générations semblent aujourd'hui moins étroits qu'autrefois, et il devient de plus en plus rare de voir plusieurs générations vivre sous le même toit. Le travail des femmes à l'extérieur de la maison a rendu nécessaire l'augmentation du nombre de crèches pour accueillir les enfants en bas âge. A cause de la baisse dramatique de la natalité, le gouvernement français poursuit une politique nataliste avec des allocations familiales, des allocations de logement, des allocations de salaire unique (lorsque la mère reste à la maison) et des allocations de parent unique pour les mères célibataires. Malgré son évolution, la famille continue à jouer un rôle important.

Le couple a aussi évolué en fonction des circonstances économiques et sociales. Avec l'émancipation des femmes et l'évolution des mentalités, une nouvelle forme d'union tend à remplacer le mariage traditionnel. C'est la cohabitation ou union libre qui fait référence au fait de vivre avec quelqu'un sans être marié et qui concerne un nombre croissant de jeunes couples (10%). Aujourd'hui, un enfant sur trois naît en dehors du mariage.

Si les mentalités ont changé, les traditions sont toujours respectées. Par exemple, les individus ont tendance à épouser quelqu'un issu de la même classe sociale et de la même région. Avec l'élévation du niveau des études et l'augmentation de l'union libre, on se marie plus tard, à 28 ans pour les hommes et 26 ans pour les femmes. En France, seul le mariage à la mairie est officiellement reconnu comme légal. La cérémonie religieuse est facultative[1] et ne concerne plus que 52% des mariages. Même si les tâches ménagères sont de plus en plus partagées entre l'homme et la femme, elles restent encore très spécialisées en fonction du sexe[2]. Les grandes décisions sont de mieux en mieux partagées, surtout en ce qui concerne l'éducation des enfants et les vacances.

Enfin, on enregistre une augmentation du divorce qui affecte maintenant un couple sur trois en France, contre un sur deux aux Etats-Unis. La «famille recomposée», résultat d'un remariage ou d'une cohabitation après un divorce, représente une situation de plus en plus courante. Les deux parents, qui avaient déjà des enfants d'une première union, ont souvent de nouveaux enfants. Les rapports entre les individus de ces «familles recomposées» sont alors complexes.

[1]*optional* [2]*gender*

Le partage des tâches ménagères dans le couple

Tâches généralement accomplies par les femmes:

laver le linge	faire les courses
faire la cuisine	laver la vaisselle
passer l'aspirateur	

Tâches généralement accomplies par les hommes:

les petites réparations	laver la voiture

A noter: En moyenne, les hommes ont presque une heure de temps libre de plus que les femmes chaque jour.

Facteurs qui favorisent l'union libre

l'âge: les jeunes

le sexe: les femmes (y sont plus favorables que les hommes, à cause de leur désir d'indépendance)

la localisation géographique: dans les villes

le niveau d'instruction: les personnes diplômées

la religion: les non-croyants

Vocabulaire pour la discussion

Le couple

accroître *to increase*
→ **l'accroissement** (m.) *increase*
une alliance *wedding ring*
la baisse *decline*
≠ **la hausse** *rise*
la cohabitation = **l'union** (f.) **libre** *common-law marriage*
une crèche *day care center*
économiser = **faire des économies** *to save money, economize*
élever un enfant *to raise a child*
les fiançailles (f.) *engagement*
→ **se fiancer (avec)** *to get engaged (to)*
le foyer *hearth, home*
→ **une femme au foyer** *a home-maker*
la lune de miel *honeymoon (first month of marriage)*
≠ **le voyage de noces** *honeymoon (trip following the wedding)*
le maire *mayor*
→ **la mairie** *city hall*
se marier (avec) = **épouser** *to marry (someone)*
→ **le mariage** *marriage; wedding*
le ménage *couple; housework*
la noce = **le mariage** *wedding ceremony*
le toit *roof (may mean the house, in a figurative sense)*

La situation de famille

célibataire *single (not married)*
→ **une mère célibataire** *a single mother*
≠ **une fille-mère** *unwed mother* (pejorative phrase, no longer used)
un(e) concubin(e) *companion* (when living together without being married†*)*
divorcé(e) *divorced*
marié(e) *married*
séparé(e) *separated*
veuf, veuve *widower, widow*

Les membres de la famille

la belle-famille *the in-laws or step relatives*
→ **le beau-père**
→ **la belle-mère**
→ **(les beaux-parents)**
→ **le beau-fils**
→ **la belle-fille**
→ **le beau-frère**
→ **la belle-sœur**
le conjoint *spouse*
→ **le mari, la femme** *husband, wife*
le cousin (germain) la cousine (germaine) *(first) cousin*
les enfants (m. or f.) *children*
→ **le fils, la fille** *son, daughter*
→ **les enfants en bas âge** *very young children*
la famille *family; relatives*
le frère, la sœur *brother, sister*
→ **le demi-frère** *half brother, stepbrother*
→ **la demi-sœur** *half sister, stepsister*
les grands-parents (m.) *grandparents*
→ **le grand-père et la grand-mère**
→ **les arrière-grands-parents** *great-grandparents*
→ **l'arrière-grand-père et l'arrière-grand-mère**
le lien *tie*
→ **les liens** (m.) **de parenté** *family ties (through blood or marriage)*
le neveu, la nièce *nephew, niece*
un oncle, une tante *uncle, aunt*
→ **un grand-oncle** *great-uncle*
une grand-tante *great-aunt*
les petits-enfants (m.) *grandchildren*
→ **le petit-fils et la petite-fille**
→ **les arrière-petits-enfants** *great-grandchildren*
→ **l'arrière-petit-fils et l'arrière-petite-fille**

†Although this term is old-fashioned, it is still found on administrative forms.

Les relations dans la famille

affectueux (-se)	*affectionate*
une bise = un baiser	*kiss*
se disputer	*to argue*
→ **une dispute**	*argument*
embrasser	*to kiss*
s'entendre (avec)	*to get along (with)*
une fessée	*spanking*
gronder	*to scold*
héberger	*to shelter, house, take in*
mener (une vie)	*to lead (a life)*
prêter	*to loan*
→ **un prêt**	*loan*
un principe	*principle*
punir	*to punish*
→ **une punition**	*punishment*
rendre service (à)	*to be of service (to)*

Les tâches ménagères

un balai	*broom*
→ **balayer**	*to sweep*
faire les courses (f.)	*to go shopping, do errands*
faire la cuisine	*to cook*
débarrasser la table	*to clear the table*
le jardin	*garden*
→ **le jardinage**	*gardening*
faire la lessive = **laver le linge**	*to do the laundry*
mettre le couvert	*to set the table*
nettoyer	*to clean*
partager	*to share*
passer l'aspirateur (m.)	*to run the vacuum cleaner*
faire la poussière = **épousseter**	*to dust*
ranger	*to put away*
repasser	*to iron*
→ **le repassage**	*ironing*
sortir la poubelle	*to take out the trash*
faire/laver la vaisselle	*to wash the dishes*
faire les vitres = **faire les carreaux**	*to clean the windows*

Evaluez vos connaissances

A. Définitions. Complétez les phrases suivantes à l'aide du **Vocabulaire pour la discussion.**

1. Les enfants ____________________ sont trop jeunes pour aller à l'école.
2. Une personne qui n'est pas mariée est __________________ .
3. Son mari est mort dans un accident et elle est _________________ maintenant.
4. Tout de suite après leur mariage, les jeunes mariés sont partis en voyage de ______________________ .
5. La ______________________ ou l'union _______________________ fait référence au fait de vivre avec quelqu'un sans être marié.
6. La vaisselle, le ménage et la cuisine sont des _____________________ .
7. Les parents de mon conjoint sont mes _____________________ .
8. Une femme qui ne travaille pas à l'extérieur de la maison est une _______________________.
9. La bague que l'on porte quand on est marié est une ___________________ .
10. Un autre mot pour l'endroit où vit la famille est le _____________________ .

B. Les liens de parenté. Travaillez avec un(e) camarade de classe et, à tour de rôle, expliquez votre lien de parenté avec les personnes suivantes.

EXEMPLE: frère
Mon frère est le fils de mes parents.

1. belle-mère
2. neveu
3. grand-mère
4. cousine
5. beau-frère
6. petit fils
7. tante
8. mère

C. Les tâches ménagères. Observez cette annonce publicitaire et nommez chaque objet que vous connaissez en français. Complétez ensuite vos connaissances avec la liste de vocabulaire suivante. Formez des phrases pour expliquer ce qu'on peut faire avec chaque objet représenté.

De gauche à droite en partant du haut:

1ER RANG
un caddy
une brosse WC et un porte-brosse
un sac de poubelle
un fer à repasser
une tapette
une éponge

2^E^ RANG
une balayette à vaisselle
un seau et une serpillière
des assiettes (f.), des couverts (m.) et des tampons (m.) à récurer
un collier et une laisse

3^E^ RANG
une ventouse à WC
des pinces (f.) à linge
des gants (m.) en latex
une brosse
un spontex
des épingles (f.)
une pelle
un aspirateur

4^E^ RANG
un épluche-légume et des épluchures (f.)
des produits (m.) de nettoyage

D. Travailler ou ne pas travailler? Formez des groupes de quatre ou cinq étudiant(e)s et discutez les avantages et les inconvénients qu'il y a quand l'un des parents reste à la maison pour s'occuper des enfants en bas âge.

E. Qui va s'occuper du bébé? Une jeune femme qui travaille va avoir un bébé. Elle veut continuer à travailler après la naissance de l'enfant, mais son mari conservateur (ou sa mère conservatrice) l'encourage à rester à la maison pour élever son enfant. Imaginez au moins cinq arguments du mari ou de la mère et la réponse de la jeune femme pour chacun. Avec un(e) camarade, jouez cette scène.

TEXTE 1

Les disputes

Avant la lecture

Culture

Pour chacun des cas suivants, faites une liste des causes possibles de disputes.

1. Les relations entre parents et enfants
2. Les relations entre frères et sœurs
3. Les relations entre ami(e)s

Vocabulaire

A. Mots apparentés. Devinez le sens.

la discorde	Les vacances sont souvent un sujet de discorde: on se dispute beaucoup à ce sujet.
la jalousie	La jalousie est un sentiment qu'on éprouve quand on est envieux de quelqu'un.

B. Mots de la même famille. Devinez le sens.

acheter (Verbe)	→ **les achats** (m.) (Nom.); Le samedi est souvent consacré aux achats en famille.
égoïste (Adj.)	→ **l'égoïsme** (m.) (Nom.); On reproche souvent aux hommes leur égoïsme; on dit qu'ils pensent toujours à eux-mêmes et pas aux autres.
employer (Verbe)	→ **l'emploi** (m.) (Nom.) **du temps**; Les mères qui travaillent à l'extérieur ont un emploi du temps bien rempli.
lent(e) (Adj.)	→ **ralentir** (Verbe): aller plus lentement; Avant de s'arrêter, une voiture doit ralentir.
prévoir (Verbe)	→ **prévu** (Part. passé); Mme Martin n'avait pas prévu le divorce de sa fille.

Lecture

A. Titre et sous-titres. Quels sont les douze sujets de discorde mentionnés dans cet article? Sont-ils les mêmes que ceux que vous avez indiqués dans la section Culture? Lesquels sont différents?

B. Première lecture intégrale sans dictionnaire. Lisez le document une fois en entier pour en comprendre les éléments.

Les disputes

Notre sondage «Voici-Ipsos» révèle les principaux sujets de discorde dans le couple

54%
Les enfants
Ils arrivent en tête du hit-parade des conflits dans le couple.

37%
L'argent
Les dépenses du conjoint: quel beau sujet de discorde!

36%
La télévision
Les hommes semblent ne pas pouvoir choisir leur programme.

33%
La famille
En 4e place: les rapports avec les parents ou les beaux-parents.

31%
L'emploi du temps
«Tu n'es pas disponible[1]!» C'est surtout les femmes qui le disent.

25%
La voiture
«Avance!» «Ralentis!» Au volant[2], la tension monte vite.

25%
Les achats
Un canapé[3] ou une machine à laver? débat à risque.

21%
Le ménage
Le partage des tâches: les femmes très concernées.

15%
La jalousie
Un sujet pas aussi explosif que prévu.

15%
L'égoïsme
Un reproche souvent adressé aux hommes.

14%
Les amis
Chez les jeunes, une question parfois épineuse[4].

11%
Les vacances
Là, ce sont surtout les hommes qui se bagarrent[5].

(Véronique Gauthier et Muriel Asline, *Voici*, 27 février-3 mars 1991.)

[1]*available*
[2]*steering-wheel*
[3]*sofa*
[4]*difficult* (literally: *thorny*)
[5]*fight*

C. Idée générale.

1. Ces sujets de discorde sont-ils les mêmes dans votre culture maternelle?
2. Y a-t-il des sujets de discorde qui, à votre avis, sont propres à la culture française?

Après la lecture

A. Questions à partir du texte.

1. Quels sont les deux premiers sujets de discorde mentionnés ici? A votre avis, est-ce que ce sont des causes réelles de disputes?
2. Pourquoi la télévision est-elle mentionnée en troisième position? Est-elle si importante dans la vie quotidienne?
3. Pourquoi est-ce qu'on se dispute souvent avec sa belle-famille?
4. Dans quelle mesure l'emploi du temps peut-il créer des conflits dans le couple?
5. A votre avis, pourquoi la voiture est-elle un sujet de discorde important en France?
6. A quel autre sujet de dispute les achats sont-ils liés?
7. Pourquoi le partage des tâches est-il un sujet de discorde?
8. Etes-vous surpris(e) de trouver la jalousie en 9e position seulement?
9. Pourquoi, à votre avis, reproche-t-on l'égoïsme plus souvent aux hommes qu'aux femmes? Cela vous paraît-il juste?
10. Lorsque vous étiez jeune, est-ce que vous vous disputiez souvent avec vos parents au sujet de vos amis? Pour quelles raisons, en général?
11. Dans votre famille, les causes de disputes sont-elles les mêmes que celles mentionnées dans le sondage? Y en a-t-il d'autres?

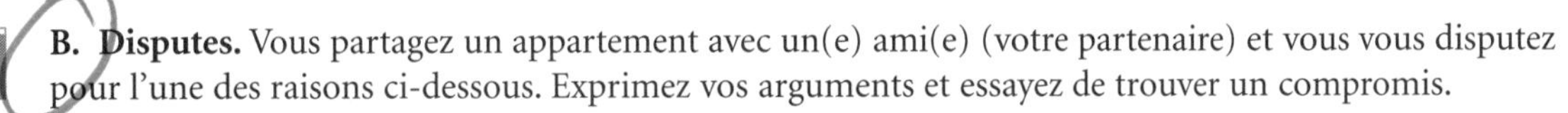

B. Disputes. Vous partagez un appartement avec un(e) ami(e) (votre partenaire) et vous vous disputez pour l'une des raisons ci-dessous. Exprimez vos arguments et essayez de trouver un compromis.

1. Le choix du programme de télévision
2. Qui va faire la vaisselle ce soir
3. Qui va aller au supermarché aujourd'hui

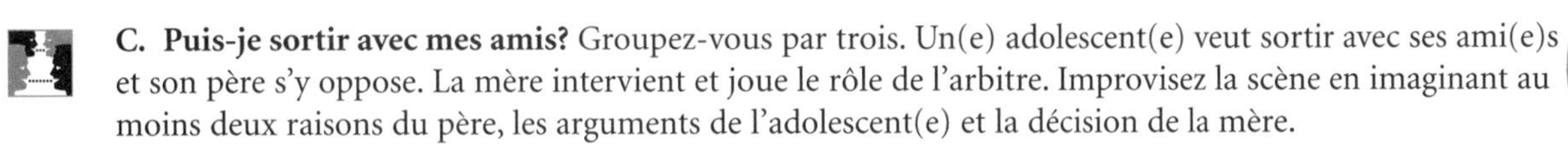

C. Puis-je sortir avec mes amis? Groupez-vous par trois. Un(e) adolescent(e) veut sortir avec ses ami(e)s et son père s'y oppose. La mère intervient et joue le rôle de l'arbitre. Improvisez la scène en imaginant au moins deux raisons du père, les arguments de l'adolescent(e) et la décision de la mère.

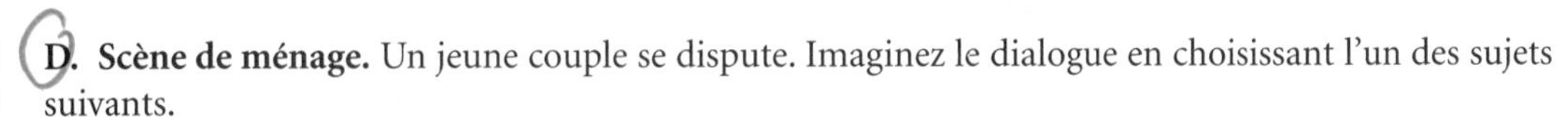

D. Scène de ménage. Un jeune couple se dispute. Imaginez le dialogue en choisissant l'un des sujets suivants.

1. Les mauvais rapports avec les beaux-parents
2. L'égoïsme du mari qui ne fait rien à la maison
3. Les achats qu'ils vont faire à la fin de l'année avec leurs économies
4. Le lieu de leurs prochaines vacances

TEXTE 2

L'entraide familiale

Avant la lecture

Culture

1. Remue-méninges (*brainstorming*): quand vous pensez à la famille, quelles sont les idées qui vous viennent immédiatement à l'esprit (*mind*)? Par exemple: sécurité, formation, etc.
2. Choisissez les cinq ou six idées qui vous paraissent les plus importantes et formez un petit groupe pour chaque idée. Dans chaque groupe, essayez ensuite de donner des exemples précis pour illustrer l'idée choisie.

EXEMPLE: sécurité

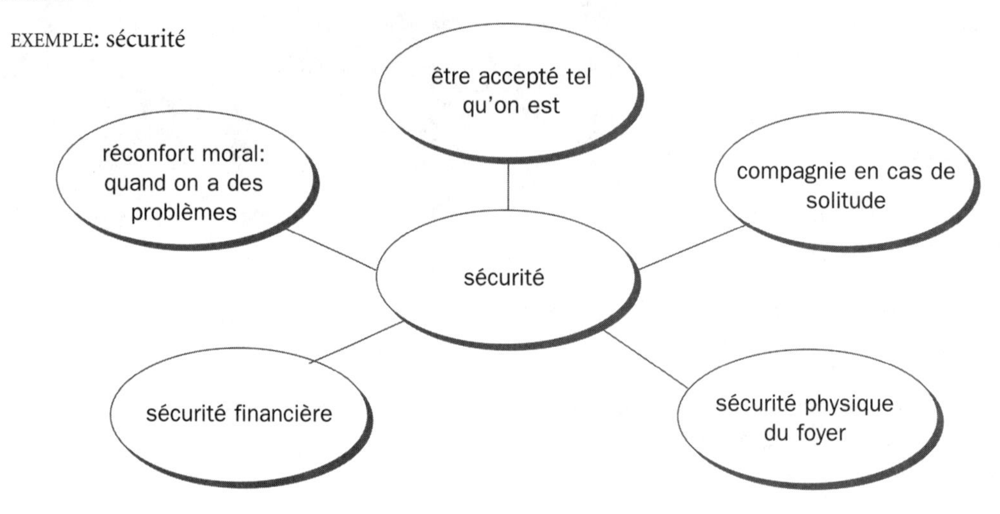

Vocabulaire

A. Mots apparentés. Devinez le sens.

la rupture	Après la rupture avec son mari, la jeune femme est retournée vivre chez ses parents.
remplacer	Dans beaucoup de familles, la télévision remplace aujourd'hui la conversation.

B. Mots de la même famille. Devinez le sens.

accepter (Verbe)	→ **l'acceptation** (f.) (Nom); En cas de remariage, l'acceptation du beau-parent est parfois difficile.
tard (Adv.)	→ **retarder** (Verbe); Il va partir le 10 avril au lieu du 8: à cause de sa maladie, il doit retarder son voyage de deux jours.

Lecture

A. Titre et sous-titres

1. Lisez le titre et essayez d'en expliquer le sens.
2. Lisez ensuite les sous-titres et essayez d'imaginer le contenu de chaque paragraphe.

B. Première lecture intégrale sans dictionnaire. Lisez le lexte suivant une fois en entier.

L'entraide familiale

L'entraide1 familiale est nécessaire pour pallier2 les défaillances3 des institutions

Les changements importants (...) dans la vie du couple (...) et l'évolution en matière démographique ont assez peu affecté le rôle d'entraide traditionnellement joué par la famille. Dans une situation économique et sociale incertaine, la cellule familiale doit même aujourd'hui se substituer aux défaillances des institutions (Etat, école, associations...) pour aider ses membres dans leurs relations avec la société. La solidarité s'exerce surtout à l'égard des jeunes. Beaucoup connaissent à leur sortie du système scolaire des difficultés d'insertion dans la vie professionnelle. La famille joue alors un rôle de filet protecteur[4], retardant le moment où les enfants sont dans l'obligation de se prendre en charge, moralement et financièrement. (...)

L'aide peut prendre des formes très diverses selon les familles

Lessive, prêt d'une voiture, aide aux démarches[5] administratives, courses, cuisine, accueil[6] des petits-enfants sont quelques-uns des multiples services rendus par les parents à leurs enfants. Ils s'accompagnent souvent de cadeaux en espèces[7] (donations, argent donné aux petits-enfants à l'occasion de fêtes ou d'anniversaires ...) ou en nature[8] (légumes du jardin, services divers). L'aide peut être aussi affective[9], dans le cas par exemple où un enfant connaît des problèmes sentimentaux[10] ou conjugaux; 70% des femmes qui déménagent à la suite d'une rupture sont hébergées par leur famille. L'existence de cette entraide est favorisée par la coexistence de trois ou même quatre générations et l'accroissement du pouvoir d'achat[11] des personnes âgées au cours des dernières décennies. Elle explique indirectement la réticence de certains ménages à s'éloigner de la région où réside leur famille. Ainsi, les deux tiers des 45-60 ans habitent à moins de 20 km de leurs enfants. En région parisienne, trois adultes sur dix ont au moins un parent ou un beau-parent dans le même département; six sur dix y ont au moins un enfant. 30% habitent le même quartier, 12,5% la même rue, 7% le même immeuble.

Les jeunes restent longtemps chez leurs parents

A 16 ans, 95% des jeunes habitent chez leurs parents. A 22 ans, c'est encore le cas de 60% des garçons et de 45% des filles. Cette évolution est due pour une part à l'accroissement de la durée des études et à celui de l'âge moyen au mariage. Elle est rendue possible par l'accroissement de la taille moyenne des logements. On observe aussi une acceptation croissante de la part des parents d'héberger un jeune couple vivant en union libre.

Le rôle des grands-parents est moins sensible dans l'éducation des enfants. (...)

Aujourd'hui, les grands-parents habitent de moins en moins avec leurs enfants et petits-enfants, comme c'était le cas autrefois. La difficulté de trouver un logement, la plus grande mobilité géographique, les différences de mentalité et le souci croissant d'indépendance expliquent cette évolution. Leur contribution est donc plus matérielle et financière que morale et culturelle. La vision que les jeunes ont de la vie est donc essentiellement influencée par celle de

[1]*mutual aid*
[2]*alleviate*
[3]*failings*
[4]*safety net*
[5]*formalities*
[6]*welcome, reception*
[7]*in cash*
[8]*in kind*
[9]*emotional*
[10]*sentimental*
[11]*purchasing power*

leurs parents et beaucoup ne connaissent plus guère l'histoire des générations antérieures. La participation des grands-parents représentait l'un des aspects les plus riches de la formation des enfants. Aucun livre, aucune émission de télévision[12] ne pourra vraiment le remplacer.

Les relations familiales jouent souvent un rôle déterminant dans la recherche d'un emploi

Un Français sur cinq a été aidé pour trouver un emploi, un sur trois parmi les moins de 35 ans. Dans huit cas sur dix, c'est la famille qui est à l'origine de l'aide. Celle-ci peut aller du simple «coup de pouce»[13] pour signaler un emploi disponible[14] à l'entrée pure et simple dans l'entreprise familiale (parfois pour succéder au père) en passant par le «piston»[15]. Cette aide est déterminante à une époque où les jeunes trouvent difficilement un premier emploi. (...)

L'évolution démographique a des incidences considérables sur les relations familiales

La diminution des mariages, la baisse de la natalité, la hausse des naissances hors mariage et la montée des divorces pèsent sur la vie familiale. Elles traduisent des comportements nouveaux et sans doute durables, conséquences de l'individualisation des décisions et des modes de vie. D'autres tendances démographiques lourdes ont ou auront également des effets importants. L'accroissement de l'espérance de vie[16] va multiplier le nombre de familles de quatre générations vivantes. Une personne de 60 ans aura de plus en plus fréquemment ses parents, des enfants et petits-enfants, ce qui impliquera une charge à la fois affective et financière, donc parfois des conflits. Une autre conséquence de la faible natalité est la diminution du nombre d'oncles et de tantes, de cousins et de cousines; les relations affectives collatérales seront donc plus rares, au contraire des relations verticales (ascendants-descendants).

(Gérard Mermet, *Francoscopie 1995*, ©Larousse, 1994.)

[12] *TV program*
[13] *push*
[14] *available*
[15] *social connections*
[16] *life expectancy*

C. Recherche d'informations spécifiques. Complétez la fiche suivante en vous servant des renseignements contenus dans les paragraphes deux et trois du texte.

1. Services rendus par les parents à leurs enfants
2. Cadeaux en espèces et en nature
3. Pourcentage des femmes qui déménagent après un divorce et qui sont hébergées par leur famille
4. Proportion des 45-60 ans qui habitent à moins de 20 km de leurs enfants
5. Proportion ou pourcentage d'adultes en région parisienne qui habitent:
   a. le même département que leurs parents
   b. le même quartier
   c. la même rue
   d. le même immeuble
6. Pourcentage des jeunes qui habitent chez leurs parents:
   a. à 16 ans (garçons et filles confondus)
   b. à 22 ans: garçons et filles

D. Lecture détaillée. Relisez maintenant le texte à raison d'un paragraphe à la fois et complétez pour chacun les exercices indiqués ci-dessous.

1. Relevez deux ou trois idées importantes présentées dans le paragraphe.
2. Quels sont les exemples donnés pour illustrer ces idées?
3. A votre avis, le contenu du paragraphe correspond-il à son sous-titre?

Après la lecture

A. Questions à partir du texte.

1. A quelles institutions la famille se substitue-t-elle? Pourquoi, à votre avis?
2. Pourquoi les parents aident-ils surtout leurs enfants quand ils sont jeunes?
3. Dans quelles circonstances les parents apportent-ils une aide affective?
4. Quels sont les facteurs qui favorisent l'entraide familiale?
5. Pourquoi les jeunes restent-ils longtemps chez leurs parents?
6. Pourquoi les grands-parents jouent-ils un rôle moins important qu'autrefois dans l'éducation des enfants?
7. A votre avis, est-il important de connaître l'histoire des générations antérieures? Pourquoi?
8. Dans quel cas les relations familiales sont-elles particulièrement importantes?
9. Quelles vont être les conséquences de l'accroissement de l'espérance de vie?
10. Dans votre pays, l'entraide familiale se manifeste-t-elle de la même manière qu'en France? Justifiez votre réponse.

B. Les enfants. Par petits groupes, observez les photos du document ci-dessous et essayez d'imaginer le contexte de chaque situation. Décrivez chaque photo en détail et, quand il y a plus d'un personnage, essayez d'imaginer s'il s'agit d'une famille traditionnelle ou d'une famille recomposée, à qui sont les enfants, ce que font les parents dans la vie, et comment sont les rapports entre les différents membres de cette famille.

Fédération des Conseils de Parents d'Elèves des Ecoles Publiques
108, avenue Ledru-Rollin-75011 Paris

C. Retour chez les parents. Imaginez que vous venez de divorcer et que vous êtes retourné(e) vivre chez vos parents. Ecrivez une lettre à votre meilleur(e) ami(e) et expliquez-lui les raisons de votre décision en mentionnant les avantages et les inconvénients de votre nouvelle situation.

D. La famille et le couple dans mon pays. Après avoir lu **L'entraide familiale**, décrivez la situation dans votre pays en montrant de quelle façon elle est semblable ou différente. Indiquez ensuite votre préférence en justifiant votre point de vue.

TEXTE 3

L'image du père hier et aujourd'hui

Avant la lecture

Culture

1. De quelle manière les enfants manifestent-ils leur affection vis-à-vis de leurs parents?
2. Dans votre culture, y a-t-il généralement des rôles attribués au père? à la mère?
3. Dans votre famille ou dans une famille que vous connaissez, qui détient l'autorité, le père ou la mère?
4. Etes-vous pour ou contre les châtiments corporels (*corporal punishment*) pour les enfants? Si oui, dans quelles circonstances?

Vocabulaire

A. Mots apparentés. Devinez le sens.

un sentiment L'amitié, l'amour, l'affection sont des sentiments.
la progéniture La progéniture fait référence au nombre total des enfants qu'on a.
la contrainte Quand on est indiscipliné, les règles sont souvent une contrainte.

B. Mots de la même famille. Devinez le sens.

un patriarche (Nom) → **le patriarcat** (Nom) ; Autrefois, le patriarcat constituait l'unique type de famille.
obéir (Verbe) → **l'obéissance** (f.) (Nom) ; L'obéissance aux règles est nécessaire pour maintenir l'ordre en société.

Lecture

A. Titres.

1. Notez les titres des deux textes suivants. Avant de lire ces textes, décrivez la famille typique d'autrefois, puis la famille moderne.
2. A votre avis, qu'est-ce qui différencie le père d'autrefois du père d'aujourd'hui?

B. Première lecture intégrale sans dictionnaire. Lisez les deux textes intégralement sans vous servir du dictionnaire et essayez d'en comprendre l'idée générale.

Le père autrefois

Dans Une Soupe aux herbes sauvages, *Emilie Carles raconte l'histoire de sa vie. Dans le passage suivant, elle parle de son enfance avant la Première Guerre mondiale (1914-1918) et nous décrit la relation qui existait à l'époque entre le père et ses enfants.*

Nous menions une vie de famille en suivant les principes de toujours. C'était le patriarcat et tout ce qui va avec. En haut de la pyramide, mon père, tout arbre mort[1] qu'il se disait, menait la maisonnée à la baguette[2]. Il était le maître et son pouvoir était d'autant moins contesté que ma mère n'était plus là pour le contrebalancer. Il avait tous les droits et sa puissance n'était limitée que par son propre sentiment de l'équité. C'est ce qu'on appellerait aujourd'hui un pouvoir discrétionnaire. Je ne veux pas porter de jugement, mon père n'a jamais abusé de son autorité, au contraire, c'était un homme pondéré[3] dans tous les domaines. Il parlait peu, ce n'était pas dans les habitudes de la maison de faire de longs discours, «bonjour, bonsoir... Fais ci, fais ça... Je m'en vais, je reviens» était notre langage le plus courant... Avec moi, mon père se confiait[4], oh! pas grand-chose[5]! Mais tout de même il m'en racontait un peu plus qu'aux autres. Pour les sentiments, c'était la même chose, les manifestations de tendresse à l'intérieur de la famille étaient rares, les bises aussi. On embrassait mon père deux fois par an, le jour de son anniversaire et le jour de l'an[6]. C'est tout! Le reste du temps, on le saluait, on lui disait «père» ou «papa» et, quand on lui adressait la parole, c'était toujours avec respect. La seule relation physique entre lui et nous se limitait aux corrections[7]. Il n'était pas brutal mais nous y avions droit[8] comme les autres. C'était la règle, on battait les enfants beaucoup plus qu'aujourd'hui... Moi, j'ai toujours été contre, toute ma vie j'ai été contre les violences physiques, mais là, à la moindre[9] faute, qu'elle soit volontaire ou non, au moindre manquement[10] aux règles, c'était une paire de gifles[11] ou une fessée aux orties[12]. Cet ordre n'était contesté par personne.

[1]*old shoe*
[2]*ruled the household with an iron hand*
[3]*level-headed*
[4]*confided*
[5]*not much*
[6]le 1er janvier
[7]*punishments*
[8]*we were entitled to it*
[9]*slightest*
[10]*violation*
[11]*slaps in the face*
[12]*nettles*

Le jeune papa aujourd'hui

Par opposition au texte précédent, ce passage fait le portrait du «papa gâteau» tel qu'on le rencontre aujourd'hui. On y trouve aussi une référence au nouveau pouvoir des femmes qui peuvent aujourd'hui décider de la maternité et qui, en cas de séparation ou de divorce, ont généralement la garde de leurs enfants.

L'avez-vous déjà vu dans un jardin public, portant sa progéniture avec fierté? N'est-il pas attendrissant[1], ce résidu de macho, tout à la fois virtuose de la poussette[2] et champion de la couche-culotte[3]? Le nouveau père a beaucoup changé. Il s'est humanisé. Dans la publicité, on le voit collé[4] à son enfant ou le tenant par les pieds. Le jeune papa touche, chatouille[5], gazouille[6]. Vieille revanche sur le pater familias[7] distant qui tapotait[8] la joue, transmettait valeurs et héritage contre respect et obéissance. Lui, il joue la qualité de l'instant, la pause plaisir, l'abolition des contraintes.

Oui, vraiment, le jeune papa est une maman. Etre père, de nos jours, c'est même un job à plein temps, qui commence à la grossesse[9]: imbattable sur la vie des bébés, il lit Brazelton[†], déchiffre les échographies[10], sait tout de la péridurale[11]. Il apprend à respirer pour mieux expulser[12]. Le jour venu, il s'évanouit[13]. La nuit, le papa Pampers se réveille de peur que son gosse n'ait les fesses mouillées[14]. Fatigué, le jeune père a une ambition: «Je peux être aussi bon que sa mère.» Mais a-t-il un avenir? C'est la question. Car il est une espèce en voie de disparition, un être menacé. De nos jours, la puissance paternelle tient à un fil[15]. Contraception ou techniques de reproduction, il ne contrôle plus rien du tout. Au moindre problème, il est exclu de la cellule, dépossédé de la garde des enfants, réduit à un rôle en tranches[16]: père nourricier[17], biologique, intermittent... Il se révolte, s'en prend aux juges, fait la grève de la faim[18], crie «SOS-papa». Après s'être, pendant des années, distingué par l'absence, le voilà investi de la totalité des rôles père-mère.

(Marylène Dagouat, *L'Express*, 20 mai 1993.)

[1]*moving*
[2]*stroller*
[3]*diaper*
[4]*glued to, clinging to*
[5]*tickles*
[6]*twitters*
[7]le père de famille traditionnel
[8]*patted*
[9]*pregnancy*
[10]*sonograms*
[11]*epidural shot (spinal anesthesia)*
[12]*eject*
[13]*faints*
[14]*wet bottom*
[15]*thread*
[16]*slices*
[17]*foster father*
[18]*hunger strike*

[†]Brazelton: auteur de livres sur l'éducation des enfants

C. Recherche d'informations spécifiques: Contraste entre deux époques.

1. Relevez les termes qui indiquent:
   a. la sévérité du père autrefois
   b. les manifestations d'affection du jeune papa aujourd'hui
2. Relevez les éléments qui font référence à la communication (paroles, gestes, attitudes) entre le père et ses enfants:
   a. autrefois
   b. aujourd'hui
3. Quels sont les gestes et les actions du jeune papa d'aujourd'hui qui étaient autrefois réservés aux mamans?

D. Synthèse. A l'aide d'exemples pris dans les deux textes, expliquez la position du père:

1. Autrefois («il avait tous les droits»)
2. Aujourd'hui («réduit à un rôle en tranches: père nourricier, biologique, intermittent»)

Après la lecture

A. Questions à partir des textes.

AUTREFOIS

1. Expliquez «le patriarcat avec tout ce qui va avec».
2. A votre avis, pourquoi la mère n'était-elle plus là?
3. En quoi consistait la communication entre le père et les enfants?
4. Comment la narratrice justifie-t-elle les corrections données par le père?
5. En quoi consistaient ces corrections?

AUJOURD'HUI

6. Pourquoi le nouveau père est-il décrit comme «un résidu de macho»?
7. Pourquoi dit-on que le père s'est humanisé?
8. De quelle façon se distingue-t-il du pater familias?
9. Expliquez «le jeune papa est une maman» et «je veux être aussi bon que sa mère».
10. Citez quelques actions qui indiquent la participation active des pères dans l'éducation de leurs enfants aujourd'hui.
11. Pourquoi dit-on que la puissance paternelle tient aujourd'hui à un fil? Comment les pères réagissent-ils devant cette situation?

B. Ah, de mon temps! Une jeune femme a une brillante carrière et son mari a décidé de rester à la maison pour élever leurs deux enfants. Le grand-père du mari, qui est âgé et conservateur, est choqué de la situation et en parle à son petit-fils qui lui explique pourquoi il a décidé de rester à la maison. Avec un(e) camarade, jouez cette scène.

C. S.O.S. Papa. En cas de divorce, les mères sont souvent favorisées par la loi. Le groupe S.O.S.-Papa prépare une affiche publicitaire qui contient une liste de revendications (*grievances*) exprimées par les pères qui n'ont plus de pouvoir légal aujourd'hui. Imaginez leurs revendications et, pour chacune, proposez une réforme.

Boîte à outils

1. Identifier une personne

There are many ways of designating people and family members.

Personnes

■ **Les adultes**

Un homme and **une femme** are neutral terms. In a formal context, **un monsieur** and **une dame** are preferred, and French children are taught to use these terms. In a familiar and distinctly colloquial context, **un type**, **un gars**, or even **un mec** may be used instead of **un homme**; to refer to a young woman, **une nana** or even **une fille** are common in colloquial French. **Un bonhomme** and **une bonne femme** are derogatory today.

Dis bonjour à la dame / au monsieur!	*Say hello to the lady/gentleman!*
Il est fou, ce mec!	*This fellow/guy is crazy!*
Tu as vu la nana?	*Did you see that girl/chick?*
Cette bonne femme m'agace!	*This woman gets on my nerves!*

■ **Les enfants**

The colloquial terms **gosse** or **môme** may be used to refer to children. Both words can be either masculine or feminine. **Un(e) gamin(e)** is also common.

Quand j'étais gosse, je passais mes vacances d'été chez mes grands-parents.
When I was a kid, I used to spend my summer vacation at my grandparents' house.

There are other terms to designate children according to their age. For example, **une fillette** is the equivalent of **une petite fille** (*a little girl*), but **une jeune fille** refers to a young girl who is past the age of puberty. The same differences apply to **garçonnet**, **petit garçon**, and **jeune homme** (all masculine).

Termes indiquant une relation entre des personnes

■ **Liens de parenté**

For **frère** and **sœur**, **le frangin** and **la frangine** may be used; they are colloquial and affectionate terms.

For **père** and **mère**, **mon vieux** and **ma vieille** may be heard, but both are derogatory and disrespectful.

Un(e) parent(e) may refer to the father or mother; however, it may also mean a relative.

J'ai des parents en Corse = J'ai de la famille en Corse.
I have relatives in Corsica.

■ **Autres types de relations**

Un(e) ami(e) is neutral and may refer to many types of relationships according to the context.

un(e) ami(e) d'enfance	*a friend from childhood*
un(e) ami(e) intime	*a close friend*

Among young people, **le copain** and **la copine** *(buddy)* may refer to a friend or boyfriend/girlfriend; in this respect, **un(e) petit(e) ami(e)** *(boyfriend, girlfriend)* is considered outdated.

Un(e) camarade is used to designate a superficial relationship such as a classmate; for example, **un(e) camarade de classe.**

Un(e) collègue is similar to English colleague; it may also refer to someone who has the same profession as oneself.

Les connaissances (f.) corresponds to acquaintances.

Le compagnon and **la compagne** refer to a man or woman with whom one lives without being married; these terms are mostly used by older people.

2. Demander son chemin

There are many ways of asking for directions in French, depending on the context and one's educational level.

La mairie, s'il vous plaît?	rather familiar
Où est la mairie, s'il vous plaît? Où se trouve la mairie, s'il vous plaît? Est-ce qu'il y a une mairie par ici?	standard formal French
Pardon, s'il vous plaît, je cherche la mairie! Pourriez-vous m'indiquer où se trouve la mairie?	higher level of formal French

3. Donner des indications sur la direction à suivre

In giving directions, French-speakers normally use the present indicative, the imperative, or **il faut** + infinitive. The following sentences are all examples of acceptable standard French.

■ **Tout droit (*straight ahead*)**

Allez / Vous allez tout droit jusqu'à la place.
Vous continuez tout droit.
C'est tout droit.
Il faut aller tout droit.
Suivez la rue de Verdun jusqu'à la première intersection.

- **A droite ou à gauche (*turn right or left*)**

Vous tournez à droite/gauche au premier feu (*traffic light*).
Vous prenez la première rue à droite/gauche.
C'est le premier pâté de maison (*block*) à droite/gauche.
Tournez à droite/gauche après le panneau stop (*stop sign*).

- **Situation précise**

C'est à votre droite/gauche.
C'est en face de l'église.
C'est derrière l'église.
C'est à côté de l'église.
C'est la rue parallèle/perpendiculaire à l'avenue Léopold Senghor.
C'est à la prochaine intersection / au prochain croisement.
C'est au coin de la rue de Verdun et de l'avenue des Alpes.

- **Quand on se trompe (*makes a mistake*)**

Faites / il faut faire demi-tour (*turn back*).
Revenez sur vos pas (*retrace your steps*).
Il faut rebrousser chemin (*turn back*).
Il faut faire marche arrière (*to back up, when driving*).

A vous maintenant

A. Vérification. Avec un(e) camarade de classe, révisez le sens des expressions pour identifier des personnes. Choisissez cinq de ces mots ou expressions. Pendant que votre camarade garde son livre fermé, demandez-lui d'en expliquer le sens ou d'expliquer la différence entre deux expressions. Ensuite changez de rôle.

B. C'est votre ... Votre camarade choisit une personne qu'il/elle connaît et décrit la relation qu'il/elle a avec cette personne. Vous choisissez le terme qui convient le mieux à cette personne en fonction de sa relation avec votre camarade. Puis changez de rôle.

C. Une soirée entre copains. Un copain / une copine (votre partenaire) vous invite à une soirée chez lui/elle. Il/Elle vous explique comment y aller à l'aide du plan (*city map*) ci-dessous. Vous habitez en face de la Sorbonne, au boulevard Saint-Michel, et son appartement se trouve à l'angle de la rue du Bac et de la rue de Grenelle. Pour le retour, expliquez à votre copain/copine le chemin que vous allez prendre pour retourner chez vous.

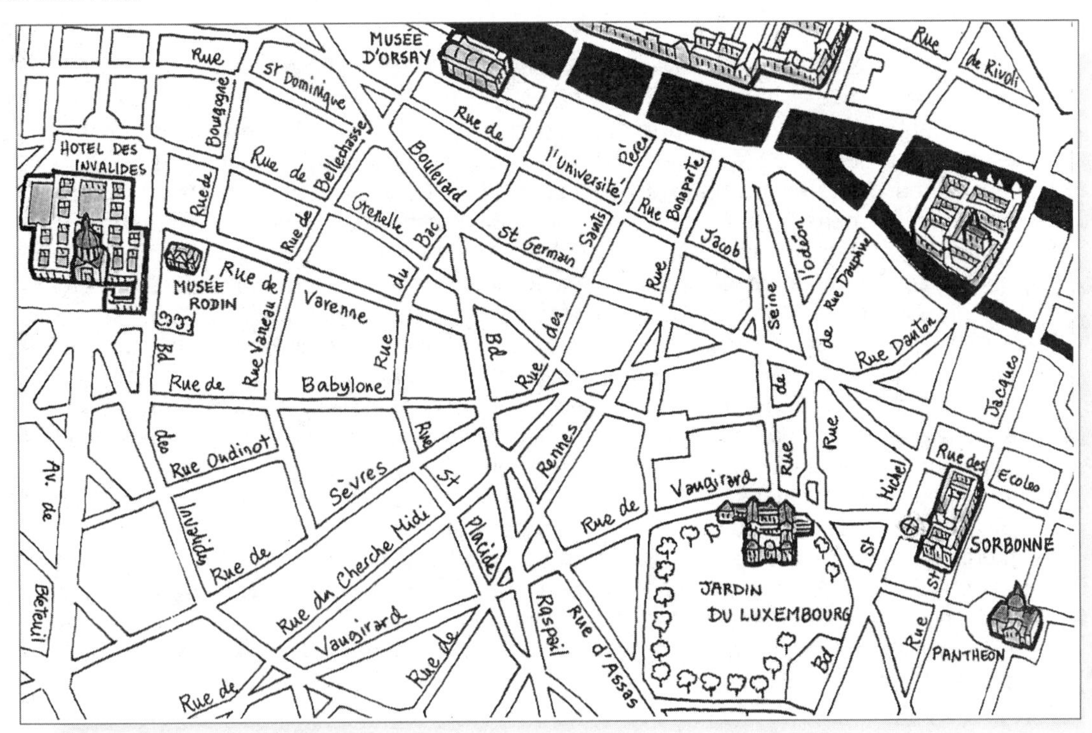

E C H A N G E S

Situation 1: Au pair

You have just arrived in France to spend six months in a family as an "au pair". One of the parents meets you at the airport. On the way home, you ask him/her questions about the family, your tasks, and any other helpful information.

Situation 2: Interview sur le mariage

You are a reporter for a magazine and are preparing an article about marriage in France. You interview a young French man or woman and try to find out everything you can for your article.

Echos francophones

Sénégal: déclin de la polygamie

L'islamisation au Sénégal atteint aujourd'hui presque 95% de la population. Cependant, depuis 1974, il existe un nouveau code de la famille dont un des aspects spectaculaires concerne le mariage et la polygamie. Celle-ci n'est pas interdite[1] mais, avant le premier mariage, le fiancé peut opter, par un acte officiel, pour la monogamie ou une limitation à deux épouses. Ce choix est irrévocable, même en cas de divorce ou de remariage. Le seul changement pouvant encore intervenir porte sur une nouvelle restriction de deux épouses à une seule. Le divorce se fait par consentement mutuel. Sinon, il n'est recevable que pour des raisons prévues par la loi[2] et le mari doit donner une pension alimentaire[3] à sa femme si elle se trouve sans ressources.

Pendant les fiançailles, le futur mari n'est tenu à aucune obligation alimentaire vis-à-vis de la jeune fille, ni des parents de celle-ci, et le montant[4] de la dot[5] qu'il apporte doit être fixé d'un common accord entre les intéressés, sans dépasser[6] une valeur déterminée par la loi. Il peut sembler dérisoire[7] de faire dépendre l'abandon de la polygamie du bon vouloir[8] des hommes. Mais un tel changement dans les mœurs[9] ne saurait s'imposer brutalement. Quant à la dot, il faut savoir qu'elle était payée par les hommes et qu'elle représentait de plus en plus un handicap pour les jeunes gens. En pays Diola, par exemple, le fiancé devait pendant cinq ans travailler une partie du temps pour son futur beau-père et habiller sa fiancée (quand il ne s'agissait pas de cadeaux supplémentaires pour toute la belle-famille!). Ensuite, il apportait en dot les réserves de riz que son père avait amassées pour lui pendant la période de fiançailles.

Encore maintenant, dans beaucoup de villages, le jeune homme est fermement incité à acheter, avant le mariage, lit, machine à coudre, vêtements, et à les déposer chez la belle-famille... qui garde tout si elle juge le futur indigne[10] de la jeune fille. La fameuse dot n'était primitivement que symbolique; si elle est obligatoire, d'après le Coran, pour valider le mariage, en revanche[11] le taux fixé par la loi est très bas. En ce qui concerne la polygamie, le Coran permet aux hommes d'avoir jusqu'à quatre épouses; il ne l'impose pas. Le nouveau code de la famille respecte donc parfaitement le Coran qui, d'ailleurs[12], ajoute que l'homme qui s'autorise à avoir le nombre maximal d'épouses s'impose de les traiter exactement de la même façon toutes les quatre, ce qui suppose non seulement l'entretien[13] de sa «maison» (la femme elle-même, les enfants, les domestiques[14]), mais un partage équitable du temps passé avec chacune d'elles. Sinon[15] l'épouse négligée[16] a le droit de demander le divorce. Notons également que cette femme, qui doit obéissance à son mari, a également la liberté, toujours d'après le Coran, de le choisir, d'imposer le libre exercice de ses options philosophiques, de travailler. Mieux: s'instruire[17], se cultiver est un devoir[18] religieux qui concerne les femmes tout autant que les hommes.

(Mylène Rémy, *Le Sénégal aujourd'hui*, ©Editions du Jaguar)

[1] *forbidden*
[2] *law*
[3] *alimony*
[4] *amount*
[5] *dowry*
[6] *exceeding*
[7] *ridicule*
[8] *good will*
[9] *customs*
[10] *unworthy*
[11] *on the other hand*
[12] *moreover*
[13] *support*
[14] *servants*
[15] *otherwise*
[16] *neglected*
[17] *to educate oneself*
[18] *duty*

Questions à partir du texte

1. Au Sénégal, quel est le choix qu'un homme doit faire avant son premier mariage?
2. Qui paie la dot au Sénégal?
3. A votre avis, quel est l'objectif de la dot? Pensez-vous qu'elle doive être payée par l'homme ou par la femme? Pourquoi?
4. Quels sont les préceptes du Coran en ce qui concerne la dot, la polygamie et le statut de la femme mariée? Qu'en pensez-vous?

La Tunisie en bref

Superficie: 164 150 km^2 (⅓ de la France)

Climat: méditerranéen sur la côte, continental au centre, saharien dans le désert

Population: 9 millions d'habitants

Capitale: Tunis (630 000 habitants)

Langues: arabe (officielle), français (parlée)

Religions: islamique (religion officielle: le chef de l'Etat doit être musulman), catholiques (13 000), juifs (10 000)

Statut: République Etat islamique; ancienne colonie française qui a obtenu son indépendance en 1956

Economie: tomates, olives, agrumes, céréales; élevage; pêche; pétrole, gaz; phosphates (6e rang mondial); tourisme.

Tunisie: disparition des traditions dans le rituel du mariage

Après l'indépendance de la Tunisie, le code du statut personnel a aboli les quatre servitudes ancestrales des femmes: le mariage décidé par les parents, la pratique de la dot (qui faisait de l'union une transaction presque commerciale), le droit du mari à la répudiation, et la polygamie. Du mariage islamique il reste des symboles. On peut encore voir à Douz une mariée assise sur un chameau[1] et entendre les tambourins nuptiaux dans la nuit du désert. Mais le temps est fini où la mariée restait exposée, en riches vêtements, dans la maison de son père, et où, avec ses filles d'honneur[2], elle chantait son désespoir de quitter ses parents. Cette présentation prénuptiale durait parfois plusieurs jours, puis on emmenait la jeune fille chez le père du fiancé et celui-ci, qui s'était obligatoirement absenté, retrouvait enfin sa fiancée dans la chambre nuptiale. De tels rites sont maintenant réduits[3] à une ou deux journées. Le garçon, qui n'a pas eu à payer le «prix de la virginité», et qui connaît sa fiancée, se contente d'aller se promener vers le centre du village ou de la ville avec quelques amis, pour ensuite retrouver la jeune fille dans la «maison du père». Cependant, la fiancée est toujours richement vêtue[4] (en robe lamé argent, par exemple), très fardée[5], la chevelure passée au henné[6], et l'on entend toujours les you you[7] traditionnels.

(Michel Zéraffa, *Tunisie*, Petite lanète ©Editions du Seuil, 1995)

[1]camel
[2]bridesmaids
[3]reduced
[4]dressed
[5]made up
[6]henna, copper-colored dye
[7]the sound of traditional calls or cries

Questions à partir du texte

1. Quelles étaient les quatre servitudes ancestrales des femmes en Tunisie? Qui payait la dot?
2. Quelles étaient les coutumes traditionnelles associées au mariage en Tunisie?
3. Quels sont les rites qui subsistent aujourd'hui?
4. Citez d'anciennes coutumes associées au mariage qui sont toujours pratiquées dans votre pays ou région.

Masculin-féminin

Culture et communication

- Introduction
- Texte 1: Un couple
- Texte 2: Pourquoi les femmes font peur aux hommes
- Texte 3: La vie et non le pouvoir

Boîte à outils

- Expressions pour faire un récit au passé
- Expressions idiomatiques avec le passé
- Constructions avec le passé

Echos francophones

- «Femme noire»
- Madagascar: portrait de femme

Introduction

Depuis une trentaine d'années, l'image de la femme dans la société française s'est beaucoup transformée. Si l'idée de féminisme trouve ses origines pendant la Révolution de 1789, c'est surtout depuis le milieu du XXe siècle que l'on peut parler d'émancipation. Cette évolution s'est effectuée dans cinq domaines précis.

1. **L'enseignement:** L'accès à l'enseignement représente la première étape dans l'ascension des femmes qui sont aujourd'hui plus nombreuses que les hommes dans l'enseignement supérieur.

   1882: enseignement primaire gratuit et obligatoire pour les deux sexes de 6 à 13 ans.
   1919: institution d'un bac féminin.
   1935: programme scolaire commun aux deux sexes.
   1966: enseignement technique ouvert aux filles.

2. **Les droits civils:** Le Code Napoléon de 1804† consacrait le principe de dépendance de la femme: «La femme doit obéissance à son mari» (article 213).

   1965: la femme peut exercer n'importe quelle profession et ouvrir un compte en banque sans l'autorisation de son mari.
   1970: le père n'est plus le «chef de famille», et le principe d'autorité paternelle est remplacé par celui d'«autorité parentale»; les décisions peuvent être prises par l'un ou l'autre des parents.
   1975: divorce par consentement mutuel.

3. **La contraception:** La vie des femmes avait toujours été réglée par les grossesses qui les empêchaient de poursuivre des études longues et de pratiquer une activité professionnelle. La contraception a permis aux femmes de contrôler leur maternité et représente sans doute leur plus grande conquête.

   1967: la contraception devient légale, en particulier avec l'utilisation de la pilule.
   1975: la contraception est remboursée par la Sécurité sociale, et la loi Veil (du nom de Simone Veil, alors ministre de la Santé) reconnaît l'interruption volontaire de grossesse (IVG) ou avortement.
   1982: l'IVG est remboursée par la Sécurité sociale.
   1988: commercialisation de la pilule abortive RU 486 développée en France.

4. **Le travail:** L'accès des femmes au travail a profondément modifié les mentalités et la notion de famille. Le travail a permis aux femmes de s'épanouir et de sortir de chez elles, mais aussi d'accéder à une autonomie financière. Le premier congé de maternité, d'une durée de deux semaines, est institué en 1909.

   1980: les femmes qui travaillent ont un congé de maternité rémunéré de 16 semaines pour les 1er et 2e enfants, et de 24 semaines à partir du 3e.
   1983: la loi sur l'égalité professionnelle impose le principe de l'égalité de salaire entre hommes et femmes; malheureusement, il existe encore aujourd'hui des différences de salaire entre les deux sexes.
   1992: Loi sur le harcèlement sexuel.

5. **Vie politique:** Le domaine de la politique est encore largement dominé par les hommes. Ce n'est qu'en 1944 que les Françaises obtiennent le droit de vote et les femmes restent toujours minoritaires dans les postes de responsabilité.

   1967: première femme ministre (Germaine Poinso-Chapuis).
   1970: nombreuses manifestations en France et création du Mouvement de Libération des Femmes (MLF).
   1975: première femme candidate à l'élection présidentielle (Arlette Laguiller).
   1991: première femme Premier ministre (Edith Cresson).

---

†Napoléon 1er: empereur des Français de 1804 à 1815

Vocabulaire pour la discussion

L'éducation et le travail

le baccalauréat = bac	*comprehensive exam at the end of French high school*
le boulot (fam.)	*work*
un congé de maternité	*maternity leave*
les équipements (m.) **ménagers**	*household appliances*
gratuit(e)	*free of charge*
la grève	*strike*
→ **faire la grève**	*to go on strike*
le harcèlement sexuel	*sexual harassment*

Les droits civils

accéder (à)	*to have access (to), attain*
accorder	*to consent*
les biens (m.)	*possessions*
un compte en banque	*bank account*
le consentement mutuel	*mutual consent*
revendiquer	*to claim*
→ **la revendication**	*claim*

La vie sentimentale et la contraception

l'avortement (m.)	*abortion*
battre	*to beat*
→ **un battement de cœur**	*heartbeat*
la confiance	*confidence, trust*
≠ **la méfiance**	*mistrust*
draguer = faire des avances (à) (fam.)	*to make a pass (at)*
→ **la drague** (fam.)	*hustling*
un engagement	*commitment*
s'épanouir	*to blossom*
épuisé(e)	*exhausted*
la grossesse	*pregnancy*
la pilule	*the pill*
un vieux garçon	*a bachelor*
une vieille fille (pejorative)	*an old maid*

L'égalité

se débrouiller	*to manage, cope*
une devise	*motto*
(s')effectuer	*to be carried out*
égal(e)	*equal*
→ **l'égalité** (f.)	*equality*
≠ **l'inégalité** (f)	*inequality*
ensemble	*together*
→ **l'ensemble** (m.)	*whole*
l'équilibre (m.)	*balance*
une étape	*stage*
une faute	*error*
grave	*serious*
n'importe qui / quoi / quel(le)...	*anyone, anything, any ...*
insupportable = intolérable	*unbearable*
majoritaire	*pertaining to the majority*
≠ **minoritaire**	*pertaining to the minority*
oser	*to dare*
parvenir à ses fins	*to accomplish one's goal*
se plaindre	*to complain*
→ **la plainte**	*complaint*
la règle	*rule*
→ **régler**	*to regulate*
retirer	*to take off, remove*
un schéma	*diagram, sketch*
la valeur	*value*

Evaluez vos connaissances

A. Définitions. Complétez les phrases suivantes avec les mots ou expressions du **Vocabulaire pour la discussion**.

1. La ________________ dure généralement neuf mois.
2. Quand une femme qui travaille a un enfant, elle a droit à un ________________________________.
3. Le ________________________ crée pour les femmes un climat d'hostilité sur le lieu de travail.
4. Il n'a jamais voulu se marier et, maintenant, c'est un ______________________.
5. La _______________ est un moyen de contraception efficace.
6. Le verbe __________________ est une façon familière de dire «faire des avances».
7. L' ____________________ est l'interruption de la grossesse.
8. Les _________________ sont ce que l'on possède.
9. L'aspirateur et la machine à laver font partie des ______________________________.

B. Sur le vif. Choisissez un(e) camarade de classe, et fermez votre livre. Votre camarade vous propose six mots et expressions du **Vocabulaire pour la discussion**. Avec chaque mot, composez une phrase pour le placer dans un contexte et montrer que vous comprenez sa signification. Inversez ensuite les rôles.

Citations de Françaises célèbres

1. En 1791, à l'époque de la Révolution française, Olympe de Gouges a écrit la Déclaration des droits de la femme et de la citoyenne. Elle a dit: «Les femmes montent à l'échafaud (*scaffold*), elles doivent avoir le droit de monter à la tribune». Elle a été guillotinée en 1793.
2. Simone de Beauvoir (1908-1986), écrivain célèbre et compagne de Jean-Paul Sartre, a écrit dans *Le Deuxième Sexe* (1949): «On ne naît pas femme, on le devient». Pour elle, l'infériorité traditionnellement attribuée à la femme n'est pas d'origine naturelle: c'est la société qui a créé le rôle de la femme.
3. Pour Françoise Giroud, journaliste réputée et ancienne Secrétaire d'Etat à la condition féminine, «la femme sera vraiment l'égale de l'homme le jour où, à un poste important, on désignera une femme incompétente». (*Quid 1994*)

TEXTE 1

Un couple

Avant la lecture

Culture

1. Les rôles selon le sexe
   a. Faites la liste des rôles traditionnellement attribués aux hommes et des rôles attribués aux femmes.
   b. Quels sont les rôles traditionnels qui ont changé?
   c. Quels sont les facteurs qui peuvent modifier ces rôles?
2. Les qualités selon le sexe
   a. Faites la liste des qualités désirables chez une femme
      - du point de vue d'un homme
      - du point de vue d'une femme
   b. Faites la liste des qualités désirables chez un homme
      - du point de vue d'une femme
      - du point de vue d'un homme

Lecture

A. Titre et aspect général. Lisez le titre de ce document et observez les dessins. Les personnages correspondent-ils au titre?

B. Première lecture sans dictionnaire. Lisez ce document une première fois en entier sans vous servir du dictionnaire.

UN COUPLE

(Claire Bretécher, *Les Frustrés F, Le Nouvel Observateur*)

[1] *out of order* [2] *weld* [3] *dirty motor oil* [4] *slattern, sloven* [5] *money* (fam.)

C. Recherche d'informations spécifiques.

1. Combien de personnages sont représentés ici?
2. A quoi jouent ces enfants?
3. Faites la liste des actions que les enfants imaginent et dites si ces actions correspondent aux rôles traditionnels de chacun des deux sexes.
4. A votre avis, qui est l'adulte qui arrive à la fin?
5. A la fin, la petite fille donne-t-elle une description exacte de leur jeu?

D. Lecture détaillée.

1. Essayez d'établir la structure de cette bande dessinée en donnant un titre à chaque partie.
2. Qui prend les initiatives, la petite fille ou le petit garçon?
3. Lisez les paroles du petit garçon. A votre avis, sont-elles typiques de la part d'un homme?
4. Analysez chacun des commentaires de la petite fille. A votre avis, ses commentaires sont-ils typiques de la part des femmes en général?
5. Faites la description de l'adulte qui arrive à la fin.

Après la lecture

A. Questions à partir du texte.

1. Que représentent le fauteuil et le téléphone dans leur jeu?
2. Quels sont les reproches que le petit garçon fait à la petite fille? Que répond-elle?
3. Quels sont les reproches que la petite fille fait au garçon?
4. D'après vous, qui ces enfants imitent-ils dans ce jeu?
5. A votre avis, pourquoi la femme embrasse-t-elle la petite fille et non pas le petit garçon?
6. Pourquoi le dernier dessin est-il sans paroles?
7. Quelle conclusion en tirez-vous sur la personnalité de cette femme?
8. A votre avis, pourquoi la petite fille inverse-t-elle les rôles quand elle explique le jeu à cette femme?
9. Comment peut-on expliquer l'ambivalence de la petite fille en ce qui concerne les rôles masculins et féminins?

B. Un couple mal assorti. Choisissez un(e) camarade de classe et imaginez un mari conservateur et sa femme féministe qui n'ont pas la même conception des rôles masculins et féminins. Chacun demande à l'autre de faire cinq choses; l'autre refuse à l'aide d'un argument.

EXEMPLE 1: —Chéri, est-ce que tu peux m'aider à faire la vaisselle ce soir?
—Ah, non! C'est un travail de femme! Et puis je suis fatigué!

EXEMPLE 2: —Chérie, est-ce que tu peux me repasser un pantalon pour demain?
—Pourquoi ne le fais-tu pas toi-même? Tu en es aussi capable que moi!

C. Le MLF. Imaginez que le MLF nomme six comités pour améliorer (*improve*) la condition des femmes aujourd'hui. Formez six petits groupes, chacun choisissant l'un des problèmes ci-dessous. A l'intérieur de chaque groupe, formez deux sous-groupes: un sous-groupe préparera une description de la situation actuelle sur le problème en question, l'autre proposera des mesures à prendre et des solutions possibles.

LES PROBLÈMES

la lutte contre le viol (*rape*)
la défense des femmes battues
la lutte contre le harcèlement sexuel
la lutte contre la pornographie
la lutte contre les inégalités de salaires
la défense de l'image de la femme dans la publicité

D. Problèmes de femmes. Racontez l'histoire d'une femme qui a connu l'un des problèmes de l'Activité C (femme battue, inégalité de salaire, harcèlement sexuel, etc.). N'oubliez pas de mentionner de quelle façon elle a résolu (*solved*) le problème. Faites le récit au passé en trois parties (début, événements, conclusion) et liez les phrases entre elles avec des expressions de la section **Boîte à outils**.

TEXTE 2

Pourquoi les femmes font peur aux hommes

Avant la lecture

Culture

1. **Le féminisme**
   a. existe-t-il un mouvement féministe dans votre pays?
   b. a quelle époque ce mouvement s'est-il surtout manifesté?
   c. quels droits les femmes ont-elles obtenu dans votre pays grâce au féminisme?
   d. est-ce que vous aprouvez les actions des groupes féministes en général?
2. **La réaction des hommes**
   a. comment les hommes ont-ils réagi face au féminisme dans votre pays?
   b. quels sont les facteurs qui influencent la réaction des hommes face au féminisme?
3. **L'avenir:** comment voyez-vous l'avenir du féminisme
   a. dans votre pays?
   b. dans des pays d'une autre culture que la vôtre, les pays du Tiers-Monde, par exemple?

Vocabulaire

A. Mots apparentés. Devinez le sens.

s'équiper Parce que les vêtements sont si chers, la jeune femme s'est équipée d'une nouvelle machine à coudre.

les rapports (m.) Elle a d'excellents rapports avec son mari; ils s'entendent bien, ils ne se disputent jamais.

reprocher Quelques hommes reprochent aux femmes leur désir d'indépendance.

B. Mots de la même famille. Devinez le sens.

un combat (nom.) → **un combattant** (nom.); Les anciens combattants sont d'anciens soldats qui ont participé à une ou plusieurs guerres.

un massage (nom.) → **un masseur**; (nom.) Un masseur fait des massages.

un poupon, une poupée (nom) → **pouponner** (verbe) ; Aujourd'hui, les pères pouponnent! Ils s'occupent vraiment de leurs enfants en bas âge.

un refuge (nom.) → **se réfugier** (verbe); Beaucoup de femmes divorcées se réfugient chez leurs parents.

vieux, vieille (adj) → **vieillir** (verbe) → **vieillissant** (Part. prés.); En vieillissant, elle devient de plus en plus indépendante.

C. Faux amis.

assister à **être présent** (≠ *to assist*: **aider**); J'ai assisté à ce match de foot, mais je n'ai pas joué. J'ai seulement été spectateur.

Lecture

A. Titre et sous-titres. Lisez le titre et les sous-titres du texte suivant. Pouvez-vous imaginer son contenu?

B. Première lecture sans dictionnaire. Lisez le texte une première fois pour en comprendre l'idée générale.

Pourquoi les femmes font peur aux hommes

Cet article, écrit par une femme, montre l'ambivalence et les contradictions qui existent dans les relations entre hommes et femmes. L'auteur présente les deux points de vue alors que la conclusion est une analyse de la situation par une sociologue.

En amour, la nouvelle devise des hommes, c'est... «Courage, fuyons[1]!»

Les hommes se plaignent de ne plus rien comprendre aux femmes. Ne sachant plus sur quel pied danser[2], ils retournent jouer au foot, se réfugient dans le célibat, ou font la grève de la drague.

«Je rêve du grand amour, je cherche la femme idéale, mais où est-elle? Pour elle, je sais que je pourrais changer ma vie...» Les hommes croient au grand amour. Ils en rêvent, mais... les femmes les inquiètent un peu. «Le problème, c'est que l'on ne comprend plus grand-chose aux femmes», disent-ils. «J'ai tellement peur de passer pour un macho, dit François, que j'ai décidé la grève de la drague. Si une fille a vraiment envie de moi, qu'elle se débrouille pour me le faire savoir.» «Moi, dit A [illegible] r de la Saint-Valentin parce que je ne lui a [illegible] expliquer... nous, on ne demande pas mie [illegible]

A cet instant pré [illegible] ations entre hommes et femmes. On ne p [illegible] istes. C'est vrai: nous sommes multiples [illegible] tre nos nombreuses exigences[3], mais qu [illegible] eux, sont-ils simples? Ils nous veulent i [illegible] s aimeraient bonnes cuisinières (68%) [illegible] tes (68%) plutôt que fragiles (22%) pour [illegible] /eulent-ils une femme au foyer ou une f [illegible] endante? Les deux, pourquoi pas? Et b [illegible]

Soyons réalistes. Les hommes ne cherchent la femme idéale que dans l'intention réelle de... ne pas la trouver. En attendant, ils ont un seul mot d'ordre: «Courage, fuyons!» Fuyons tout ce qui pourrait ressembler à un engagement, fuyons toute relation stable qui pourrait entraîner responsabilités ou partages. Pouvons-nous suggérer à ces messieurs qu'il n'est peut-être pas utile de courir si vite et si loin? Et cela pour d'excellentes raisons. La première: à force de nous débrouiller seules, nous sommes devenues autonomes, passionnées par notre métier, et nous nous sommes aussi équipées de très bonnes adresses de plombiers, de garagistes et de masseurs. Alors, ne vous sauvez[5] plus, nous n'avons pas du tout envie de vous piéger[6]... La seconde: en vieillissant, vous devenez, vous aussi, des occasions à débattre[7]: maniaqueries[8], souvenirs d'anciens combattants, histoires de foot ou de bagnoles[9]...

[1] *let's escape!*
[2] ne sachant plus que faire (fam.)
[3] *demands*
[4] *as a bonus*
[5] *run away, escape*
[6] *trap*
[7] *causes for debate or discussion*
[8] *fussiness*
[9] voiture (fam.)

Paroles d'hommes

—FRANÇOIS: «Karen m'a demandé de réparer sa roue crevée[10]. Trois jours après avoir joué les mécaniciens, je lui ai demandé de me recoudre un bouton. Réponse: «Tu me prends pour ta mère?»

—CHRISTIAN: «Les femmes sont sensibles à[11] mon côté homme de pouvoir. Et puis, une fois la relation installée, elles voudraient que l'homme d'affaires surchargé ait un emploi du temps d'instituteur!»

—DANIEL: «Inviter une femme, quelle galère[12]! Si on n'a rien prévu, on aurait pu faire un effort d'imagination. Si on a réservé, on aurait dû la consulter. Si on l'emmène dans un grand restaurant, on est nouveau riche. Dans un petit bistrot[13]? On est minable[14]. On paie l'addition? Elle croit qu'on veut l'acheter. On partage l'addition? On est radin[15].»

—NICOLAS: «Comment dire aux femmes qu'avec leur agenda surchargé, leurs manies[16] de fumer des cigarillos et leurs talons plats[17] pour courir plus vite, elles ne me font plus fantasmer[18]. J'ai envie de leur taper sur l'épaule comme à un copain de régiment...»

—OLIVIER: «J'enrage, j'ai pouponné avec elle, j'ai toujours été présent, je me suis réveillé la nuit pour bercer nos bébés. Comme elle, j'ai participé à l'éducation de nos enfants: aujourd'hui, après notre divorce, j'ai le droit de signer un chèque tous les mois... et de profiter d'eux le week-end...»

Christine Castelain-Meunier: «Vivre à deux devient terriblement stressant»

Sociologue, Christine Castelain-Meunier est l'auteur de *L'Amour en moins* où elle analyse les comportements[19] amoureux des adultes et des adolescents. «Le couple au long cours[20] est une espèce en voie de disparition[21]. Depuis vingt ans, on assiste à de tels changements dans les rapports hommes-femmes que vivre à deux devient un important sujet de stress. Les codes qui fixaient autrefois les rôles de chacun ont été complètement modifiés, laissant hommes et femmes sans repères[22] auxquels se référer. Les individus de plus de 35 ans ont fondé le couple sur le «tout ou rien»: on s'aime ou on se quitte. Nos grands-parents savaient bien que la passion finit toujours par s'atténuer. Mais aujourd'hui, on ne l'accepte plus.

Actuellement, des comportements nouveaux apparaissent. Certains, épuisés par ces relations où tout est sujet de négociation, de discussion, préfèrent se réfugier dans les certitudes du célibat.

Chez les individus de moins de 30 ans, je constate cependant des changements importants qui conduiront peut-être à un nouvel équilibre du couple. Témoins des larmes et des cris de leurs parents, ils semblent nettement plus pragmatiques et réalistes, avec une volonté de créer des relations plus fondées sur le respect de l'autre que sur la passion.»

(Geneviève Schurer [enquête d'Annick Zadman], *Voici*, avril 1991.)

[10] *flat tire*
[11] *sensitive to*
[12] *harsh situation* (fig.)
[13] *café* (fam.)
[14] *shabby, pathetic*
[15] *stingy* (fam.)
[16] *habits, tics*
[17] *flat shoes*
[18] *fantasize*
[19] *behaviors*
[20] *long-lasting*
[21] *on the way to becoming extinct*
[22] *landmarks*

C. Recherche d'informations spécifiques.

1. En amour…
   a. D'après le narrateur, quel est le paradoxe des hommes en ce qui concerne leur attitude vis-à-vis de la femme idéale?
      - Qualités que les hommes semblent rechercher chez les femmes
      - Qualités qui paraissent plus importantes aux femmes
      - Cause du paradoxe

   b. Expliquez l'expression «Courage, fuyons!».
      - Qui l'emploie?
      - Pourquoi faut-il du courage pour fuir cette situation?

2. Paroles d'hommes
   a. Formez des groupes et, pour chacun des personnages mentionnés, indiquez le sujet de discorde et ce qu'ils reprochent aux femmes.
      François
      Daniel
      Olivier
      Christian
      Nicolas

   b. Que pensez-vous
      - du comportement des femmes dans les situations mentionnées?
      - de la réaction de ces hommes?

3. Christine Castelain-Meunier: pour chaque thème ci-dessous, dressez la liste des arguments mentionnés par la sociologue.
   a. «Le couple au long cours est une espèce en voie de disparition.»
   b. «Des comportements nouveaux apparaissent.»

D. Lecture détaillée. Lisez chaque partie individuellement: «En amour…», «Paroles d'hommes» et «Christine Castelain-Meunier…». Pour chaque partie, complétez les activités suivantes.

1. Quel est le point de vue présenté dans chaque partie? Qui parle? Justifiez votre réponse en donnant des exemples précis.
2. Dans chaque paragraphe, relevez les mots ou expressions qui contiennent l'idée générale.

Après la lecture

A. Questions à partir du texte.

1. En amour, quelle est la nouvelle devise des hommes? Pourquoi?
2. Les hommes ont-ils renoncé aux femmes? Commentez.
3. En quoi consiste l'hypocrisie dans les relations entre hommes et femmes?
4. Qu'est-ce que la narratrice reproche aux hommes?
5. Qu'est-ce que les hommes essaient de fuir, d'après le texte? A votre avis, les hommes ont-ils vraiment besoin de fuir? Pourquoi?
6. Quelles sont les contradictions dans le comportement des femmes que ces situations illustrent?
7. Pourquoi la vie à deux est-elle un sujet de stress? Quelles en sont les conséquences?
8. Quelle est l'attitude des moins de 30 ans en ce qui concerne le couple?
9. Est-ce que vous remarquez, dans votre pays, les mêmes contradictions dans les relations entre hommes et femmes? Donnez des exemples précis.

B. Le fossé (*gap*) des générations. Un grand-parent veut discuter avec son petit-fils ou sa petite-fille adulte les relations entre hommes et femmes en ce qui concerne les thèmes ci-dessous. La personne âgée commence en disant «De mon temps,…», et la personne plus jeune répond en commençant par «Aujourd'hui,…». Avec un(e) camarade, jouez cette scène.

LES THÈMES

la façon de rencontrer un(e) futur(e) époux/épouse
les valeurs importantes pour une bonne entente
le rôle de chacun dans le couple
les problèmes
[autre]

C. Le partenaire idéal. Formez de petits groupes et discutez votre conception du partenaire idéal.

D. Une séparation. Décrivez une relation de couple qui s'est terminée par une séparation; expliquez les problèmes et leurs causes. Il peut s'agir de votre expérience personnelle, de personnes que vous avez connues, d'un film ou d'un livre. Faites le récit au passé.

TEXTE 3

La vie et non le pouvoir

Avant la lecture

Culture

1. Y a-t-il des occupations traditionnellement réservées aux hommes? aux femmes?
2. Quelle est l'impression générale vis-à-vis de ces occupations? Précisez si chaque occupation est jugée positive ou négative par les hommes, puis par les femmes.
3. Existe-t-il aujourd'hui des occupations qui sont toujours réservées aux hommes? aux femmes? Si oui, pourquoi, à votre avis?

Vocabulaire

A. Mots apparentés. Devinez le sens.

fécond(e) Un travail fécond est un travail qui a des résultats positifs.
les cendres (f.) Les cendres sont ce qui reste quand on brûle quelque chose.

B. Mots de la même famille. Devinez le sens.

coudre (verbe) → **la couture** → **la couturière** (nom.); Une couturière fait des vêtements.
la respiration (nom.) → **respirer** (verbe) → **respirable** (adj.) ≠ **irrespirable;** Une mauvaise odeur peut être irrespirable.
rêver (verbe) → **rêvasser** (verbe); On rêve quand on dort, mais on rêvasse quand on pense à autre chose que le sujet de conversation.

Lecture

A. Titre. Définissez les deux mots du titre, «la vie» et «le pouvoir» et faites une liste des images et des concepts auxquels ils sont associés.

B. Première lecture sans dictionnaire. Lisez le texte une première fois et résumez l'idée générale en une phrase.

La vie et non le pouvoir

Annie Leclerc se situe en France parmi les nouvelles femmes écrivains qui explorent le monde féminin. Dans son essai Parole de femme, l'auteur déplore le fait que «rien n'existe qui ne soit le fait de l'homme, ni pensée, ni parole, ni mot» et insiste sur la nécessité d'«inventer une parole de femme». L'extrait suivant apporte une nouvelle perspective sur le travail des femmes à la maison: il a traditionnellement été jugé avec mépris (contempt) et a placé les femmes dans un état d'infériorité par rapport aux hommes pour qui le fait d'exercer une profession est généralement considéré comme valorisant.

Franchement, qu'y a -t-il de si bas dans le travail d'une femme à la maison pour susciter[1] aussi unanimement votre répugnance? Est-ce le travail lui-même? Ou plutôt toute autre chose?

Faire la vaisselle, éplucher[2] les légumes, laver le linge, repasser, épousseter, balayer, nettoyer les carreaux, torcher[3] les enfants, leur donner à manger, raccommoder[4] un pantalon usé... Travail mesquin[5]? sombre? ingrat[6]? stérile? dégradant? Qu'en dit le travailleur à la chaîne[7]? le visseur de boulons[8]? le tamponneur de timbres[9]? la couturière à l'usine de confection[10]? Et tant, tant d'autres?

Mesquin? sombre? ingrat? dégradant? Un travail multiple, qu'on peut faire en chantant, en rêvassant, un travail qui a le sens même de tout travail heureux, produire de ses mains tout ce qui est nécessaire à la vie, agréable à la vue, au toucher, au bien-être des corps, à leur repos, à leur jouissance[11]...

Ingrat, un travail où les résultats sont immédiats? La maison se prend d'un air de fête, le repas sent bon, l'enfant gazouille[12], ses fesses soyeuses[13] à l'air, et pour une heure d'application rêveuse, le pantalon usé fera bien encore une année...

Mais malheur, vous avez voulu que cela fût un service, du sacrifice, du dévouement[14] et de la peine... C'était un rare bonheur, ce travail si près de la jouissance, il avait la valeur la plus haute, celle de la vie elle-même, ce travail si mêlé[15] à la vie... Vous avez inventé les terribles valeurs du pouvoir pour les tourner contre la vie, contre la femme, contre son ventre fécond, contre ses mains fertiles... De ce travail précieux par excellence, de ce travail plus grand que tous les autres, de ce travail que tous les hommes auraient dû se disputer s'ils avaient aimé la vie et non le pouvoir, on a fait un travail forcé, même plus un travail, un affreux boulet à traîner[16], une obscure fatalité, une faute jamais commise, et pourtant toujours à expier, celle d'être femme...

Ce qui est humiliant, c'est de faire un travail qu'aucun homme ne consentirait à faire, de faire un travail qu'au moins la moitié de l'humanité regarde de haut[17], ne regarde même pas. Si ce travail était perçu à sa juste et très haute valeur, il serait aimé, il serait choisi, convoité[18] autant par les hommes que par les femmes. Il ne serait plus ce boulet, cette oppressante, irrespirable nécessité... Pour cela, il faudrait que soient crevées[19], ridiculisées, roulées dans la boue[20] toutes les valeurs mâles du pouvoir... Mais il faudrait aussi que tout pouvoir soit arraché[21], brisé[22], réduit en cendres, laissant au peuple enfin non pas le pouvoir, mais sa seule puissance.

[1] *arouse*
[2] *peel*
[3] *wipe clean*
[4] *mend*
[5] *mean, petty*
[6] *thankless*
[7] *on the assembly line*
[8] *bolt screwer*
[9] *postage stamp dabber*
[10] *ready-made clothes*
[11] *enjoyment*
[12] *twitters*
[13] *silky buttocks*
[14] *devotion*
[15] *mingled*
[16] *millstone around one's neck*
[17] *looks down on*
[18] *coveted*
[19] *punctured, burst*
[20] *mud*
[21] *torn out*
[22] *broken*

C. Recherche d'informations spécifiques.

1. Relevez les tâches ménagères mentionnées dans le texte.
2. Relevez les professions mentionnées dans le texte.
3. Quel est le mot qui revient dans chaque paragraphe? Pourquoi?

D. Activités de langue.

1. Relevez les adjectifs qui ont une connotation positive et formez des phrases avec trois de ces adjectifs.
2. Relevez les adjectifs qui ont une connotation négative et formez des phrases avec trois de ces adjectifs.
3. A votre avis, pourquoi l'auteur utilise-t-elle la forme interrogative?

Après la lecture

A. Questions à partir du texte.

1. A qui s'adresse l'auteur du texte? Justifiez votre réponse.
2. Quels sont les avantages du travail d'une femme à la maison?
3. D'après l'auteur, comment les tâches ménagères sont-elles généralement perçues par les hommes?
4. Pensez-vous que cette attitude soit réservée aux hommes seulement?
5. Quel concept ou principe est généralement associé à la femme? à l'homme?
6. D'après l'auteur, qu'est-ce qui est vraiment humiliant?
7. A quel endroit du texte retrouve-t-on le titre? Que signifie-t-il?

B. Avoir une carrière ou rester à la maison? Vous êtes mère au foyer, et vous discutez avec un(e) ami(e) qui a une carrière. Il/Elle vous vante les avantages du pouvoir que cela procure, mais vous défendez votre situation. Avec un(e) partenaire, jouez cette scène. Chaque personnage doit présenter au moins cinq arguments.

C. Le pouvoir. Vous étiez femme au foyer, mais vous venez d'obtenir un poste de responsabilité. Ecrivez à votre meilleur(e) ami(e). Dans votre lettre, comparez votre situation passée à votre situation présente et parlez de vos impressions.

D. Un homme au foyer. Vous êtes président-directeur général d'une société, mais vous décidez de quitter votre emploi temporairement pour rester à la maison et vous occuper de vos enfants. Ecrivez à un ancien collègue pour lui vanter les joies de votre nouvelle vie.

Boîte à outils

1. Expressions pour faire un récit au passé

To tell about a series of events that took place in the past, you need various expressions that join the sentences and establish a sequence. These expressions fall into three categories.

Commencer un récit

(Tout) d'abord / Premièrement	*First*
Au début	*At first*
Pour commencer	*To begin*
En premier lieu	*In the first place*
Il était une fois...	*Once upon a time ...*
Un jour	*One day*

Terminer un récit

Ainsi	*Thus*
Pour conclure / En conclusion	*In conclusion*
Par conséquent	*Consequently*
Donc	*Therefore*
A la fin	*At the end*
Enfin/Finalement	*Finally*

Lier les situations et événements entre eux

Alors / Ensuite / Puis	*Then*
Après	*After/Afterwards*
Bientôt	*Soon*
Au bout d'un moment/ Quelques instants plus tard	*After a while*
Deuxièmement	*Secondly*
Peu de temps après	*Shortly afterwards*
Quelques jours plus tard	*A few days later*
Soudain	*Suddenly*
Tout à coup	*All of a sudden*
Troisièmement	*Thirdly*

EXEMPLE: D'abord, les femmes ont obtenu l'accès à l'enseignement. Ensuite, elles ont revendiqué le droit au travail. Puis elles ont demandé l'égalité sociale. Après cela, elles ont gagné dans leur lutte pour la contraception. Enfin, elles sont entrées dans le monde de la politique.

2. Expressions idiomatiques avec le passé

Il n'y a pas mal de temps que... Il y a longtemps que... Il y a belle lurette que... (fam.)	*It has been a long time since...*
Il n'y a pas mal de temps que ma mère travaille.	*My mother has been working for quite a while now.*
Il y a longtemps que les Françaises peuvent voter.	*French women have been able to vote for a long time.*
Il y a belle lurette que les femmes peuvent travailler sans l'autorisation de leur mari.	*It has been a long time since women have been able to work without their husband's permission.*
Je l'ai échappé belle! (fam.) J'ai eu chaud (fam.)	*It was a close call! I had a narrow escape!*

Il était dans l'avion qui s'est écrasé et il n'a rien eu; il l'a échappé belle!	*He was on the plane that crashed and nothing happened to him; he had a narrow escape!*
Ce chien m'a poursuivi mais j'ai pu monter dans ma voiture juste à temps. J'ai eu chaud!	*That dog ran after me, but I was able to get into my car just in time! That was a close call!* (literally: *I was hot* [*because I was sweating with fear*].)
J'ai eu de la chance!	*I was lucky!*
J'ai failli avoir un accident! = J'ai presque eu un accident!	*I nearly had an accident.*
Elle a failli divorcer mais elle s'est réconciliée avec son mari.	*She nearly got divorced, but she and her husband made up.*

3. Constructions idiomatiques avec le passé

Si + imperfect

As a question, this construction expresses a suggestion: *What about ...? Shall we ...?*
As an exclamation, it expresses a wish or regret: *If only ... !*

Si nous partions en vacances?	*What about going on vacation? Shall we go on vacation?*
Ah! Si je pouvais prendre des vacances!	*If only I could take a vacation!*

Si + plus-que-parfait

This construction expresses regret about a past action or situation: *If only I had ...!*

Si seulement j'avais épousé Mireille!	*If only I had married Mireille!*

A vous maintenant

A. Petits récits. Racontez à votre camarade cinq choses que vous avez faites à chaque occasion suivante. Employez des expressions pour lier les phrases entre elles (d'abord, puis, ...). Ensuite écoutez ce que votre camarade a fait.

ce matin
hier soir
samedi dernier
votre premier jour à l'université
pour votre dernier anniversaire

B. Le rabat-joie (*spoil sport*)**.** Choisissez un(e) camarade de classe. Puisque c'est samedi, proposez-lui des choses à faire. Il/Elle n'a envie de rien faire et vous répond négativement.

EXEMPLE: si / nous / aller / au cinéma? (la semaine dernière)
—Si nous allions au cinéma?
—Encore? Mais nous sommes allé(e)s au cinéma la semaine dernière!

1. si / je / téléphoner / à mon cousin? (hier soir)
2. si / tu / inviter / ta camarade de classe à dîner? (dimanche dernier)
3. si / ta copine et toi / passer / le week-end chez mes parents? (le mois dernier)
4. si / tes parents / venir / dîner avec nous? (il y a deux mois)
5. si / nous / regarder / le dernier film avec Gérard Depardieu? (mercredi soir)
6. si / on / manger / des crêpes? (avant-hier)

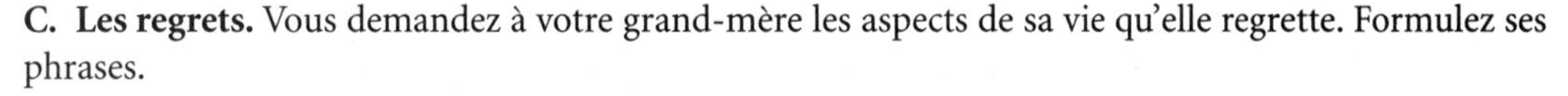

C. Les regrets. Vous demandez à votre grand-mère les aspects de sa vie qu'elle regrette. Formulez ses phrases.

EXEMPLE: je /aller à l'université
Si seulement j'étais allée à l'université!

1. mes parents / me / encourager / à faire des études
2. je / épouser / un homme tolérant
3. les femmes / pouvoir / voter plus tôt
4. nous / avoir / moins d'enfants
5. je / exercer / une profession
6. ma mère / me / aider / à m'affirmer (*to assert oneself*)

ECHANGES

Situation 1: Pas d'excuse!

You missed a major exam yesterday; explain your absence to your instructor, using five sentences in the past. Link sentences together with the phrases you have learned.

Situation 2: L'alibi

You are a police inspector, and you are investigating a murder that took place around 8:00 last night. Ask the main suspect five questions about his/her whereabouts at the time of the murder and his/her relationship with the victim (a woman); inquire when he/she last saw the victim, where they were, and how long he/she had known the victim.

Echos francophones

«Femme noire»

Léopold Sédar Senghor est considéré comme l'un des meilleurs écrivains africains de langue française. Il est né au Sénégal en 1906. Après de brillantes études de lettres en France, il a consacré sa vie à la littérature et à la politique. Il a été le premier président du Sénégal de 1960 à 1979. En 1983, il a été le premier Africain élu à l'Académie française. Le poème qui suit est une ode à la femme noire.

Femme nue, femme noire
Vêtue[1] de ta couleur qui est vie, de ta forme qui est beauté!
J'ai grandi à ton ombre[2]; la douceur de tes mains bandait[3] mes yeux.
Et voilà qu'au cœur de l'Eté et de Midi, je te découvre, Terre promise, du haut d'un haut col[4] calciné[5]
Et ta beauté me foudroie[6] en plein cœur, comme l'éclair[7] d'un aigle.

Femme nue, femme obscure
Fruit mûr à la chair ferme, sombres extases du vin noir, bouche qui fais lyrique ma bouche
Savane aux horizons purs, savane qui frémis[8] aux caresses ferventes du Vent d'Est
Tamtam sculpté, tamtam tendu[9] qui grondes[10] sous les doigts du vainqueur[11]
Ta voix grave de contralto est le chant spirituel de l'Aimée.

Femme nue, femme obscure
Huile qui ne ride[12] nul souffle[13], huile calme aux flancs de l'athlète, aux flancs des princes du Mali
Gazelle aux attaches[14] célestes, les perles sont étoiles sur la nuit de ta peau
Délices[15] des jeux de l'esprit, les reflets[16] de l'or rouge sur ta peau qui se moire[17]
A l'ombre de ta chevelure[18], s'éclaire[19] mon angoisse aux soleils prochains de tes yeux.

Femme nue, femme noire,
Je chante ta beauté qui passe, forme que je fixe dans l'Eternel
Avant que le Destin jaloux ne te réduise[20] en cendres pour nourrir les racines[21] de la vie.

[1]*clothed*
[2]*shadow*
[3]*blindfolded*
[4]*mountain pass*
[5]*calcified*
[6]*strikes with lightning*
[7]*a flash of lightning*
[8]*shakes*
[9]*braced tomtom*
[10]*rumbles*
[11]conqueror
[12]*wrinkles*
[13]*breath*
[14]*joints* (here: *limbs*)
[15]delights
[16]*reflections*
[17]*shimmers*
[18]*tresses*
[19]*lights up*
[20]*reduces*
[21]*roots*

Questions à partir du texte

1. Première strophe:
   a. Comment l'auteur passe-t-il de l'image de la mère à celle de la femme?
   b. Expliquez «je te découvre, Terre promise» et «comme l'éclair d'un aigle».
2. Deuxième strophe:
   a. Relevez les mots qui font référence à l'Afrique.
   b. Quel est le vers qui décrit la femme?
3. Troisième strophe:
   a. Où se trouve le Mali?
   b. Expliquez «gazelle aux attaches célestes» et «la nuit de ta peau».
   c. Que signifie le dernier vers?
4. Quatrième strophe:
   a. Comment l'auteur fixe-t-il cette forme dans l'Eternel?
   b. Pourquoi écrit-il ce poème sur la femme noire?

Madagascar en bref

Superficie: 587 041 km^2 (un peu plus grand que la France)
Climat: tropical
Population: 12 millions d'habitants (les Malgaches)
Capitale: Antananarivo (ex-Tananarive), 803 000 habitants
Langues: malgache (langue officielle), français (langue administrative)
Religons: animistes (52%), catholiques (20,5%), protestants (20,5%), musulmans (7%).
Statut: république démocratique (ancienne colonie française, indépendante depuis 1960)
Economie: agriculture: riz, vanille (1er rang mondial), girofle (*cloves*) (2e rang mondial); élevage de bovins (zébus); minerais; pétrole.

Madagascar: portrait de femme

Monique Ramahay-Mandimby est malgache, fondatrice et président-directeur général[1] de la société[2] Perlin S.A.[3] Agée de quarante-quatre ans, aînée d'une famille de huit enfants, elle est mariée et a trois enfants. Ses études d'ingénieur électronicien effectuées en France lui ont ouvert les portes de la station de la Nasa à Madagascar jusqu'à sa fermeture[4] en 1972. C'est alors qu'elle se lance dans la production artisanale d'accessoires de décoration pour chambres d'enfants en créant l'entreprise «Perlinpinpin» qui deviendra «Perlin-décor» puis «Perlin S.A.».

En 1986, son entreprise se spécialise dans la fabrication de robes à smocks et brodées[5]. En 1989, sa société emploie 500 personnes et crée sa propre ligne de vêtements portant la griffe[6] «Ramaga», devenue «Ketaka» en 1992 («petite fille» en malgache). Elle est distribuée en France par les plus grands noms: Jacadi, Baby-Dior, Bon Point, Catimini, Cyrillus, Tartine et Chocolat, etc.

Etonnant succès d'une entreprise artisanale devenue, à l'image de Tananarive —littéralement «la ville aux mille habitants» —, une entreprise de presque mille employés. Fabuleux succès d'une femme qui a su faire renaître chez des centaines d'autres le talent qu'elles avaient à fleur de doigts[7], qui a su marier si habilement[8] sa culture malgache et sa connaissance du goût occidental, son sens artistique et sa formation d'ingénieur.

(Eric Fottorino, Christophe Guillemin, Erik Orsenna, *Besoin d'Afrique.*)

[1] *C.E.O.*
[2] *company, firm*
[3] société anonyme (Ltd.)
[4] *closing*
[5] *embroidered*
[6] *signature*
[7] *at their finger tips*
[8] *skilfully*

Questions à partir du texte

1. Que savons-nous de Monique Ramahay-Mandimby en ce qui concerne son âge, ses origines, sa formation et sa vie familiale?
2. Comment sa carrière a-t-elle évolué?
3. Quel rapprochement les auteurs font-ils entre la société de Monique Ramahay-Mandimby et la ville de Tananarive?
4. En quoi cette femme est-elle remarquable? De quelles qualités a-t-elle fait preuve?

Le système éducatif

Culture et communication

- Introduction
- Texte 1: Le plus vieux diplôme français
- Texte 2: Etudiants: Jouez le programme Erasmus
- Texte 3: La Dernière Classe

Boîte à outils

- Expressions pour décrire
- Expressions pour indiquer ses goûts et préférences

Echos francophones

- La Suisse, pionnière en pédagogie
- L'Université Laval

Introduction

Organisation générale du système éducatif

En 1882, le ministre Jules Ferry rend l'enseignement gratuit et obligatoire pour garçons et filles.

L'administration de l'enseignement est centralisée à Paris, au ministère de l'Education nationale qui décide des programmes, des examens et des réformes. Les enseignants sont des fonctionnaires d'Etat. Depuis 1905, date de séparation des Eglises et de l'Etat, la religion n'a plus sa place dans les écoles publiques. L'enseignement français est gratuit dans les établissements publics à tous les niveaux. Enfin, il est obligatoire de 6 à 16 ans. Il est divisé de la façon suivante:

- **L'enseignement primaire**
  l'école maternelle: de 3 à 6 ans (3 ans)
  l'école primaire: de 6 à 11 ans (5 ans)
- **L'enseignement secondaire**
  le collège: de 11 à 15 ans (4 ans) avec préparation au brevet des collèges
  le lycée: de 15 à 18 ans (3 ans) avec préparation au baccalauréat
- **L'enseignement supérieur à l'université**
  le premier cycle: deux premières années avec préparation au D.E.U.G.
  le second cycle: 3e et 4e années avec préparation à la licence et à la maîtrise
  le troisième cycle: études avancées (D.E.S.S., D.E.A., doctorat)

Il existe également des instituts, écoles supérieures (commerce ou ingénierie, par exemple) et grandes écoles prestigieuses dans différentes disciplines. Pour entrer dans ces établissements, les étudiants doivent suivre deux ans d'études après le bac dans des classes préparatoires et réussir aux concours d'entrée où le nombre de places est très limité.

Le système éducatif français se caractérise par l'élitisme. A 16 ans, dans la classe de seconde, on doit choisir l'orientation de sa carrière (littéraire, scientifique, économique, technologique) et la spécialisation est si forte pour la préparation au baccalauréat, qu'il est difficile de changer de direction par la suite. Aujourd'hui, plus de 60% d'une classe d'âge[1] possède le baccalauréat et l'on espère augmenter cette proportion à 80% d'ici l'an 2000. En France, les bons élèves choisissent généralement un bac scientifique qui permet l'accès à la majorité des disciplines de l'enseignement supérieur.

Actualité: débats autour de l'éducation

- La semaine de quatre jours: traditionnellement, il n'y avait pas de cours le mercredi mais il y avait classe le samedi matin. Les parents ont réclamé un week-end complet et un nombre croissant d'écoles primaires ont adopté la semaine de quatre jours (lundi, mardi, jeudi, vendredi).
- Le foulard au collège: depuis 1989, plusieurs collèges en France ont interdit aux jeunes filles musulmanes de porter le foulard[2] en classe, indiquant qu'il peut représenter une provocation, en particulier lorsque ces jeunes filles refusent de suivre certains cours contraires à leur religion, comme l'éducation physique, par exemple.

[1]*age group* [2]*Moslem scarf*

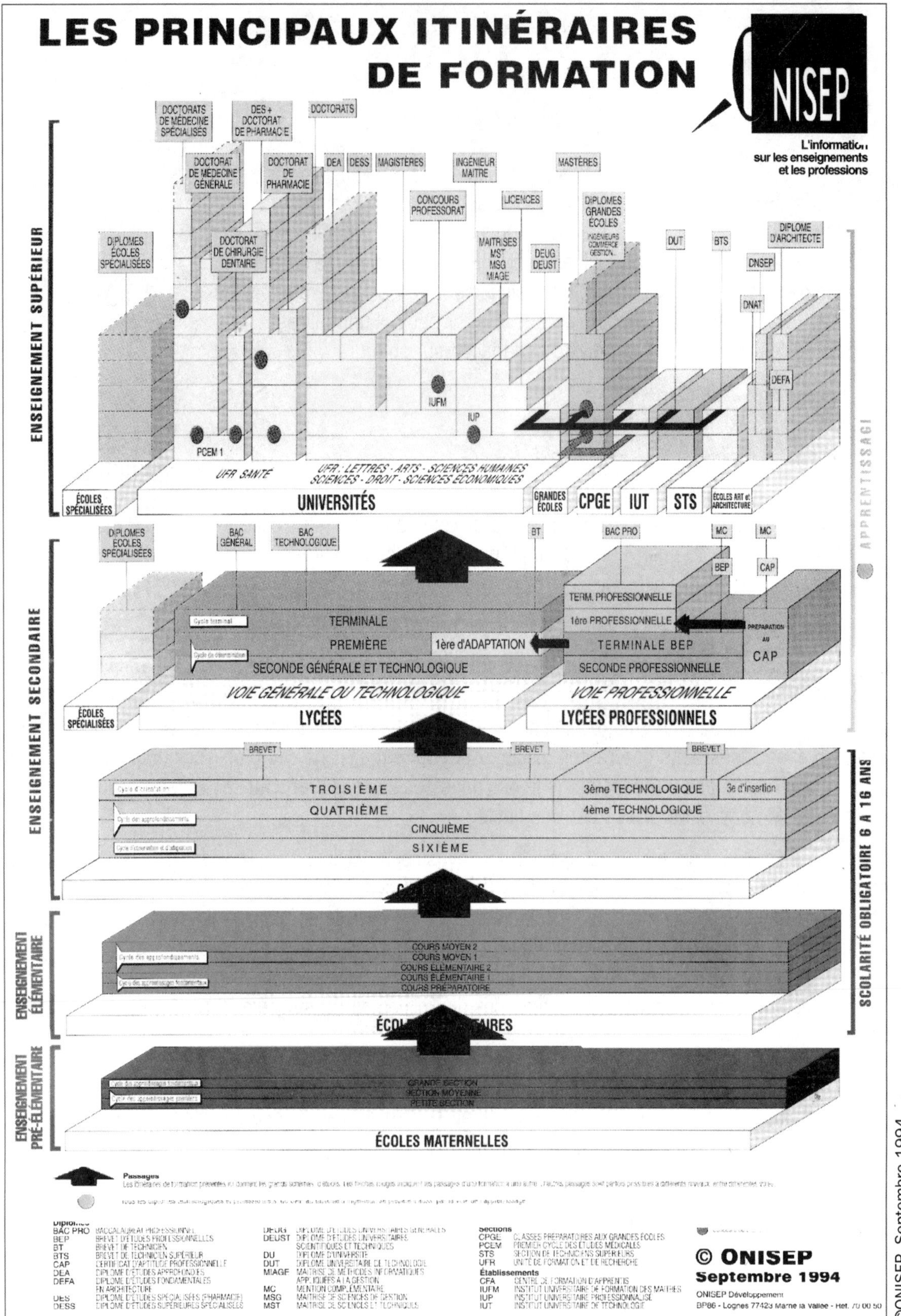
LES PRINCIPAUX ITINÉRAIRES
DE FORMATION
ONISEP
L'information sur les enseignements et les professions
ENSEIGNEMENT SUPÉRIEUR
DOCTORATS DE MÉDECINE SPÉCIALISÉS
DES + DOCTORAT DE PHARMACIE
DOCTORATS
DOCTORAT DE MÉDECINE GÉNÉRALE
DOCTORAT DE PHARMACIE
DEA
DESS
MAGISTÈRES
INGÉNIEUR MAITRE
MASTÈRES
CONCOURS PROFESSORAT
LICENCES
DIPLOMES GRANDES ÉCOLES
DIPLOMES ÉCOLES SPÉCIALISÉES
DOCTORAT DE CHIRURGIE DENTAIRE
MAITRISES MST MSG MIAGE
DEUG DEUST
DUT
BTS
DIPLOME D'ARCHITECTE
DNSEP
DNAT
DEFA
IUFM
IUP
PCEM 1
UFR SANTÉ
UFR : LETTRES - ARTS - SCIENCES HUMAINES SCIENCES - DROIT - SCIENCES ÉCONOMIQUES
ÉCOLES SPÉCIALISÉES
UNIVERSITÉS
GRANDES ÉCOLES
CPGE
IUT
STS
ÉCOLES ART et ARCHITECTURE
APPRENTISSAGE
ENSEIGNEMENT SECONDAIRE
DIPLOMES ÉCOLES SPÉCIALISÉES
BAC GÉNÉRAL
BAC TECHNOLOGIQUE
BT
BAC PRO
MC
BEP
CAP
TERMINALE
PREMIÈRE
1ère d'ADAPTATION
SECONDE GÉNÉRALE ET TECHNOLOGIQUE
TERM. PROFESSIONNELLE
1ère PROFESSIONNELLE
TERMINALE BEP
SECONDE PROFESSIONNELLE
PRÉPARATION AU CAP
VOIE GÉNÉRALE OU TECHNOLOGIQUE
VOIE PROFESSIONNELLE
ÉCOLES SPÉCIALISÉES
LYCÉES
LYCÉES PROFESSIONNELS
BREVET
TROISIÈME
3ème TECHNOLOGIQUE
3e d'insertion
QUATRIÈME
4ème TECHNOLOGIQUE
CINQUIÈME
SIXIÈME
SCOLARITÉ OBLIGATOIRE 6 À 16 ANS
ENSEIGNEMENT ÉLÉMENTAIRE
COURS MOYEN 2
COURS MOYEN 1
COURS ÉLÉMENTAIRE 2
COURS ÉLÉMENTAIRE 1
COURS PRÉPARATOIRE
ENSEIGNEMENT PRÉ-ÉLÉMENTAIRE
GRANDE SECTION
SECTION MOYENNE
PETITE SECTION
ÉCOLES MATERNELLES
Passages
Diplômes
BAC PRO BACCALAURÉAT PROFESSIONNEL
BEP BREVET D'ÉTUDES PROFESSIONNELLES
BT BREVET DE TECHNICIEN
BTS BREVET DE TECHNICIEN SUPÉRIEUR
CAP CERTIFICAT D'APTITUDE PROFESSIONNELLE
DEA DIPLOME D'ÉTUDES APPROFONDIES
DEFA DIPLOME D'ÉTUDES FONDAMENTALES EN ARCHITECTURE
DES DIPLOME D'ÉTUDES SPÉCIALISÉES (PHARMACIE)
DESS DIPLOME D'ÉTUDES SUPÉRIEURES SPÉCIALISÉES
DEUG DIPLOME D'ÉTUDES UNIVERSITAIRES GÉNÉRALES
DEUST DIPLOME D'ÉTUDES UNIVERSITAIRES SCIENTIFIQUES ET TECHNIQUES
DU DIPLOME D'UNIVERSITÉ
DUT DIPLOME UNIVERSITAIRE DE TECHNOLOGIE
MIAGE MAITRISE DE MÉTHODES INFORMATIQUES APPLIQUÉES À LA GESTION
MC MENTION COMPLÉMENTAIRE
MSG MAITRISE DE SCIENCES DE GESTION
MST MAITRISE DE SCIENCES ET TECHNIQUES
Sections
CPGE CLASSES PRÉPARATOIRES AUX GRANDES ÉCOLES
PCEM PREMIER CYCLE DES ÉTUDES MÉDICALES
STS SECTION DE TECHNICIENS SUPÉRIEURS
UFR UNITÉ DE FORMATION ET DE RECHERCHE
Établissements
CFA CENTRE DE FORMATION D'APPRENTIS
IUFM INSTITUT UNIVERSITAIRE DE FORMATION DES MAITRES
IUP INSTITUT UNIVERSITAIRE PROFESSIONNALISÉ
IUT INSTITUT UNIVERSITAIRE DE TECHNOLOGIE
© ONISEP
Septembre 1994
ONISEP Développement
BP86 - Lognes 77423 Marne la Vallée - Réf. 70 00 50

Vocabulaire pour la discussion

Les fournitures (f.) scolaires
school supplies

une agrafe	*staple*
→ **une agrafeuse**	*stapler*
un cahier	*notebook*
≠ **un carnet**	*small notebook*
une calculette	*pocket calculator*
≠ **une calculatrice**	*larger calculator*
le cartable	*satchel, school bag*
une chemise	*folder*
un classeur	*three-ring binder*
la craie	*chalk*
un crayon	*pencil*
une disquette	*computer disk*
une gomme	*eraser*
une imprimante	*printer*
un logiciel	*software*
un ordinateur	*computer*
une règle	*ruler*
un stylo à bille	*ballpoint pen*
≠ **un stylo à encre**	*fountain pen*
un taille-crayon	*pencil sharpener*
un trombone	*paper clip*
une trousse	*pencil case* (usually made of leather, with a zipper)

Les personnes

un(e) élève	*pupil, student* (elementary and secondary levels)
≠ **un(e) étudiant(e)**	*college student*
un(e) enseignant(e)	*educator* (generic term)
un fonctionnaire	*civil servant*
un instituteur, une institutrice = un professeur d'école (since 1991)	*elementary school teacher*
≠ **un professeur**	*secondary school teacher or college professor*
un(e) surveillant(e)	*supervisor, in charge of discipline in secondary schools*

Généralités

une bourse	*scholarship*
le cursus = le programme	*curriculum*
les débouchés (m.)	*employment opportunities, job prospects*
un diplôme	*diploma*
→ **être diplômé(e) de…**	*to be a graduate of…*
une dissertation	*research paper*
≠ **une thèse**	*doctoral dissertation*
un échec	*failure*
échouer à un examen = rater un examen (fam.)	*to fail an exam*
un emploi du temps	*schedule*
une épreuve	*test* (part of an exam)
→ **une épreuve écrite ou orale**	
un examen	*exam*
≠ **un concours**	*competitive exam for a limited number of places*
fréquenter un établissement	*to attend an institution*
s'inscrire	*to register*
→ **l'inscription** (f.)	*registration*
une note	*grade*
une option	*an elective*
un outil	*tool*
passer un examen	*to take an exam*
≠ **réussir à un examen**	*to pass an exam*
un projet d'études	*a plan of study*
recevoir un diplôme	*to graduate*
redoubler une classe	*to repeat a class*
la rentrée scolaire/universitaire	*the first day of school*
la sélection	*weeding out, selection*
la spécialisation	*major field of study*
un stage	*internship*
suivre un cours	*to take a course*
les vacances (f.) **de Noël/Pâques**	*Christmas/Easter break*

Les matières (f.) *subjects*

la biologie *biology*
la chimie *chemistry*
la comptabilité *accounting*
le droit *law*
la géographie *geography*
la gestion *management*
l'histoire (f.) *history*
l'histoire de l'art *art history*
l'informatique (f.) *computer science*
l'ingénierie (f.) *engineering*
les maths = les mathématiques (f.) *math*
la médecine *medicine*
la philosophie *philosophy*
la physique *physics*
la psychologie (prononcer le **p**) *psychology*
les sciences (f.) *sciences*
les sciences économiques *economics*
les sciences politiques *political science*

Les établissement (m.)

une école maternelle *kindergarten*
une école primaire = une école élémentaire *elementary school*
un collège *junior high school*
un lycée *high school*
une faculté *college in a university*
→ **la fac** (fam.) = **l'université**
une université *university*

Les diplômes

le baccalauréat *high school diploma*
→ **un(e) bachelier (-ère)** *high school graduate*
le brevet des collèges *junior high school diploma*
le DEUG = Diplôme d'Etudes Universitaires Générales *two-year university degree*
le doctorat *Ph.D.*
la licence *three-year university degree*
la maîtrise *master's degree*

Petit lexique de la fac (la fac = l'université)

la BU = la bibliothèque universitaire *university library*
le contrôle continu ≠ **l'examen final** *continuous assessment*
un cours magistral = un CM *lecture*
≠ **un cours de T.D. (travaux dirigés) ou de T.P. (travaux pratiques)** *recitation or lab*
le CROUS = Centre régional des œuvres universitaires et sociales *center providing services, equivalent of a University Union*
un module = une U.V. (unité de valeur) *credit hour*
un partiel *exam given in February and June* (for **le contrôle continu**)
un QCM = un questionnaire à choix multiple *multiple choice test*
une résidence universitaire *college dorm*
→ **la cité universitaire = la cité-U** *college dorm complex*
le resto-U = le RU = le restaurant universitaire *university cafeteria*
une U.E.R. (Unité d'Enseignement et de Recherche) = une U.F.R. (Unité de Formation et de Recherche) *department, in a university*

Evaluez vos connaissances

A. Définitions. Complétez les phrases suivantes avec des mots ou expressions du **Vocabulaire pour la discussion**.

1. Le contraire de réussir est ____________________.
2. Un ______________ est une personne qui a le baccalauréat.
3. En été, beaucoup d'étudiants suivent un ____________________ pour avoir une expérience professionnelle.
4. Ce semestre, je ________________ des cours de français, d'anglais, de chimie et de biologie.
5. Il ne voulait pas loger à la __________________ ; il a préféré prendre un appartement.
6. Dans ce lycée, il y a 500 _______________ âgés de 15 à 20 ans.
7. Les élèves français ont un __________________ très chargé: ils ont en moyenne trente heures de cours par semaine.
8. Beaucoup d'étudiants prennent leurs repas au ________________ parce que ce n'est pas cher.
9. Dans mon cours d'______________, on emploie IBM ou Macintosh.
10. Je n'aime pas les cours magistraux car ils sont impersonnels; je préfère les _________________ où l'on travaille en petits groupes.

B. Votre emploi du temps. Complétez la grille ci-dessous avec votre emploi du temps.

	LUNDI	MARDI	MERCREDI	JEUDI	VENDREDI	SAMEDI	DIMANCHE
8 h 00							
9 h 00							
10 h 00							
11 h 00							
12 h 00							
13 h 00							
14 h 00							
15 h 00							
16 h 00							
17 h 00							
18 h 00							
19 h 00							

C. Les fournitures. Votre camarade décrit cinq objets qui sont dans son cartable. Puis vous décrivez cinq autres objets qui se trouvent sur votre bureau à la maison. Pour chaque objet, donnez autant de détails possibles (couleur, comment vous l'avez obtenu, etc.).

D. Mes intérêts. Avec un(e) camarade, parlez de vos projets d'études (cours, spécialisation, future carrière) et de la vie d'étudiant (logement, repas, loisirs).

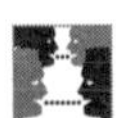

E. La vie d'étudiant(e). Par groupes de trois ou quatre, discutez les avantages et les inconvénients de la vie d'étudiant(e). Puis faites deux listes et comparez vos listes avec celles d'autres groupes.

TEXTE 1

Le plus vieux diplôme français

Avant la lecture

Culture

1. Quelles sont les catégories d'écoles secondaires que l'on trouve dans votre pays? Indiquez les différences qui existent entre ces catégories en remplissant le tableau suivant.

TYPE D'ÉCOLE	CONDITIONS D'ADMISSION	PROGRAMME	QUI FRÉQUENTE CES ÉCOLES	PRÉPARATION À L'ENSEIGNEMENT SUPÉRIEUR

2. Remue-méninges (*brainstorming*): Par groupes de trois ou quatre, choisissez l'un des thèmes ci-dessous et faites la liste de tous les mots qui vous viennent à l'esprit quand vous y pensez.

EXEMPLE: la discipline

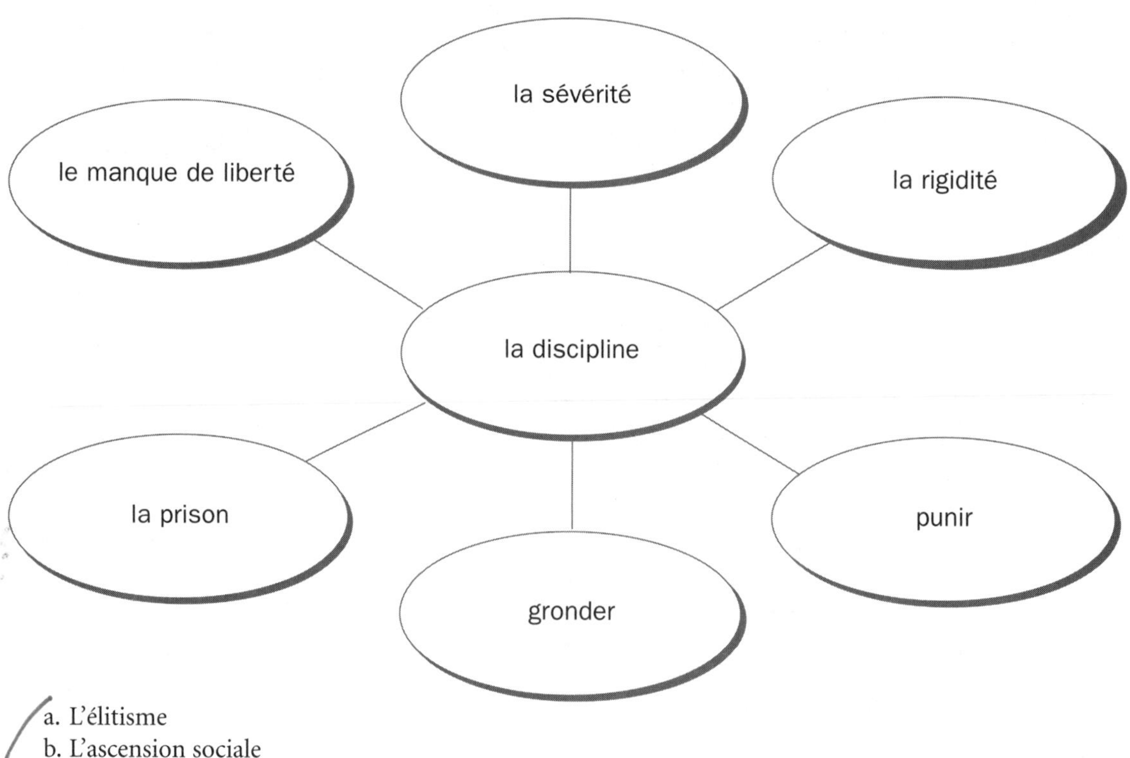

a. L'élitisme
b. L'ascension sociale
c. L'échec scolaire

Vocabulaire

A. Mots apparentés. Devinez le sens.

maintenir → **maintenu(e)**; Malgré le désir de certains socialistes d'éliminer l'enseignement privé en 1984, celui-ci a été maintenu.

B. Mots de la même famille. Devinez le sens.

fonder (= **créer**) (verbe)→ **le fondateur, la fondatrice** (nom.); Robert de Sorbon a fondé le collège de la Sorbonne: il en est donc le fondateur.

C. Lire les statistiques.

LE POURCENTAGE: 3% se prononce «trois pour cent»; 25% se prononce «vingt-cinq pour cent».
DÉCIMALES: 7,5% se prononce «sept virgule cinq pour cent».

Lecture

A. Titre. Quel est le plus vieux diplôme dans votre pays? d'après la photo, quel diplôme s'agit-il dans le texte suivant?

B. Première lecture intégrale sans dictionnaire. Lisez le texte une première fois pour en comprendre l'idée générale.

Le plus vieux diplôme français

Le mot existait déjà — il remonte au Moyen Age — lorsque Napoléon décida en 1808 de créer le baccalauréat, premier des trois grades[1] (avec la licence et le doctorat) de l'Université. Pour sa première session, des professeurs ont sillonné[2] la France pendant près d'un semestre pour faire passer les épreuves — essentiellement orales et portant sur les auteurs grecs et latins — aux 1 054 candidats inscrits.

En 1821, les épreuves se font individuellement et on rajoute des matières scientifiques, ainsi que l'histoire et la géographie. Dix ans plus tard, on organise l'examen par écrit. Une femme de 37 ans, Julie Daubié, devient la première bachelière en 1862, grâce à une dérogation[3], car les filles ne sont que tolérées au baccalauréat. Elles devront attendre 1935 pour avoir droit au même enseignement que les garçons. En 1890, on introduit le choix entre deux formules: le bac classique (avec latin et grec) et le bac moderne. En 1959, le sport fait son entrée et devient obligatoire.

En 1860, il y a 4 000 bacheliers. Ils sont 15 000 en 1931 (soit 2,5% de la classe d'âge), 32 000 en 1950 (5%), 67 000 en 1970 (20%). A partir des années 80, le nombre de candidats, mais aussi le pourcentage de reçus, augmente: 25,9% de la classe d'âge en 1980, 44,4% en 1990 et 59% en 1994.

Le bac moderne est né en 1902 avec la création des options A (littérature), B (sciences économiques), C (mathématiques) et D (sciences). On l'a modifié au cours des années, surtout depuis 1959. Le premier bac technologique est né en 1964, le premier bac professionnel[4] en 1987. Une nouvelle réforme a été introduite et, depuis 1995, il existe trois séries générales (au lieu de quatre): le bac L (littéraire), le bac ES (économique et social) et le bac S (scientifique); les bacs technologiques sont mieux développés et les bacs professionnels sont maintenus. Devenu examen de masse, le bac commence à poser des problèmes d'organisation et on se demande si 80% d'une classe d'âge arriveront au niveau du baccalauréat d'ici l'an 2 000, selon l'objectif du ministère de l'Education nationale.

[1] *degrees* [2] *traveled through* [3] *waiver* [4] *vocational bac*

Peut-on réussir sans le bac? Aujourd'hui, l'autodidacte[5] a peu de chances de faire carrière. Mais il est intéressant de lire les noms de ceux qui ont bien mérité des mentions dans leur vie sans avoir le célèbre diplôme dans leur poche. Certains sont arrivés jusqu'au gouvernement, comme René Monory, ancien ministre de l'Education nationale! Maurice Rheims, de l'Académie française, a essayé six fois de passer le bac, sans succès. Voici une liste, non exhaustive, de quelques personnalités de divers secteurs qui ont réussi dans leur domaine sans le bac: le couturier Pierre Cardin, Gilbert Trigano (fondateur du Club Méditerranée), Robert Hersant (magnat de la presse), les écrivains Bernard Clavel et Paul-Louis Sulitzer et, dans le monde du spectacle[6], Yves Montand, Gérard Depardieu et ... beaucoup d'autres.

(Adapté du *Journal Français d'Amérique*, 28 juin-11 juillet 1991)

[5] *self-taught person* [6] *show business*

C. Recherche d'informations spécifiques.

1. Pourcentage d'une classe d'âge qui a obtenu le bac aux dates suivantes:

1931	1970	1990
1950	1980	1994

2. Profession des personnalités ne possédant pas le bac:

René Monory	Gilbert Trigano	Gérard Depardieu
Pierre Cardin	Bernard Clavel	

3. Evénements ou faits associés aux dates suivantes:

1808	1935
1902	2000

Après la lecture

A. Questions à partir du texte.

1. Qui était Julie Daubié?
2. De quoi avait-elle besoin pour se présenter au bac? Pourquoi?
3. Quels sont les trois bacs généraux préparés depuis 1995?
4. Pourquoi le bac pose-t-il des problèmes d'organisation?
5. Si vous étiez en France, quel bac choisiriez-vous? Pourquoi?
6. Parmi les personnalités citées dans le dernier paragraphe, lesquelles connaissez-vous?
7. A votre avis, comment peut-on expliquer le fait qu'un membre de l'Académie française ait échoué six fois au bac?
8. A votre avis, quels sont les avantages et les inconvénients d'un diplôme qui est accessible à tous?

B. L'orientation. Vous êtes dans la classe de seconde et vous décidez de vous spécialiser en sciences, mais votre meilleur(e) ami(e) choisit les lettres et langues. Vous ne voulez pas être séparé(e)s. Discutez vos choix; présentez chacun cinq arguments pour convaincre l'autre de faire le même choix.

C. La vie des lycéens. Votre correspondant français vous demande de lui décrire la vie des lycéens dans votre pays. Répondez-lui en lui parlant des études, de l'emploi du temps, des activités périscolaires (*extra-curricular*) et de la vie sociale. Commencez par «Cher/Chère...» et terminez par «Bien amicalement,...».

D. Comparaisons. Comparez votre vie à l'université à votre vie au lycée en parlant de l'emploi du temps, des cours, des professeurs et de vos loisirs.

Ce que les jeunes Français pensent du bac

Sophie, 22 ans
étudiante en langues étrangères appliquées
«Le bac a été pour moi l'examen le plus stressant; il fallait avoir des connaissances approfondies dans toutes les matières!»

Jean-François, 20 ans
étudiant en gestion des entreprises et administration
«Le bac? Ah, c'était un véritable marathon! Avant les examens, j'ai passé deux semaines dans ma chambre à étudier du matin au soir. J'étais vraiment angoissé!»

Aurélie, 19 ans
étudiante en médecine
«Le bac est un examen particulièrement décisif car, sans cet examen, il est presque impossible de continuer ses études. Pour moi, tout s'est bien passé, j'avais eu de bonnes notes pendant l'année scolaire. Mais je dois avouer que, jusqu'à la publication des résultats, j'étais vraiment inquiète.»

TEXTE 2

Etudiants: jouez le programme Erasmus

Avant la lecture

Culture

1. «Les voyages forment la jeunesse.» Par groupes de trois ou quatre, expliquez l'idée contenue dans ce proverbe et donnez des exemples de ses implications possibles.
2. Dans votre groupe, faites une liste des différents types de voyages qui sont à votre portée en fonction de votre âge, de votre statut d'étudiant(e) et de vos moyens financiers.

L'Union européenne

- Appelée «Communauté européenne» jusqu'en 1993, l'Union européenne trouve ses origines au traité de Rome en 1957. A cette époque, il s'agit d'accords économiques signés entre six pays seulement.
- Peu à peu, les accords s'étendent aux domaines culturel, politique, social et financier, entre autres.
- Depuis le 1er janvier 1995, elle compte quinze pays: l'Allemagne, l'Autriche, la Belgique, le Danemark, l'Espagne, la Finlande, la France, la Grèce, l'Irlande, l'Italie, le Luxembourg, les Pays-Bas, le Portugal, le Royaume-Uni et la Suède. D'autres pays sont candidats à l'entrée dans l'Union européenne.
- Son siège administratif se trouve à Bruxelles, son Parlement à Strasbourg et sa Cour de Justice au Luxembourg.
- Son drapeau comporte quinze étoiles d'or disposées en cercle sur fond bleu et son hymne (*anthem*) est la Neuvième Symphonie de Beethoven ou «l'Ode à la joie». On prévoit bientôt l'emploi d'une monnaie unique, l'écu (*European Currency Unit*).

Vocabulaire

A. Mots apparentés. Devinez le sens.

réciproque Ces deux élèves sont liés par une amitié réciproque.
volontaire Ma sœur s'est portée volontaire pour apprendre à lire aux adultes illettrés.

B. Faux amis.

passionnant(e) **d'un vif intérêt** (≠ *passionate*: **passionné[e]**); La psychologie m'intéresse beaucoup: c'est une matière passionnante.

Lecture

A. Titre. Avez-vous entendu parler d'Erasme? C'était un humaniste hollandais qui est né à Rotterdam en 1469. Il a d'abord fait ses études à Paris. Il a ensuite enseigné à Londres, à Oxford, en Ecosse et en Italie. Il a également vécu à Bruxelles et c'est en Suisse qu'il est mort en 1536.

Lisez le titre du texte qui suit. D'après ce que vous venez de lire sur Erasme, essayez de deviner en quoi le programme Erasmus peut consister.

B. Première lecture intégrale sans dictionnaire. Lisez le texte une première fois pour en comprendre les idées essentielles.

Etudiants: jouez le programme Erasmus

En 1987, les étudiants étaient — dans toute la CE (Communauté européenne) — 4 000 volontaires pour l'Europe des études. Ils sont déjà 52 000 à vouloir monter dans le train, l'année prochaine. Plus qu'un succès, c'est un plébiscite[1] pour Erasmus, European Community Action Scheme for the Mobility of University Students, un programme communautaire destiné à encourager la mobilité des étudiants. Créé en 1987, avec l'appui[2] du Parlement européen et des Etats membres, Erasmus est désormais[3] reconnu unanimement comme une extraordinaire réussite. Aujourd'hui, 6% des étudiants des pays concernés participent à ce programme; l'objectif des 10% n'est pas encore atteint.

Le principe est simple: les établissements d'enseignement supérieur — universités, écoles, IUT[4] ... — de différents pays de l'Union européenne peuvent établir ensemble un programme interuniversitaire de coopération (PIC) qui implique une reconnaissance réciproque des cursus et un échange d'étudiants. Ainsi, un Français peut passer sa troisième année universitaire en Grande-Bretagne, aidé financièrement par une bourse européenne, et finir sa maîtrise en France avec, éventuellement, un diplôme britannique en poche.

«Erasmus a suscité[5] un phénomène de contagion, dit Nicole Fontaine, ancienne vice-présidente du Parlement européen. C'est un changement des mentalités, et l'Europe ne se fera pas sans cela». Au départ de cette «érasmania», quelques professeurs qui se sont passionnés pour ce programme, au point d'y consacrer[6] beaucoup de temps et d'énergie. Les résultats ne sont pas seulement académiques: «Les étudiants reviennent changés, souvent avec plus de personnalité», estime Michel de Vroey, professeur d'économie à l'université de Louvain-la-Neuve en Belgique, «ils ont vécu une petite aventure». Même quand tout ne se passe pas idéalement. Il y a toujours quelques cycles qui ne marchent pas bien et l'on essaie de les éliminer en demandant aux étudiants de nous faire un rapport écrit dès[7] leur retour. On tient compte de[8] ces observations pour les budgets à venir car le plan Erasmus coûte cher. Pour chaque échange, l'université reçoit une aide financière et l'étudiant une «aide à la mobilité».

«Les conséquences d'Erasmus sont très intéressantes, commente Michel de Vroey, à commencer par la découverte de l'Europe par les universités et les écoles». C'est presque une nouveauté. Au Moyen Age, il était indispensable de s'ouvrir sur l'extérieur, vu la rareté des lieux du savoir[9]; mais la tendance, au XXe siècle, était plutôt d'«étudier au pays»...

Grâce à Erasmus, la répartition[10] géographique du savoir se double désormais d'une véritable curiosité de l'autre avec, toutefois, quelques réticences: le principal problème est parfois de faire admettre aux professeurs qu'il y a des enseignements d'aussi bonne qualité dans d'autres pays. «On a même envoyé des jeunes suivre un cours de littérature française en Grande-Bretagne! constate[11] Jean-Claude Buchot, responsable Erasmus de l'Université Stendhal à Grenoble. C'est passionnant, pour eux, de voir une autre approche de notre culture, mais cela n'a pas été très facile à faire admettre au corps professoral[12]...»

Pour les étudiants, le changement est spectaculaire. A Poitiers, par exemple, il y a un afflux[13] vers l'UFR de lettres, pour des UV de langues; d'une année sur l'autre, on a dû doubler les groupes de travaux dirigés en espagnol en raison du grand nombre de programmes liant Poitiers à l'Espagne. Les étudiants veulent être prêts au départ...

[1] *unanimous vote*
[2] *support*
[3] *henceforth*
[4] *Institut Universitaire de Technologie: a two-year technical college*
[5] *provoked, aroused*
[6] *devote*
[7] *immediately following*
[8] *takes into account*
[9] *knowledge*
[10] distribution
[11] *states*
[12] *the faculty*
[13] *rush*

Pour résoudre les problèmes d'accueil[14], on a créé en 1990 l'ESN (Erasmus Student Network). C'est la première association d'étudiants Erasmus avec un réseau dans tous les pays de l'Union. Son but[15] est d'accueillir les étudiants qui arrivent dans une ville qu'ils ne connaissent pas pour les aider à s'intégrer. L'ESN aimerait aller plus loin encore en créant une banque de données[16] informatiques sur l'ensemble des échanges et des universités du programme.

C'est un projet qui pourrait trouver sa pleine mesure si l'ECTS — European Community Course Credit Transfer System — arrive à se développer. Avec lui, un étudiant peut passer sa première année en Espagne, sa deuxième en Italie, la troisième au Danemark, avant de revenir en maîtrise en France, diplômé de toutes les universités où il est passé! Erasmus a lancé un mouvement irréversible qui trouve une continuité logique dans l'ECTS: une véritable Europe de l'enseignement supérieur.

Le monde économique a, lui aussi, compris l'enjeu[17] d'Erasmus. «Je commence à avoir des visites de grosses entreprises, dit Philip Clist du Bureau Erasmus de Bruxelles. Elles recherchent de jeunes diplômés parlant plusieurs langues et capables de s'adapter à l'étranger[18]». C'est le portrait type de l'étudiant Erasmus, celui aussi du citoyen et du cadre[19] de l'Europe de demain.

(Adapté de Christophe Agnus, *L'Express*, 11 mai 1990.)

[14] *welcome, reception*
[15] *goal*
[16] *data bank*
[17] *stake*
[18] *abroad*
[19] *manager, white-collar professional*

C. Recherche d'informations spécifiques.

1. Expliquez les sigles (*acronyms*) suivants en indiquant à quoi ils font référence.
   a. CE
   b. Erasmus
   c. PIC
   d. UFR
   e. UV
   f. ESN
   g. ECTS
   h. IUT
2. Retrouvez la fonction des personnes suivantes et l'idée exprimée par chacune d'elles.
   a. Nicole Fontaine
   b. Michel de Vroey
   c. Jean-Claude Buchot
   d. Philip Clist

D. Lecture détaillée.

1. Relisez le texte et déterminez sa structure en donnant un titre à chaque partie.
2. Pour chaque partie, complétez les activités suivantes:
   a. Identifiez les expressions qui contiennent les idées principales.
   b. Essayez de trouver des exemples qui illustrent les idées mentionnées.

Des étudiants à Tours

Après la lecture

A. Questions à partir du texte.

1. En quelle année le programme Erasmus a-t-il débuté? En quoi consiste-t-il?
2. Quel est le pourcentage d'étudiants qui participent aujourd'hui à ce programme? Correspond-il aux objectifs fixés?
3. Quelles sont les conséquences de cette expérience sur les étudiants qui participent au programme?
4. Que fait-on pour améliorer le programme?
5. Quel est le principal problème du programme?
6. Quelles ont été les conséquences du programme à Poitiers? Pourquoi?
7. Quelles sont les ramifications que ce programme va avoir sur le plan économique?
8. Dans votre pays, est-il facile de changer d'université? Quelles sont les difficultés majeures rencontrées par les étudiants?
9. Avez-vous participé à un programme d'échange à l'étranger? Si oui, parlez de votre expérience.

B. Le comité d'accueil international. Vous organisez un comité d'étudiants pour aider les étudiants étrangers à s'intégrer dans votre université. Par groupes de trois ou quatre, faites la liste des services que vous allez offrir à vos camarades étrangers dès leur arrivée.

C. Expérience vécue. Vous préparez un article, pour le journal de votre université, sur les étudiants qui vont participer à un programme d'échange en France. Interviewez votre camarade, qui va y prendre part. Demandez-lui des renseignements sur le lieu de l'échange, la durée, le logement, les repas, les cours suivis, le transfert des crédits à votre université et les résultats qu'il/elle espère obtenir de son séjour.

D. Le programme d'échange idéal. Décrivez le programme d'échange idéal, tel que vous l'imaginez. Parlez de l'organisation générale, des conditions de séjour, du logement et des repas, des activités offertes et des résultats espérés.

L'Université de Nice

TEXTE 3

La dernière classe

Avant la lecture

Culture

1. Quel a été le dernier territoire annexé par votre pays? Précisez l'époque et les circonstances.
2. Situez l'Alsace et la Lorraine sur la carte de France au début du livre. Avec quel pays forment-elles frontière?

L'Alsace et la Lorraine

L'Alsace et la Lorraine ont toujours été un sujet de discorde entre la France et ce qui est aujourd'hui l'Allemagne. C'est ainsi que, entre 1871 et 1919, après la défaite française à la guerre franco-prussienne, l'Alsace et la Lorraine ont appartenu à l'Allemagne. Il existe même une vieille chanson traditionnelle qui débute ainsi:

«Alsace et Lorraine,

Les deux pauvres sœurs!

Ô, race germaine,

Qui as pris nos cœurs!»

Vocabulaire

A. Mots apparentés. Devinez le sens.

une bataille C'est Guillaume le Conquérant, duc de Normandie, qui a gagné à la bataille de Hastings in 1066.

solennel(le) Un moment solennel est un moment important et cérémonieux.

B. Mots de la même famille. Devinez le sens.

le silence (Nom) → **silencieux** (-**se**) (Adj.); Quand le professeur parle, les élèves doivent être silencieux.

écrire (Verbe) → **l'écriture** (f.) (Nom); Françoise a une belle écriture qui est facile à lire.

C. Faux amis.

la chaire grande chaise élevée qui ressemble à un trône (≠ *chair*: **la chaise**); Aujourd'hui, dans les universités anciennes, les professeurs siègent dans une chaire au cours des cérémonies officielles.

fixer regarder fixement, sans bouger (≠ *to fix*: **réparer**); L'élève fixe le tableau pour comprendre les mots qui y sont écrits.

A. Titre. Lisez le titre du texte et essayez d'imaginer à quoi il fait référence. Pensez à l'information que vous venez de lire sur l'Alsace et la Lorraine.

B. Première lecture intégrale sans dictionnaire. Lisez le texte une première fois pour en comprendre l'idée générale. Attention: beaucoup de verbes d'action sont conjugués au passé simple.

La Dernière Classe

«La Dernière Classe» est extraite du recueil Les Contes du lundi *(1873), écrit par Alphonse Daudet (1840-1897). L'histoire, racontée par un petit Alsacien, se passe en Alsace, peu après la défaite de la France à la guerre franco-prussienne en 1871. L'Alsace vient d'être annexée à l'Empire allemand.*

Ce matin-là, j'étais très en retard pour aller à l'école. En passant devant la mairie[1], je vis qu'il y avait du monde arrêté près du petit grillage aux affiches[2]. Depuis deux ans, c'est de là que nous étaient venues toutes les mauvaises nouvelles, les batailles perdues, les réquisitions, les ordres de la commandanture[3]; et je pensai sans m'arrêter: «Qu'est-ce qu'il y a encore?»

J'entrai tout essoufflé[4] dans la petite cour de M. Hamel. D'ordinaire, au commencement de la classe, il se faisait un grand tapage[5] qu'on entendait jusque dans la rue; mais justement, ce jour-là, tout était tranquille. Il fallut ouvrir la porte et entrer au milieu de ce grand calme. Vous pensez, si j'étais rouge et si j'avais peur! Eh bien, non. M. Hamel me regarda sans colère[6] et me dit très doucement: «Va vite à ta place, mon petit Frantz; nous allions commencer sans toi».

Toute la classe avait quelque chose d'extraordinaire et de solennel. Mais ce qui me surprit le plus, ce fut de voir au fond de la salle, sur les bancs[7] qui restaient vides d'habitude, des gens du village assis et silencieux comme nous. Tout ce monde-là paraissait triste.

Pendant que je m'étonnais de tout cela, M. Hamel nous dit: «Mes enfants, c'est la dernière fois que je vous fais la classe. L'ordre est venu de Berlin de ne plus enseigner que l'allemand dans les écoles de l'Alsace et de la Lorraine... Le nouveau maître arrive demain. Aujourd'hui, c'est votre dernière leçon de français. Je vous prie d'être bien attentifs».

Ces quelques paroles me bouleversèrent[8]. Ma dernière leçon de français!... Et moi qui savais à peine[9] écrire! Mes livres que tout à l'heure je trouvais si ennuyeux, si lourds à porter, ma grammaire, mon histoire sainte[10] me semblaient à présent de vieux amis qui me feraient beaucoup de peine à quitter.

[1]*city hall*
[2]*poster grid*
[3]*German headquarters*
[4]*out of breath*
[5]*uproar*
[6]*anger*
[7]*school benches*
[8]*upset*
[9]*hardly*
[10]*religious education book*

Alors, d'une chose à l'autre, M. Hamel se mit à nous parler de la langue française, disant que c'était la plus belle langue du monde, la plus claire, la plus solide, qu'il fallait la garder entre nous et ne jamais l'oublier, parce que, quand un peuple tombe esclave[11], tant qu'il tient bien sa langue, c'est comme s'il tenait la clef[12] de sa prison... Puis il prit une grammaire et nous lut notre leçon. J'étais étonné de voir comme je comprenais. Tout ce qu'il disait me semblait facile, facile. Je crois aussi que je n'avais jamais si bien écouté, et que lui non plus n'avait jamais mis autant de patience à ses explications. On aurait dit qu'avant de s'en aller le pauvre homme voulait nous donner tout son savoir, nous le faire entrer dans la tête d'un seul coup[13].

La leçon finie, on passa à l'écriture. Pour ce jour-là, M. Hamel nous avait préparé des exemples tout neufs, sur lesquels était écrit en belle ronde: France, Alsace, France, Alsace. Cela faisait comme des petits drapeaux[14] qui flottaient tout autour de la classe. Il fallait voir comme chacun s'appliquait[15], et quel silence! Sur la toiture[16] de l'école, des pigeons roucoulaient[17] tout bas, et je me disais en les écoutant: «Est-ce qu'on ne va pas les obliger à chanter en allemand, eux aussi?»

De temps en temps, je levais les yeux de dessus ma page, je voyais M. Hamel immobile dans sa chaire et fixant les objets autour de lui, comme s'il avait voulu emporter dans son regard toute sa petite maison d'école... Pensez! depuis quarante ans, il était là à la même place, avec sa cour[18] en face de lui et sa classe toute pareille. Tout de même, il eut le courage de nous faire la classe jusqu'au bout. Ah! Je m'en souviendrai de cette dernière classe...

Tout à coup, l'horloge de l'église sonna midi, puis l'Angélus[19]. Au même moment, les trompettes des Prussiens qui revenaient de l'exercice éclatèrent sous nos fenêtres... M. Hamel se leva, tout pâle, dans sa chaire. Jamais il ne m'avait paru si grand. «Mes amis, dit-il, mes amis, je...je...» Mais quelque chose l'étouffait.[20] Il ne pouvait pas achever sa phrase. Alors il se tourna vers le tableau, prit un morceau de craie et, en appuyant de toutes ses forces, il écrivit aussi gros qu'il le put: «Vive la France!»

Puis il resta là, la tête appuyée au mur et, sans parler, avec sa main il nous faisait signe: «C'est fini... allez-vous-en».

(Alphonse Daudet, extrait des *Contes du lundi*.)

[11]*falls into slavery*
[12]*key*
[13]*all at once*
[14]*flags*
[15]*applied himself, worked hard*
[16]*roof*
[17]*were cooing*
[18]*school courtyard*
[19]*afternoon bell (calling Roman Catholics to prayer)*
[20]*stifled, choked*

Une écolière avec son cartable sur le dos

C. Recherche d'informations spécifiques. Complétez les rubriques suivantes.

1. Personnages mentionnés dans le texte:
2. Lieux mentionnés dans le texte:
3. Bruits que l'on entend:

D. Structure tu texte.

1. Etablissez la structure du texte en donnant un titre à chaque partie.
2. Relevez les expressions employées par l'auteur pour faire la transition entre les différentes parties.

E. Activités de langue.

1. Relevez les éléments et expressions du texte qui font référence au patriotisme.
2. Relevez les verbes au passé simple et conjuguez-les au passé composé en faisant attention à l'accord du participe passé.

Après la lecture

A. Questions à partir du texte.

1. Quels sont les détails du texte qui indiquent que ce jour-là est inhabituel (*unusual*)?
2. Pourquoi s'agit-il de la dernière classe?
3. Quelle est la réaction de Frantz quand il apprend cette nouvelle?
4. De quelle manière M. Hamel explique-t-il l'importance de la langue pour un peuple?
5. De quelle façon cette situation affecte-t-elle le comportement des élèves et du maître ce jour-là?
6. Quels sont les détails qui traduisent le désespoir de M. Hamel?
7. Pensez-vous que vous auriez la même réaction que Frantz si une situation semblable se produisait dans votre pays?
8. Identifiez des comportements ou des détails de la vie quotidienne qui indiquent un certain sens du patriotisme dans votre pays.

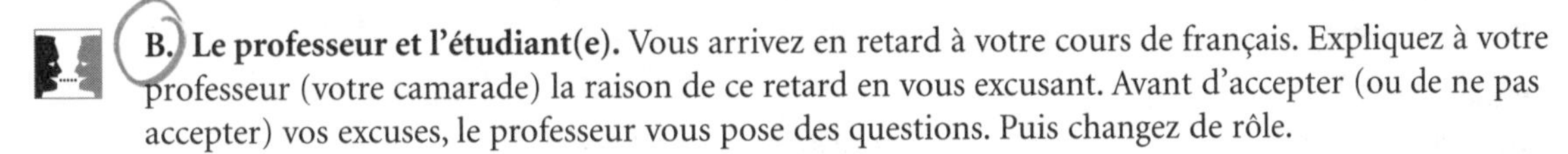

B. Le professeur et l'étudiant(e). Vous arrivez en retard à votre cours de français. Expliquez à votre professeur (votre camarade) la raison de ce retard en vous excusant. Avant d'accepter (ou de ne pas accepter) vos excuses, le professeur vous pose des questions. Puis changez de rôle.

C. Le nationalisme. Doit-on encourager le nationalisme chez les jeunes? Par petits groupes, discutez-en les avantages et les inconvénients.

D. La lettre de Frantz. Frantz écrit à son cousin pour lui raconter sa dernière classe. Rédigez sa lettre en employant le passé composé, l'imparfait et le plus-que-parfait, selon le cas.

E. Ma dernière classe. Racontez une «dernière classe» qui vous a marqué(e): dernière classe dans votre ancien établissement scolaire, dernier cours de votre professeur favori, etc.

Boîte à outils

1. Expressions pour décrire

Expressions idiomatiques avec des adjectifs et des noms de couleur

■ **blanc**	
être blanc comme un linge	*to be white as a sheet*
une nuit blanche	*a sleepless night*
■ **bleu**	
un bleu	*a rookie; or a bruise*
être couvert(e) de bleus	*to be all black and blue*
une peur bleue	*an awful fear*
■ **jaune**	
rire jaune	*to force a laugh*
■ **marron**	
être marron	*to be taken in, to be had*
■ **noir**	
avoir des idées noires	*to have the blues*
voir tout en noir	*to look at the dark side of everything*
C'est ma bête noire!	*It's my pet peeve!*
■ **rose**	
Cela ne sent pas la rose! (fam.)	*It does not smell good!*
voir la vie en rose	*to see everything through rose-colored glasses*
■ **rouge**	
être rouge de colère	*to be crimson with rage*
être rouge comme une tomate (fam.)	*to be as red as a beet*
être rouge de honte	*to be red with shame, to blush with shame*
■ **vert**	
des fruits (m.) **verts**	*unripe fruit*
la langue verte (fam.)	*slang*
■ **violet**	
être violet de froid	*to be blue with cold*

Rendre + adjectif = *to make* + adjective

Les bonnes notes la **rendent satisfaite.**	*Good grades **make** her **content**.*
Son échec l'a **rendu malade.**	*His failure **made** him **sick**.*

2. Expressions pour indiquer ses goûts et préférences

Ce n'est pas mal!	*It's not bad!*
Comment trouves-tu cela? Je trouve ça intéressant!	*How do you like/find that? I find it interesting!*
Ça me plaît!	*I like it!*
Ces peintures me plaisent vraiment!	*I really like these paintings!*
Ça me tente = ça m'attire.	*It attracts me, I find it attractive.*
Ça me dit.	*I like it, it appeals to me.*
Ça ne me dit rien.	*I don't like it, it does not appeal to me.*
C'est super / génial / chouette / formidable!	*It's great / super!*
Ça ne casse rien!	*There's nothing special about it. It's nothing great.*
Ça vaut la peine + de + infinitif Ça vaut la peine de préparer un bac scientifique, même si c'est difficile.	*it's worth* + verb +*-ing* *It is worth preparing a scientific bac, even if it is difficult.*
Ça m'est égal!	*I don't care!*
Je préfère… = j'aime mieux… La chimie m'intéresse mais j'aime mieux étudier des langues.	*I prefer to …* *Chemistry interests me, but I prefer to study languages.*
Il vaut mieux + *infinitif* = il est préférable de + *infinitif* Il vaut mieux finir ses études avant de voyager.	*It's better to* + infinitive *It is better to complete one's studies before traveling.*

A vous maintenant

A. La profession d'enseignant. Vous êtes enseignant(e) et vous parlez de votre travail. Faites correspondre chacune des situations de la colonne de gauche à un état de la colonne de droite en faisant les accords nécessaires.

EXEMPLE: le travail / fatigué
Le travail me rend fatigué(e).

1. les problèmes de discipline	a. heureux
2. les corrections	b. stressé
3. les parents d'élèves	c. triste
4. les vacances	d. agressif
5. le travail de préparation	e. agacé
6. l'arrogance des élèves	f. occupé

B. Problèmes d'élèves. Le conseiller pédagogique (*school counselor*) d'un lycée s'occupe des élèves qui ont des problèmes. Traduisez en français les cas qu'il traite aujourd'hui.

1. Jacques and Pierre fought in the hall and are all black and blue.
2. Brigitte does not do her homework and always has the blues.
3. Jean-Claude was red with shame when his teacher noticed he was cheating (**tricher**).
4. Nathalie must have a detention (**une retenue**) because she uses too much slang at school.
5. Philippe fell asleep in class because he had a sleepless night.
6. Sophie is blue with cold because Juliette splashed (**asperger**) her with water in the bathroom.

C. Les conversations. Entre deux cours, les étudiant(e)s discutent entre eux/elles. Avec un(e) camarade, formulez leurs questions avec les éléments ci-dessous; dans les réponses, ajoutez une expression idiomatique.

EXEMPLE: tu / préférer / un bonbon ou un chocolat?
—Est-ce que tu préfères un bonbon ou un chocolat?
—Ça m'est égal! ou: Je préfère un bonbon!

1. comment / tu / trouver / le film hier soir?
2. tu / aimer / le football?
3. tu / me / conseiller / de lire ce livre?
4. Gérard Depardieu / te / plaire?
5. tu / aimer / la dernière chanson de Patricia Kaas?
6. tu / vouloir / aller / à une soirée chez Michel?

ECHANGES

Situation 1: Le portrait

Your pen pal is coming from France, and he/she calls you from the airport to let you know that he/she has arrived. You have never met your pen pal before; ask questions about his/her physical appearance and clothing in order to recognize him/her.

Situation 2: L'étudiant(e) typique

You are conducting a survey for your students' organization in order to establish a student profile. Interview your classmates about their preferences in clothes, sports, movies, activities. When responding, use adjectives with each item you mention.

Mieux vaut être étudiant et privilégié qu'étudiant.

Avec la CARTE MNEF CAMPUS, vous bénéficiez d'un accès gratuit à STAG'ETUD, le service d'aide à l'insertion professionnelle de la MNEF. La CARTE MNEF CAMPUS, c'est aussi une gamme complète d'assurances, de services et de privilèges pour votre vie d'étudiant.

LOGEMENT :
plus de 6 000 studios, duplex et appartements à louer dans des résidences étudiantes.

STAG'ÉTUD :
plus de 10 000 offres de stages en entreprise, de jobs et de premiers emplois, en France et à l'étranger. Tapez 36 15 MNEF (rubrique "Stages et jobs") ou contactez Phon'Étud au 36 68 85 75.

ALLÔ MAÎTRE :
des conseils juridiques gratuits sur simple appel téléphonique.

ALLÔ ÉTUDES :
un service téléphonique gratuit pour vous aider à choisir la bonne filière (créé en collaboration avec l'ONISEP).

La force d'intervention d'EUROP ASSISTANCE
à partir de 50 km de votre domicile et dans le monde entier (rapatriement compris).

CARTE MNEF CAMPUS

220 F par an seulement !

ASSUREXAM :
une assurance examens de 20.000 F si une hospitalisation imprévue ou de décès d'un parent vous empêche de vous présenter à un examen.

Votre assurance universitaire
pour vous couvrir en cas d'accident que vous soyez victime ou responsable (indemnisation jusqu'à **1 million de francs**).

CAISSE D'ÉPARGNE :
des conditions financières privilégiées (prêt étudiant, avance financière de rentrée...).

Des réductions dans tous les domaines :
cinémas (U.G.C.), théâtre, FNAC, séjours linguistiques EF, stages UCPA, voyages A.O.M. et O.T.U. Voyage, hôtels IBIS et ARCADE, séjours de ski (TOTEM), magasins...

Faites le compte de ce que vous coûterait l'ensemble de ces produits si vous les achetiez séparement !

ADHÉSION 94/95

Bulletin à renvoyer à : MNEF, Service Sociétaires : BP 100 - 94252 Gentilly cedex

JE SOUSCRIS A LA CARTE MNEF CAMPUS
Je joins un chèque de 220 F à l'ordre de la MNEF.

ETUDES*

Cycle : (1, 2 ou 3) ☐ Année du cycle ☐☐
Établissement : ....
Adresse N° : .... Rue : ....
Code postal : ☐☐☐☐☐ Ville : ....

Certaines des informations ci-dessus pourront être commercialisées, sauf opposition de votre part manifestée en cochant la case ci-contre ❑

Votre droit d'accès, de rectification et d'opposition prévu par la Loi du 6 janvier 1978 pourra être exercé auprès de le MNEF - Service informatique - BP 100 - 94252 Gentilly cedex, ou de votre agence MNEF. Toutes les rubriques non accompagnées d'une astérisque ont un caractère obligatoire.
J'ai pris connaissance des extraits de Police d'Assurance.

A .... le .... Signature

IDENTITE

N° INSEE(S.S.) : ☐ ☐☐ ☐☐ ☐☐ ☐☐☐ ☐☐☐
Nom : Prénom :
Nom de jeune fille :
Établissement : ....
Adresse N° : .... Rue : ....
Code postal : ☐☐☐☐☐ Ville : ....
Téléphone : ....

Cochez les cases correspondant à votre situation

❑ 1 UNIVERSITÉ ❑ 5 GRANDES ÉCOLES
❑ 2 IUT ❑ 6 ÉCOLE PROFESSIONNELLE
❑ 3 CLASSES PRÉPA ❑ 7 AUTRES
❑ 4 BTS

❑ 1 Lettres et Sciences Humaines ❑ 6 Arts
❑ 2 Sciences, Informatique ❑ 7 Communication, Édition
❑ 3 Commerce, Éco, Comptabilité ❑ 8 Tourisme, hôtellerie
❑ 4 Droit, Sciences Politiques ❑ 9 Sports
❑ 5 Médical, Paramédical ❑ 10 Autres

MA

La MNEF est la Mutuelle nationale des étudiants de France; c'est une assurance médicale, chirurgicale et dentaire pour étudiants. Quels sont les autres services offerts par la MNEF? Y a-t-il un équivalent de la MNEF dans votre pays? Quelles en sont les différences?

Echos francophones

La Suisse en bref

Superficie: 41 293 km^2
Climat: méditerranéen au Sud des Alpes, continental au Nord-Est
Population: 6 800 000 habitants
Statut: confédération depuis 1291 (20 cantons et 6 demi-cantons)
Capitale: Berne (135 550 habitants)
Langues officielles: allemand, français, italien et romanche
Religions: catholiques (48%), protestants (44%)
Monnaie: le franc suisse
Economie: céréales et fruits; élevage et production laitière (fromage, chocolat); industrie mécanique et appareils de précision dont l'horlogerie

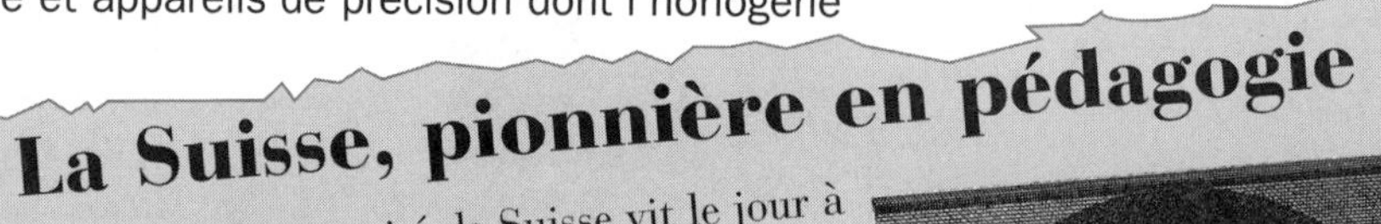

La Suisse, pionnière en pédagogie

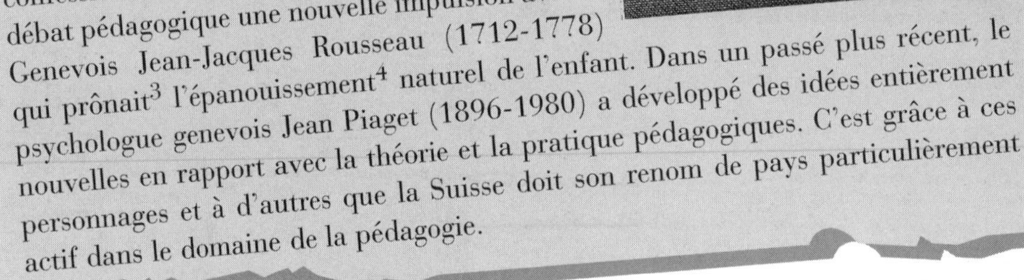

La plus ancienne université de Suisse vit le jour à Bâle en 1460. Les courants de l'Humanisme, de la Réforme et de la Contre-Réforme† ont eu des répercussions pédagogiques très importantes dans ce pays. C'est ainsi qu'Erasme de Rotterdam séjourna à Bâle. Puis le réformateur Jean Calvin (1509-1564) fonda à Genève, centre du protestantisme, une académie qui fut le premier jalon[1] de l'université. Pendant la Contre-Réforme, les Jésuites fondèrent plusieurs collèges confessionnels. Le Siècle des lumières[2] apporta au débat pédagogique une nouvelle impulsion avec le Genevois Jean-Jacques Rousseau (1712-1778) qui prônait[3] l'épanouissement[4] naturel de l'enfant. Dans un passé plus récent, le psychologue genevois Jean Piaget (1896-1980) a développé des idées entièrement nouvelles en rapport avec la théorie et la pratique pédagogiques. C'est grâce à ces personnages et à d'autres que la Suisse doit son renom de pays particulièrement actif dans le domaine de la pédagogie.

(Adapté de *Feuilles d'information sur la Suisse*)

[1] *step, milestone*
[2] *the Enlightenment*
[3] *advocated*
[4] *flowering, blossoming*

Questions à partir du texte

1. Où et quand la première université suisse a-t-elle été fondée?
2. Que savez-vous d'Erasme (voir le début du chapitre)?
3. Indiquez la contribution de chacun des personnages suivants en matière de pédagogie: Calvin, Rousseau, Piaget.
4. Connaissez-vous les idées de Piaget?

---

†Contre-Réforme: Réforme catholique du XVIe siècle, en réaction à la Réforme de Luther et Calvin

L'Université Laval

Implantée[1] depuis toujours au cœur de la capitale du Québec, l'Université Laval compte parmi les 10 plus grandes universités canadiennes en matière de[2] recherche. Après Lima, Mexico et Harvard, l'Université Laval est la quatrième d'Amérique pour l'ancienneté. Ses origines remontent à 1663, alors que Monseigneur de Laval, premier évêque[3] de la Nouvelle-France, fonde le Séminaire de Québec. Une charte royale, constituant l'Université Laval, est octroyée[4] par la reine Victoria en 1852. En 1878, l'Université Laval ouvre à Montréal une «succursale[5]» qui devient, à compter de 1920, l'Université de Montréal.

Première université du Canada, l'Université Laval constitue ainsi la source de tout l'enseignement supérieur en français en Amérique. Elle offre plus de 350 programmes d'études et accueille plus de 36 000 étudiants aux trois cycles. Chaque année, plus de 2 000 étudiants étrangers suivent des cours intensifs de français à l'Ecole des langues vivantes de l'Université Laval.

Le campus, le plus remarquable du Québec, s'étend sur 1,2 km^2 et comprend près d'une trentaine de pavillons[6], tous reliés par un réseau de plus de 10 km de tunnels piétonniers[7]. Enfin, les résidences d'étudiants disposent de 2 300 chambres.

Par ailleurs, l'Université Laval a effectué un retour aux sources, dans le Vieux-Québec, lorsque l'Ecole d'architecture, devenue depuis la Faculté d'architecture et d'aménagement, a déménagé[8] dans une aile[9] du Petit Séminaire de Québec en 1989. L'Ecole des arts visuels s'est aussi installée dans le centre-ville de Québec.

Pour plus de renseignements,
s'adresser à:
Bureau du régistraire
Pavillon Jean-Charles
Bonenfant
Cité universitaire
Québec, Canada
G1K 7P4
Tél: (418) 656-3080

(Adapté de *Université Laval: Le savoir du monde passe par ici.*)

[1] *rooted*
[2] *regarding*
[3] *bishop*
[4] *granted*
[5] *branch*
[6] *halls*
[7] *for pedestrians*
[8] *moved*
[9] *wing*

Questions à partir du texte

1. Où se trouve l'Université Laval et quelles sont ses origines?
2. Quel est le lien qui existe entre l'Université Laval et l'Université de Montréal?
3. Quelle est l'importance de l'Université Laval sur le continent américain?
4. Pourquoi dit-on que son campus est le plus remarquable du Canada?
5. Aimeriez-vous étudier à l'Université Laval? Justifiez votre réponse.

Recherche, économie et politique

Culture et communication

- Introduction
- Texte 1: Monsieur Pasteur
- Texte 2: Les techniques de recrutement: mieux les connaître pour réussir une embauche
- Texte 3: Les Français et la politique: un divorce progressif

Boîte à outils

- Chercher un emploi
- Ecrire une lettre

Echos francophones

- Zaïre: de la colonisation à l'authenticité
- Guyane, du bagne à la conquête de l'espace

Introduction

Le président de la République est élu pour sept ans. Il promulgue les lois, nomme le Premier ministre (chef du gouvernement) et, sur proposition de celui-ci, nomme les membres du gouvernement. Le Parlement vote les lois: il comprend l'Assemblée nationale (composée de députés élus pour cinq ans) et le Sénat (composé de sénateurs élus pour neuf ans).

Depuis le XIXe siècle, les partis politiques en France sont traditionnellement divisés en deux grandes tendances, la droite et la gauche.

- Tendances de la droite: nationalisme, libéralisme économique, conservatisme, ordre et autorité, catholicisme. Partis de droite: Rassemblement pour la République (RPR), Union pour la démocratie française (UDF), Front national (FN, extrême droite).
- Tendances de la gauche: universalisme, antiracisme, droits de l'homme, égalitarisme, intervention de l'Etat dans l'économie, protection sociale, idéalisme. Partis de gauche: Parti socialiste (PS), Parti communiste français (PCF), Mouvement des radicaux de gauche (MRG).

Mais depuis la crise économique des années 80, les différences d'idéologie entre ces deux tendances sont moins nettes. Il s'agit maintenant de trouver une solution au chômage. Les partis écologistes, Génération Ecologie et les Verts, se situent en dehors de la classification droite-gauche.

L'économie: compétitive et diversifiée. La France est la 4e puissance économique du monde.

L'agriculture française occupe le 2e rang mondial et le 1er rang européen.

L'industrie française occupe le 4e rang mondial et le 2e rang européen. Elle dépend de l'extérieur pour ses matières premières et son énergie, à l'exception de l'électricité dont 77% proviennent de centrales thermiques nucléaires (1er rang mondial pour la consommation).

Enfin, les services occupent une place de plus en plus importante dans l'activité économique. Les grands services publics — transports, télécommunications, postes, électricité, eau — se trouvent à la pointe des technologies. Le tourisme occupe une place importante: la France est le pays le plus visité au monde.

Le travail. La crise économique qui a affecté la France entre 1974 et 1984 a eu pour conséquence une forte augmentation du chômage. Les catégories les plus touchées sont les jeunes de moins de 25 ans sans qualifications, les femmes, les travailleurs immigrés et les personnes de profession modeste. Même si le chômage persiste, on constate depuis 1985 une amélioration de l'économie. Cependant la crise a modifié le modèle traditionnel de l'emploi stable à plein temps et le travail temporaire s'est beaucoup développé. La France est sans doute l'un des pays où l'on travaille le moins: onze jours fériés et cinq semaines de congés payés par an.

La technologie

- **Espace:** Avec son Centre national d'études spatiales (CNES), la France assure la gestion technique et le pilotage de la fusée[1] Ariane pour le lancement de satellites et le transport de charges depuis la base de Kourou (Guyane).
- **Transports:** Le Train à grande vitesse (TGV) a été inauguré en 1981 et couvre plusieurs parcours. Sa vitesse moyenne est de 200 km/h, sa vitesse maximale de 300 km/h et sa vitesse d'essai[2] de 515 km/h — c'est le record mondial.
- **Communications:** le Minitel est un terminal télématique (composé d'un écran et d'un clavier[3]) relié au réseau téléphonique. Il permet d'accéder à un annuaire[4] électronique, mais il offre aussi plus de 20 000 services tels que la messagerie, la télé-réservation et le télé-achat. En France, un foyer sur quatre dispose du Minitel.
- **Informatique:** la carte à puce[5] a été inventée en 1974 par un Français, Roland Moreno. On utilise cette carte dans les cabines téléphoniques en France et les cartes bancaires remplacent l'argent liquide.
- **Autres réalisations technologiques françaises:** le tunnel sous la Manche[6] et le train Eurostar, l'avion Concorde, la famille des Airbus, les avions Mirage.

La recherche scientifique

La France est à la pointe de la recherche grâce à des organismes tels que le Centre National de la Recherche Scientifique (CNRS), le Centre National de Recherche Agronomique (INRA) ou l'Institut Pasteur, par exemple.

[1] *rocket*
[2] *trial speed*
[3] *keyboard*
[4] *directory, phone book*
[5] *microchip*
[6] *English Channel*

Vocabulaire pour la discussion

La recherche d'un emploi

avoir des relations	*to have connections*
un cabinet de recrutement	*employment agency, recruiting firm*
la candidature	*application*
→ **poser sa candidature à un emploi**	*to apply for a job*
les congés payés	*paid vacation*
le CV = le curriculum vitae	*résumé*
dactylographié(e)	*typed*
≠ **manuscrit(e)**	*handwritten*
un(e) débutant(e)	*beginner*
embaucher = engager	*to hire*
→ **l'embauche**	*hiring*
→ **un entretien d'embauche**	*job interview*
un emploi	*job*
un(e) employé(e)	*employee*
≠ **un employeur**	*employer*
expérimenté(e)	*experienced*
gagner 15 000 F par mois	*to earn 15,000 francs per month*
les petites annonces (f.)	*classified ads*
les prétentions (f.) **salariales**	*salary expectations*
la rémunération = le salaire	*salary, compensation*
le recruteur	*recruiter*
le traitement de texte	*word processing*

Professions

un(e) assistant(e) social(e)	*social worker*
un(e) commerçant(e)	*business or store owner*
un comptable	*accountant*
→ **un expert comptable**	*Certified Public Accountant*
un(e) dentiste	*dentist*
un ingénieur	*engineer*
les professions libérales (f.)	*independent professions*
→ **architectes, avocats, médecins…**	
un représentant	*traveling salesperson*
un(e) serveur (-euse)	*waiter, waitress*
un(e) technicien(ne)	*technician*
un(e) vendeur (-euse)	*salesperson*

Quelques maladies et symptômes

une angine	*tonsillitis; strep throat*
l'asthme (m.)	*asthma*
un bouton	*pimple*
la chirurgie	*surgery*
→ **un(e) chirurgien(ne)**	*surgeon*
contagieux (-se)	*contagious*
une crise cardiaque	*heart attack*
le diabète	*diabetes*
enfler	*to swell*
une épidémie	*epidemic*
la grippe	*flu*
la nausée	*nausea*
les oreillons (m.)	*mumps*
une otite	*otitis (inflammation of the ear)*
un rhume	*a cold*
saigner	*to bleed*
le sida	*AIDS*
un vaccin	*vaccine*
la varicelle	*chicken pox*
vomir	*to vomit*

Economie et politique

un(e) citoyen(ne)	*citizen*
→ **la citoyenneté**	*citizenship*
la concurrence	*competition*
la dictature	*dictatorship*
≠ **la démocratie**	*democracy*
élire	*to elect*
→ **une élection**	
un(e) électeur (-trice)	*voter*
un impôt	*tax*
une monnaie	*currency*
≠ **la monnaie**	*small change*
un parti politique	*political party*
la politique	*politics or policy*
un programme politique	*political platform*
rentable	*profitable*
une société = une entreprise	*company*
une voix	*a vote*
voter	*to vote*

Evaluez vos connaissances

A. Définitions. Complétez les phrases suivantes avec des expressions du **Vocabulaire pour la discussion**.

1. L'entrevue que l'on passe quand on cherche un emploi est un __________ d'__________.
2. Les architectes et les médecins appartiennent à la catégorie des professions __________.
3. Une personne qui n'a pas encore d'expérience professionnelle est un(e) __________.
4. Une maladie qu'on peut attraper au contact d'une autre personne est une maladie __________.
5. Dans un journal, les emplois disponibles se trouvent dans la section des petites __________.
6. Quand on pose sa candidature à un emploi, il faut envoyer une lettre et un __________ __________.
7. Une lettre __________ est écrite à la main mais une lettre __________ est tapée à la machine.
8. Quand on connaît des personnes influentes, on peut dire qu'on a des __________.
9. Un autre mot pour le salaire est la __________.
10. Le dollar est la __________ officielle des Etats-Unis et du Canada.

B. Professions: avantages et inconvénients. Par groupes de trois, choisissez trois professions et, pour chacune, donnez à tour de rôle un avantage et un inconvénient de cette profession. Vous pouvez choisir des professions du **Vocabulaire pour la discussion** ou d'autres professions de votre choix.

C. Devinez ma profession. Choisissez chacun(e) une profession, du **Vocabulaire pour la discussion** ou de votre choix, sans le dire à votre partenaire. A tour de rôle, décrivez quatre actions typiques de cette profession. Votre camarade doit deviner quelle profession vous avez choisie.

La République française

Devise: «Liberté, égalité, fraternité»

Emblème: Le drapeau tricolore bleu, blanc, rouge

Hymne national: La Marseillaise (1792)

Fête nationale: le 14 juillet, date anniversaire de la prise de la Bastille en 1789

TEXTE 1

Monsieur Pasteur

Avant la lecture

Culture

1. La recherche médicale
   a. Y a-t-il dans votre pays une institution nationale consacrée à la recherche médicale? Si oui, où se trouve-t-elle?
   b. Pouvez-vous citer le nom de quelques chercheurs célèbres dans le domaine médical? A quelles découvertes leurs noms sont-ils associés?
2. Maladies infantiles
   a. Pouvez-vous citer quelques maladies infantiles?
   b. Lesquelles avez-vous eues? Décrivez-en les symptômes.
   c. Quels sont, dans votre pays, les vaccins obligatoires?
3. Les maladies et la mortalité
   a. Citez les principales causes médicales de mortalité aujourd'hui.
   b. Sur quelles maladies fait-on aujourd'hui le plus de recherche?
   c. Connaissez-vous des personnalités associées à cette recherche?

Vocabulaire

A. Mots apparentés. Devinez le sens. Le document suivant parle des maladies. Beaucoup de noms de maladies sont similaires en français et en anglais. Attention à l'orthographe!

les germes (m.)	la diphtérie	la tuberculose
un microbe	le tétanos	la poliomyélite
le choléra		

Lecture

A. Titre, sous-titres et illustrations. Lisez le titre et les et sous-titres de ce document. A votre avis, de quel type de document s'agit-il? Décrivez les illustrations du document.

B. Première lecture intégrale sans dictionnaire. Lisez ce document intégralement pour une compréhension globale.

Monsieur Pasteur...

Louis Pasteur, fils d'un tanneur[1], naît en 1822 à Dole dans le Jura. Dans sa jeunesse, il ne montre pas de prédisposition particulière pour l'étude, ce qui ne l'empêche pas d'entrer à l'Ecole Normale Supérieure. Il se spécialise en chimie. Ses premières recherches concernent les cristaux.

Mais très vite, il se passionne pour la matière vivante et découvre, grâce à ses travaux sur les fermentations et les maladies du vin, l'action des micro-organismes. Le premier, il va démontrer que pour arrêter l'action destructrice[2] de germes parasites, il suffit de chauffer un produit entre 55 et 65°C[3]: c'est le principe de la PASTEURISATION.

Avec l'étude des maladies infectieuses et grâce à l'expérimentation, Louis Pasteur bouleverse[4] les croyances[5] de l'époque en suggérant que ce n'est pas l'organisme qui produit «spontanément» la maladie mais que des germes microscopiques, en suspension dans l'air, en sont responsables. Observation de première importance qui va permettre à la chirurgie de réaliser des progrès extraordinaires grâce à l'ASEPSIE[6].

Au prix d'efforts assidus[7], Louis Pasteur déchiffre[8] l'énigme de la maladie du ver à soie[9] et démontre qu'un microbe en est à l'origine. Puis il s'intéresse à deux épidémies qui, à l'époque, ravagent l'élevage: la maladie du charbon[10] et le choléra des poules. C'est d'ailleurs en étudiant cette dernière maladie que, presque par hasard[11], il fait une découverte fondamentale: le VACCIN!

Le 6 juillet 1885: Louis Pasteur entre dans l'histoire...

Il applique pour la première fois sur un être humain, et non sans une terrible appréhension, le vaccin contre la rage[12]. La guérison du jeune Joseph Meister suscite une grande émotion en France et dans le monde. Des centaines de personnes affluent de toutes parts au laboratoire de Louis Pasteur pour y être traitées.

L'Académie des Sciences décide alors de lancer une souscription[13] pour créer un institut de recherche consacré à la rage et aux autres maladies: plus de deux millions de francs-or sont réunis dans un magnifique élan[14] de générosité. L'Institut Pasteur est inauguré en 1888.

Plus d'un siècle de recherches pour vaincre les plus grands fléaux[15] de l'humanité.

Après la mort de Louis Pasteur en 1895, ses travaux sont poursuivis avec acharnement[16] par ses disciples.

Emile Roux met au point le sérum contre la diphtérie, maladie redoutable qui tue beaucoup d'enfants à l'époque.

Outre-mer, de nombreux autres instituts rattachés directement à l'Institut Pasteur sont créés, jouant un grand rôle dans le traitement des maladies tropicales. Peu de temps avant la Seconde Guerre mondiale, les chercheurs de l'Institut Pasteur mettent en évidence l'action anti-infectieuse des sulfamides[17] qui sauveront ainsi des milliers de vies.

Parmi les plus importante découvertes: les vaccins contre la diphtérie, le tétanos, puis le BCG (Bacille de Calmette et Guérin) contre la tuberculose, l'un des vaccins contre la poliomyélite et un vaccin génétique contre l'hépatite B; c'est aussi l'équipe du professeur Montagnier qui a isolé le virus du sida (VIH 1) en 1983.

[1] *tanner*
[2] *destructive*
[3] 55 et 65° C= 55 et 65 degrés Celsius: = 125-135° F
[4] *upsets*
[5] *beliefs*
[6] *asepsis, absence of bacteria*
[7] *untiring efforts*
[8] *deciphers*
[9] *silk-worm*
[10] *carbuncle*
[11] *by chance*
[12] *rabies*
[13] *start a fund*
[14] *burst, rush*
[15] *plagues*
[16] *determination*
[17] *sulfa drugs*

C. Recherche d'informations spécifiques.

1. Complétez la fiche de renseignements personnels sur Louis Pasteur.
   a. Année de naissance:
   b. Lieu de naissance:
   c. Profession du père:
   d. Etudes:
   e. Date de sa mort:
2. Citez ses trois grandes découvertes, indiquées en lettres majuscules dans le document, et expliquez en quoi elles consistent.
3. Indiquez les événements correspondant aux dates suivantes.
   a. 1885:
   b. 1888:

D. Structure du document. Donnez un titre à chaque paragraphe du document: dans la partie supérieure intitulée «Monsieur Pasteur» et aussi dans la partie inférieure du document: «Plus d'un siècle…»

Après la lecture

A. Questions à partir du texte.

1. Les éléments contenus dans le premier paragraphe permettent-ils d'anticiper le génie de Louis Pasteur? Justifiez votre réponse.
2. Expliquez le principe de la pasteurisation. Comment Louis Pasteur a-t-il découvert ce principe?
3. Quelles ont été, à votre avis, les conséquences de cette découverte?
4. Qu'est-ce que l'asepsie? Dans quel domaine est-elle particulièrement utile?
5. Expliquez le principe du vaccin. Comment Louis Pasteur l'a-t-il découvert?
6. Dans quelles circonstances Louis Pasteur entre-t-il dans l'histoire en 1885?
7. Quel était l'objectif à l'origine de la fondation de l'Institut Pasteur?
8. Comment a-t-on trouvé les fonds nécessaires?
9. Quelles sont les grandes découvertes attribuées à l'Institut Pasteur après 1885?

B. Chez le médecin. Votre médecin (votre partenaire) vous demande ce qui ne va pas. Expliquez vos symptômes selon les affections (*afflictions*) suivantes. Ensuite, il/elle vous pose d'autres questions.

1. un rhume
2. une angine
3. la grippe
4. la varicelle

C. Sida ou cancer, il faut choisir. Deux chercheurs, l'un spécialisé dans le sida et l'autre dans le cancer, essaient de convaincre le secrétaire du ministre de la Santé de leur accorder une subvention (*subsidy*) pour faire de la recherche. Or ce secrétaire doit choisir, sachant que le cancer fait aujourd'hui plus de victimes et que le sida affecte surtout les jeunes. Il pose des questions aux chercheurs qui lui expliquent chacun leur point de vue. Avec deux camarades, jouez cette scène.

D. Un choix difficile. Vous êtes le secrétaire du ministre de la Santé et vous rédigez votre rapport au ministre. Résumez les arguments présentés par les deux chercheurs au cours de l'activité précédente et indiquez votre décision en justifiant votre choix.

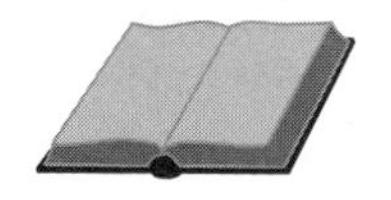

TEXTE 2

Les techniques de recrutement: mieux les connaître pour réussir une embauche

Avant la lecture

Culture

1. Que doit-on faire, dans votre pays, quand on cherche un emploi?
2. Quelles sont les différentes étapes (*stages*) par lesquelles un(e) candidat(e) doit passer?
3. Quelles sont les techniques employées par les recruteurs pour sélectionner les candidat(e)s? Qu'en pensez-vous?

Remarque: en France, le curriculum vitae est dactylographié, mais la lettre de candidature doit être manuscrite.

Vocabulaire

A. Mots apparentés. Devinez le sens.

la marge (Nom): espace blanc autour d'un texte; Quand on écrit une lettre administrative, il faut généralement laisser une marge de 2,5 cm.
un poste (Nom): fonction, emploi; Il cherchait un poste de directeur, mais il n'a obtenu qu'un poste d'assistant.

B. Mots de la même famille. Devinez le sens.

se fier (à) (Verbe) faire confiance (à) → **fiable** (Adj): à qui/quoi on peut faire confiance; Une expérience qui s'appuie sur une méthode scientifique a généralement des résultats fiables.
la sélection (Nom) → **sélectionner** (Verbe) = faire une sélection; Quand une entreprise offre un emploi, elle sélectionne les meilleur(e)s candidat(e)s pour un entretien.

Lecture

A. Titre et sous-titres. Regardez le titre et les sous-titres. A votre avis, quel est l'objectif de ce texte?

B. Première lecture intégrale sans dictionnaire. Lisez le texte une première fois pour en comprendre l'idée générale.

Les techniques de recrutement: mieux les connaître pour réussir une embauche

Mettre la bonne personne au bon poste, c'est en effet le souci[1] premier de l'entreprise qui se veut compétitive. Pour éviter les erreurs et les pertes de temps, il lui arrive de faire appel[2] à un spécialiste: un cabinet de recrutement. Après avoir passé une annonce dans le journal adéquat, celui-ci va lui-même se charger de sélectionner les candidats.

L'entretien: un contact décisif

Dans un premier temps, le cabinet de recrutement opère une sélection des C.V. et des lettres de candidature pour n'en retenir qu'une dizaine. «Ensuite, nous contactons les candidats pour un entretien», explique Elisabeth de Visme, consultante au cabinet Alexandre Tic. «Les premières impressions sont toujours très fortes: le comportement[3] de la personne, sa façon de s'exprimer[4]... Je commence par lui demander pourquoi elle a répondu à l'annonce. C'est intéressant de voir si elle a beaucoup de questions à poser, si elle a bien réfléchi. Au cours de l'entretien, le consultant informe le candidat sur le poste à pourvoir[5] et l'activité de l'entreprise. Sans poser directement de questions personnelles, il va l'amener à parler de lui, de ses motivations au travers de ses diverses expériences professionnelles.

La morphologie: une information

L'étude du physique fait aussi partie des tests de recrutement. Sans véritablement s'attacher à la morphologie (étude du physique), le consultant peut établir une corrélation entre les impressions qui résultent de l'entretien et le visage[6] de la personne convoquée[7] (ouvert, fermé, réfléchi...). Mais s'il en tient compte[8], il n'en tire pas pour autant de conclusions définitives. Il lui reste à confronter ces impressions à d'autres éléments que lui apportent des techniques comme la graphologie: l'analyse de l'écriture.

La graphologie: la clarté d'abord

«Une lettre claire, bien présentée, respectant les marges, va révéler une certaine courtoisie, le respect des convenances[9]», indique Nelly Garnier, graphologue. «Pour étudier l'écriture d'un candidat, je me base sur le dossier de candidature. L'écriture y est moins appliquée[10] que sur la lettre». Rassurez-vous, une mauvaise écriture n'est pas forcément préjudiciable[11]. Le mieux est, en fait, d'écrire le plus naturellement possible car on ne peut pas tricher[12] longtemps. Certains éléments échappent à tout contrôle comme, par exemple, l'espace entre les mots: «il représente la place que l'on réserve aux autres. Une bonne répartition[13] des blancs et des noirs signifie que la personne n'a pas l'esprit confus, qu'elle ne met pas tout sur le même plan». Révélatrice aussi, la pression du stylo sur le papier: «c'est le potentiel énergétique».

Les tests psychologiques: une évaluation en profondeur

Entretien et graphologie se complètent et permettent d'obtenir des résultats fiables. Certains cabinets de recrutement utilisent en plus, à la demande de l'employeur, des tests psychologiques. Les tests d'aptitude déterminent le niveau général d'intelligence. Il y a de nombreux types de tests comme les tests de personnalité qui révèlent comment le candidat se voit, ou les tests de raisonnement, etc.

Adapté d'un article d'Anne-Marie Levene, *Voici*, n°145, 20-26 août 1990

[1] *concern*
[2] *to call for*
[3] *behavior*
[4] *to express oneself*
[5] *to fill*
[6] *face*
[7] *invited*
[8] *takes into account*
[9] *social conventions*
[10] *painstaking*
[11] *detrimental*
[12] *to cheat*
[13] *distribution*

C. Recherche d'informations spécifiques.

1. Indiquez la profession des personnes suivantes:
   a. Elisabeth de Visme
   b. Nelly Garnier
2. Donnez la définition des deux termes suivants telle qu'elle est exprimée au troisième paragraphe:
   a. la morphologie
   b. la graphologie
3. Quels sont les trois types de tests psychologiques mentionnés ici?

Après la lecture

A. Questions à partir du texte.

1. Pourquoi les entreprises font-elles souvent appel à un spécialiste pour recruter leur personnel?
2. Quelle est la première étape de sélection effectuée par les cabinets de recrutement?
3. Au cours d'un entretien d'embauche, quelles sont les deux caractéristiques propres au candidat que l'on remarque immédiatement?
4. A quoi voit-on qu'un candidat est vraiment motivé?
5. Comment le recruteur peut-il avoir une idée de la personnalité du candidat sans lui poser de questions personnelles?
6. Quels sont les traits de caractère qu'un visage peut révéler?
7. Quelles sont les caractéristiques qui, dans une lettre, peuvent indiquer la courtoisie?
8. Pourquoi Nelly Garnier se base-t-elle sur le dossier de candidature pour étudier l'écriture d'un candidat?
9. Quels sont les éléments de l'écriture qui échappent à tout contrôle?
10. Que révèlent les tests d'aptitude? les tests de raisonnement?
11. Utilise-t-on les mêmes techniques de recrutement dans votre pays? Répondez avec précision.
12. Pensez-vous que la morphologie et la graphologie reflètent la personnalité d'un(e) candidat(e)?

B. Etes-vous bon en morphologie? Avec votre camarade, choisissez dans votre livre la photo d'une personne. Etudiez son visage et essayez d'en faire des déductions sur son caractère.

C. Morphologie et graphologie: avantages et inconvénients. Par petits groupes, discutez les avantages et les inconvénients de chacune de ces techniques.

D. Un entretien d'embauche. Racontez un entretien d'embauche que vous avez passé en donnant des précisions sur le poste à pourvoir, les questions du recruteur, vos réponses et le résultat obtenu. Employez des temps du passé.

TEXTE 3

Les Français et la politique: un divorce progressif

Avant la lecture

Culture

1. Les partis politiques dans votre pays
   a. Quels sont les principaux partis politiques dans votre pays? Sont-ils très différents les uns des autres? Si oui, comment? Quelles sont leurs tendances à présent?
   b. Quels autres partis est-ce qu'il y a? (Les Verts, les communistes,...). Quel rôle jouent-ils?
2. Le chef de l'Etat dans votre pays
   a. Qui est à la tête du gouvernement dans votre pays? Quelle est la durée de son mandat? Quand les dernières élections ont-elles eu lieu?
   b. Est-ce que le chef d'Etat est élu directement par le peuple ou par le Parlement? Quel système préférez-vous? Quels sont les avantages et les inconvénients quand le chef d'Etat appartient à un autre parti politique que celui de la majorité du Parlement?

Vocabulaire

A. Mots apparentés. Devinez le sens.

dévaluer Il est parfois nécessaire de dévaluer une monnaie pour améliorer l'économie d'un pays.

B. Mots de la même famille. Devinez le sens.

ouvrir (verbe) → **une ouverture** (nom.); Le libre échange en Europe a pour conséquence l'ouverture des frontières.

alterner (verbe) → **l'alternance** (f.) (nom.); Depuis les années 80, il y a eu à l'Assemblée nationale une alternance de la majorité: la gauche en 1981, la droite en 1986, de nouveau la gauche en 1988 et la droite en 1993.

C. Faux amis.

usé(e) banal, trop répété(e); (≠ *used*; *a used car*: une voiture d'occasion); J'en ai marre de ces slogans usés!

Lecture

A. Titre et sous-titres. Lisez le titre et les sous-titres. Quel est, à votre avis, le sujet du texte? Que savez-vous au sujet des élections et des partis politiques en France?

B. Première lecture intégrale sans dictionnaire. Lisez le texte une première fois sans dictionnaire pour en comprendre les idées essentielles.

Les Français et la politique: un divorce progressif

En 1981, François Mitterrand a été le premier président socialiste à être élu en France. Le mandat du président est de sept ans, mais tous les cinq ans, on élit les députés à l'Assemblée nationale. En 1986, avec la montée de la crise et du chômage, la droite a obtenu la majorité à l'Assemblée nationale; pendant deux ans, jusqu'en 1988, il y a eu un président socialiste et un gouvernement de droite, ce que l'on a appelé la «cohabitation». Aux élections présidentielles de 1988, les Français, déçus1 par la droite, ont réélu Mitterrand, mais en 1993, l'Assemblée nationale a de nouveau eu une majorité de droite, ce qui a entraîné une autre période de cohabitation jusqu'en 1995. Aux élections présidentielles de 1995, Jacques Chirac (RPR) a été élu président de la République.

Elections

Les attitudes des électeurs se sont profondément modifiées depuis 1981. On peut analyser les douze dernières années comme celles du divorce progressif des Français et de la politique. On peut les voir aussi comme celles de la transition et du cheminement[2] vers une nouvelle forme de démocratie. (...) L'alternance de 1981 a été la première étape du processus. La droite a été désavouée[3] en 1981 pour n'avoir pas su expliquer et éviter les effets de la crise économique sur la vie quotidienne des citoyens. (...) Cinq ans plus tard, en 1986, le chômage avait augmenté, les impôts étaient plus lourds, le franc dévalué. Malgré sa remise en cause[4] de 1982, la gauche n'avait pas pu davantage que la droite résoudre les problèmes économiques, ni empêcher les inégalités de s'accroître[5]. Pour beaucoup, le rêve était fini. Après avoir provoqué[6] l'alternance, le corps électoral inventait la cohabitation[a] , imaginant qu'elle serait une sorte de réconciliation nationale, d'union sacrée entre la droite et la gauche modérées.

L'ouverture fut en 1988 une tentative[7] de réponse à la cohabitation manquée. Loin de permettre l'union dont rêvaient les Français, la cohabitation de 1986 à 1988 se traduisit au contraire par un certain immobilisme[8] et une radicalisation[9] des positions: le libéralisme s'opposait au socialisme. En 1988, les électeurs écrivirent donc un nouveau chapitre de l'histoire politique. Pour la première fois dans l'histoire de la Ve République, un président était réélu. (...) Mais la lassitude[10] à l'égard[11] du président de la République, sa mésentente[12] avec ses collaborateurs, l'échec d'Edith Cresson[b] et la succession des «affaires»[13], en particulier celle du sang contaminé,[c] ont pesé sur l'image de la gauche.

Les Français sont aujourd'hui prêts à accepter des réformes de fond[14]... Pour la première fois, la majorité des Français n'insistent plus sur le principe sacré des avantages[15] acquis et acceptent l'idée d'un grand partage[16]. Celui-ci concerne d'abord l'emploi; les sondages indiquent depuis janvier 1992 que plus de la moitié des Français sont prêts à travailler moins et à gagner moins si cela peut aider à résorber[17] le chômage.

[1]*disappointed*
[2]*progression, advance*
[3]*repudiated*
[4]*questioning, doubt*
[5]*increase*
[6]*after having caused*
[7]*attempt*
[8]*opposition to progress*
[9]*hardening*
[10]*weariness*
[11]*towards*
[12]*disagreement*
[13]*criminal cases*
[14]*fundamental reforms*
[15]*benefits*
[16]*sharing*
[17]*eliminate*

[a]Un président de gauche (François Mitterrand) et un premier ministre de droite (Jacques Chirac) de 1986 à 1988, puis de nouveau de 1993 à 1995 avec toujours Mitterrand comme président et Edouard Balladur comme premier ministre.
[b]Edith Cresson (PS), premier ministre de 1991 à 1992; sa politique a été beaucoup critiquée.
[c]Dans les années 1980, du sang contaminé par le virus VIH a coûté la vie à de nombreux hémophiles; des médecins et des personnalités ont été accusés de négligence.

Les partis politiques

Le parti socialiste (PS): L'image du parti socialiste s'est dégradée[18], du fait de l'affrontement[19] des hommes, de l'absence d'idées et de résultats sur le front du chômage (...), de l'insécurité liée à l'immigration (...).

Le parti communiste (PC): La montée en puissance du parti socialiste, entre 1974 et 1981, s'était faite en grande partie au détriment de son difficile partenaire de l'Union de la gauche, le parti communiste. Le déclin du PC n'a ensuite cessé de se poursuivre[20] (...) car les Français se sont peu à peu lassés[21] de la dialectique usée de la lutte des classes[22].(...)

La droite modérée a plus bénéficié du déclin de la gauche qu'elle n'a convaincu par ses propres actes. (...) Son triomphe de 1993[d] s'explique davantage par la volonté des électeurs de sanctionner[23] la gauche que par un véritable enthousiasme pour l'idéologie libérale. Entre l'économique et le social, l'efficacité et la solidarité, la dictature du marché et le rôle modérateur et redistributeur de l'Etat, une nouvelle idéologie reste à inventer.

Le Front national (FN): Le Front national a profité de la disqualification des partis traditionnels. Le langage populiste de Jean-Marie Le Pen a touché les Français les plus vulnérables à la crise économique et ceux qui s'interrogent sur l'identité et l'avenir de la France(...): l'immigration, (...) le sida, l'absentéisme des députés[e] , la corruption, le remboursement de l'IVG[f] , le rétablissement de la peine de mort[g], etc. (...)

Génération Ecologie et les Verts: L'écologie est une attitude générale plus qu'une opinion politique. (...) Il aura fallu Tchernobyl, la découverte d'une fissure dans la couche d'ozone, celle des effets des pluies acides sur les forêts et les variations climatiques de ces dernières années pour que l'écologie devienne en France (avec retard par rapport aux autres pays européens) une préoccupation majeure. (...)

(Gérard Mermet, *Francoscopie 1995*, ©Larousse, 1994)

[18]*has been damaged*
[19]*confrontation*
[20]*continue*
[21] *grown tired*
[22]*class struggle (between capitalists and workers)*
[23]*penalize*

[d]Aux élections législatives, la droite a obtenu une majorité écrasante de députés à l'Assemblée nationale.

[e]On reproche souvent aux députés de ne pas suffisamment s'engager dans la vie politique et de ne pas toujours assister aux séances de l'Assemblée nationale.

[f]L'interruption volontaire de grossesse (IVG) est remboursée par la Sécurité sociale.

[g]La peine de mort a été abolie en 1982, peu après l'élection de François Mitterrand. Avec l'augmentation de la délinquance et du vandalisme, près de la moitié des Français seraient en faveur de son rétablissement, bien que sa disparition n'ait pas affecté le nombre des crimes de sang en France.

C. Recherche d'informations spécifiques.

1. Expliquez les événements ou faits associés aux dates suivantes:
   a. 1986
   b. 1988
   c. 1993
2. Identifiez les personnalités suivantes:
   a. Edith Cresson
   b. Jean-Marie Le Pen
3. Définissez les sigles suivants:
   a. PS
   b. PC
   c. FN
   d. RPR

Après la lecture

A. Questions à partir du texte.

1. Quand on parle de l'alternance de 1981, à quoi fait-on référence?
2. Pourquoi dit-on qu'en 1986 le rêve était fini?
3. En quoi consiste la «cohabitation» mentionnée ici?
4. Pourquoi les Français ont-ils réélu Mitterrand en 1988, après deux ans de cohabitation?
5. Donnez un exemple de l'idée de partage que les Français sont prêts à accepter. Y a-t-il des exemples similaires dans votre pays?
6. Quelles sont les causes du déclin du Parti socialiste?
7. Comment explique-t-on le triomphe de la droite en 1993?
8. Dans la phrase qui commence par «Entre l'économique et le social», indiquez pour chaque opposition binaire, la tendance qui fait référence à la droite et celle qui fait référence à la gauche.
9. Quels sont les thèmes abordés par le Front national? A quel public ce parti s'adresse-t-il?
10. Quels sont les facteurs qui ont fait de l'écologie une préoccupation majeure en France?
11. Quelle est l'attitude générale envers l'écologie dans votre pays? Donnez des exemples concrets.

B. A chacun ses idées. Votre meilleur(e) ami(e) et vous avez des opinions opposées. L'un(e) de vous préfère la droite, l'autre vote toujours pour les candidats de gauche. Essayez de convaincre votre camarade de votre point de vue.

C. Mon programme. Vous êtes candidat(e) aux élections présidentielles dans votre pays. Choisissez quatre thèmes d'actualité et expliquez le programme que vous proposez pour chacun. Rédigez le texte de votre discours aux électeurs.

Affiches pour les élections présidentielles de 1995: Jacques Chirac et Jean-Marie Le Pen

Boîte à outils

1. Chercher un emploi

Lire les petites annonces

When looking for a job, you will find two kinds of ads listed in newspapers: **Demandes d'emploi** for individuals who are looking for a job, and **Offres d'emploi**, or notices of available jobs. Employment ads are found in most newspapers and some magazines. The Agence nationale pour l'emploi (ANPE) is a government agency that lists thousands of employment ads for all levels and in all categories; an ANPE agency is located in every city, and ANPE ads may also be accessed via the Minitel. Here are some examples of employment ads.

DEMANDES D'EMPLOI

J.H. 23 ans, ch. emploi Paris. Bac, dégagé oblig. milit. Tél: (1) 44. 35. 67. 09.

J.H. = jeune homme
ch. = cherche
oblig. milit. = obligations militaires: *This young man has already performed the 10-month military service required for all Frenchmen.*

J.F. = jeune fille or jeune femme
imméd. = immédiatement

J. F. 30 ans, secrétaire bilingue anglais, ch. emploi. Libre imméd. Tél: (1) 53.78.94.56.

OFFRES D'EMPLOI

Sté BTP rech. ingénieur civil, bac + 5, exp., anglais courant, poste Lille. Envoyer CV, lettre man. + photo et prétentions à Eurojob, R/ 26457. BP 135. 59000 LILLE.

Sté = société
BTP = bâtiment-travaux publics (*construction*)
rech. = recherche
bac + 5 = *5 years of studies after the baccalaureat*
lettre man. = lettre manuscrite
R = références (*advertisement number to which the applicant should refer*)
B.P. = boîte postale

Fixe = *regular salary*
pourcentage = *commission*

Urgent: Sté informatique rech. vendeur expérimenté, bac + 2, fixe + pourcentage, région Nice. Tél. 93.18.25.46 pour rendez-vous.

Préparer un curriculum vitae (CV)

A French résumé must include the date of birth and family status; a photo usually appears in the upper right hand corner. Note that **nationalité** is a feminine noun that requires a feminine adjective, even when referring to a man.

CURRICULUM VITAE

Photo

Nom: DUPONT
Prénom: Marie-France
Née le: 25 juin 1977
à: Lyon
Nationalité: française
Situation de famille: célibataire
Adresse: 25, rue de la Poste 69000 LYON
Tél.: 42.02.83.46

Formation

- Baccalauréat L, option maths, 1995
- 1ère année de DEUG d'anglais, Université de Lyon, 1996

Langues

- Anglais (écrit et parlé)
- Allemand (notions)

Expérience professionnelle

- Monitrice de colonie de vacances, Grenoble, juillet-août 1995
- Stage: Service publicité, Agence Havas, Lyon, juillet-août 1996

Emploi actuel

- Assistante de recherche, SOGEDI Publicité, Lyon

2. Ecrire une lettre

In France, personal letters are usually handwritten, while business letters are typed. As exception is a job application letter; such letters are usually written by hand, as some companies use graphologists to analyze the candidate's handwriting. Observe the format of the following business letter. A key explains its various parts.

1
Hôtel des Mimosas
35, boulevard du Midi
83400 HYERES
Tél: 94.35.61.90
Fax: 94.35.61.78

2
Monsieur Bertrand DUMAS
167, rue de Lorraine
68000 STRASBOURG

3
Hyères, le 25 janvier 1996

4
Votre réf: 10-1-96
Notre réf: 25-1-96

5
Monsieur,

6 En réponse à votre lettre du 10 janvier dernier, je suis heureuse de vous confirmer la réservation d'une chambre simple pour trois nuits, les 25, 26 et 27 mars prochains. Le tarif en vigueur pour une chambre simple avec douche et W.C. est de 475 F la nuit, petit déjeuner compris.

7 Vous trouverez ci-joint un plan de Hyères et un dépliant qui contient les différents services offerts par notre hôtel.

8 En attendant le plaisir de vous recevoir, je vous prie de croire, Monsieur, à l'expression de mes sentiments les meilleurs.

Chantal de la Villette
Service des réservations

1 **Expéditeur:** *sender.* Note that in France, the zip code is placed before the city.

2 **Destinataire:** *recipient*

3 **Le lieu d'origine et la date**

4 **L'objet:** *the subject of the letter* (optional). This sometimes consists of reference numbers or dates of previous correspondence.

5 **L'appel:** *salutation.* There are many ways of addressing someone, depending on the context. All salutations are set off by a comma.

a. Business correspondence. The standard salutation is usually **Madame, Monsieur**, or **Messieurs**, if you do not know who is going to read the letter. A less conservative way to address either a masculine or a feminine reader is to use the inclusive phrase **Madame, Monsieur**. If you know the person's title, use it: **Monsieur le Président, Madame la Directrice. Cher Monsieur** or **Chère Madame** indicates a certain degree of familiarity and is used in a professional relationship of long standing.

b. Social correspondence.

Cher… or **Chère…** is used for relatives and friends: **Cher Pierre**, **Chère Maman**, etc.

6 **Le début de la lettre.** Some typical business letter openers are:

En réponse à votre lettre/courrier du (date),…	*In response to your letter of* (date) ,…
En réponse à votre annonce parue le (date) dans **Le Monde**…	*In response to your advertisement of* (date) *that appeared in* ***Le Monde*** …
Je vous remercie de votre lettre du (date)…	*Thank you very much for your letter of* (date) …
Suite à notre conversation téléphonique du (date),…	*Following our telephone conversation of* (date), …
J'ai le plaisir de vous annoncer que…	*I am very pleased to inform you that* …
J'ai le regret de vous informer que…	*I regret to inform you that* …

7 **Informations supplémentaires.**

Veuillez trouver ci-joint… Je vous prie de trouver ci-joint…	*Please find enclosed* …
Je vous serais infiniment reconnaissant(e) de bien vouloir (+ infinitive)…	*I would be very pleased if you could* …

8 **La formule finale:** *closing.* The following sentences are all equivalent to *Sincerely* or *Truly yours*, but they will vary according to context.

a. Formal context.

Veuillez agréer, Monsieur, mes salutations distinguées.

Je vous prie de croire, Madame, à l'expression de mes meilleurs sentiments.

Dans l'attente d'une réponse, je vous prie de croire, Monsieur le Président, à l'expression de mes sentiments dévoués.

b. For correspondence with a superior.

Je vous prie d'agréer, Madame la Directrice, l'expression de mes sentiments respectueux.

c. Familiar context: the following expressions are followed by a comma and precede the signature.

Cordialement (usually with a professional colleague)

Je t'embrasse affectueusement (for relatives and close friends)

Bien affectueusement (for close friends)

Bien amicalement (for friends and acquaintances)

Bien à toi/vous (for acquaintances)

A vous maintenant

A. L'entretien d'embauche. Lisez les petites annonces ci-dessous et choisissez-en une. Vous passez un entretien d'embauche pour cet emploi, et le recruteur (votre camarade) vous pose des questions sur votre formation, votre expérience, les langues pratiquées et vos loisirs. Répondez-lui en détail. Quand l'entretien est fini, changez de rôle avec une autre annonce.

Offres d'emploi

Paris. Groupe de presse rech. pour son service publicité JH/JF 20-26 ans, bac, traitement de texte. Envoyer lettre, CV + photo sous réf: PP-2CH, Presse Europe-135, rue Wurtz, 75013 PARIS.

Lyon. Société industrielle rech. secrétaire de direction bilingue anglais pour emploi plein temps. Bac + 2, expérience. Connaissance Macintosh exigée. Envoyer CV et références à INCOPRIM - 3, quai du Rhône, 69000 LYON.

Lille. Sté transports rech. expert comptable expérimenté. Envoyer CV, prétentions et références à Transports Buchet-852, route de Tourcoing, 59000 LILLE.

Paris. Directeur magasin de confection. Vous avez 25-30 ans, le sens des responsabilités, bac. Vous êtes dynamique et vous parlez anglais. Envoyez CV et photo sous réf. BTH-50. Unipli-55, rue des Enfants, 75019 PARIS.

Strasbourg. Sté électroménager rech. représentant dynamique et expérimenté, allemand exigé. Déplacements Allemagne. Envoyer CV, photo et références à SOTAPEC- 925, route de Mulhouse, 67000 STRASBOURG.

Marseille. Sté pétrolière rech. directeur commercial. 30-35 ans, bac + 5, dynamique, expérience, anglais courant. Envoyer lettre man., CV + photo, prétentions et références à TOTAL- Service personnel- 235, boulevard du Prado, 13002 MARSEILLE.

Toulon. Lycée privé rech. prof. d'anglais d'origine anglaise ou américaine. Bac + 3 et expérience. Envoyer lettre manuscrite, CV + photo au Directeur du Lycée Saint-Joseph, 23, boulevard du Lavandou, 83000 TOULON.

B. Le CV. Rédigez votre CV à la française en une page dactylographiée.

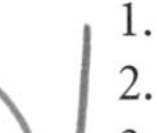

C. Quel courrier! Vous profitez du week-end pour faire votre courrier et vous devez écrire aux personnes suivantes. Dans chaque cas, indiquez l'appel et la formule finale correspondant au contexte.

EXEMPLE: Vous répondez à la lettre de votre meilleure amie Cécile Durand.
Chère Cécile… Je t'embrasse,…

1. Vous demandez des renseignements sur les formalités de mariage à la mairie.
2. Vous répondez à la lettre de votre grand-mère.
3. Vous demandez le titre d'un livre à un ancien collègue de travail, Michel Leroy.
4. Vous écrivez à M. Pierre Gaudin, chef du personnel d'une entreprise, pour poser votre candidature à un emploi.
5. Vous écrivez à Mme Jacqueline Marchand, directrice de votre Ecole Supérieure de Commerce, pour lui demander un certificat de scolarité.
6. Vous écrivez à vos parents pour leur annoncer que vous aller passer Noël chez eux.

D. Courrier administratif. Rédigez une lettre sur l'un des sujets suivants.

1. Vous avez l'intention de passer une semaine à Cannes au mois de juillet prochain. Ecrivez à l'Office du Tourisme pour demander des renseignements sur les hôtels et les manifestations à cette époque de l'année (Adresse: Office du Tourisme, Palais des Festivals, 06400 CANNES).

2. Vous posez votre candidature à l'un des emplois mentionnés dans les petites annonces de l'Activité A. Rédigez la lettre correspondante.

ECHANGES

Situation 1: Une situation difficile

You have the ideal job as far as pay, vacation, and benefits are concerned, but you don't like your boss. Discuss the situation with your roommate; mention several specific problems, and ask his/her advice about what to do.

Situation 2: La campagne présidentielle

As a journalist, you are interviewing a candidate in the presidential election. Ask him/her to briefly describe his/her platform regarding social reforms, education, and environmental issues. Ask his/her opinions on other current topics as well.

Echos francophones

Le Zaïre en bref

Superficie: 2 344 885 km^2

Climat: équatorial au centre, tropical humide au Nord et au Sud, d'altitude à l'Est, océanique à l'embouchure du Zaïre

Population: 35 millions d'habitants

Statut: république démocratique (autrefois appelée Congo belge); ancienne colonie belge devenue indépendante en 1960

Capitale: Kinshasa (ex-Léopoldville): 3 500 000 habitants

Langues: français, langue officielle; langues nationales: swahili, tshiluba, lingala, kikongo

Religions: catholiques (14 millions), protestants (8 millions), kimbanguistes, animistes, musulmans

Economie: manioc, canne à sucre, palmier à huile, café; élevage bovin; charbon, pétrole, cuivre (7e rang mondial), cobalt et diamants (1er rang mondial)

Zaïre: de la colonisation à l'authenticité

En 1885, les pays européens reconnaissent Léopold II, roi des Belges, comme propriétaire de l'Etat indépendant du Congo qu'il promet «d'ouvrir à la civilisation et à la foi[1]». Léopold II cède ensuite le Congo à la Belgique pour lui «assurer des débouchés[2] indispensables à son économie et à son industrie». En réalité, les grandes compagnies condamnèrent très vite le peuple zaïrois aux travaux forcés. Par milliers, des hommes furent arrachés à[3] leurs familles et déportés sur les lieux de travail fort éloignés de leur région d'origine. Partout, ils étaient astreints[4] à un labeur de force, avec une maigre nourriture[5], pratiquement sans salaire, fouettés[6] à la moindre incartade[7], mutilés

[1] *faith*
[2] *outlets*
[3] *snatched away from*
[4] *forced*
[5] *food*
[6] *whipped*
[7] *at the slightest failure*

pour une faute et abattus[8] sans jugement en cas de refus de travail ou de rébellion. Les hommes tombaient comme des mouches[9]. De 1880 à 1910, près de 10 millions de Zaïrois seraient morts à la tâche[10] sur tous les chantiers du pays. Ces atrocités atteignirent[11] une telle proportion qu'elles finirent par soulever une énorme émotion en Europe. A partir de la Seconde Guerre mondiale, l'édifice colonial craque de partout et le Zaïre accède à l'indépendance le 30 juin 1960. Le pays connaît alors une période de troubles[12] et ce n'est qu'à partir de 1965, avec l'arrivée au pouvoir du général Mobutu, que le Zaïre retrouve l'ordre, la stabilité et la paix.

Désormais[13], le pays lutte pour l'indépendance économique et pour la désaliénation culturelle, conditions indispensables de l'indépendance politique. Le président Mobutu Sese Seko a voulu que le principal facteur de l'unité nationale soit le Mouvement populaire de la révolution (MPR). Ce n'est pas un parti comme les autres; c'est la Nation zaïroise organisée politiquement pour diriger et contrôler toute la vie nationale avec, pour philosophie, «le nationalisme zaïrois authentique». Il s'agit, pour les Zaïrois, de découvrir leur personnalité propre en cherchant, dans la profondeur[14] de leur passé, le riche héritage de leurs ancêtres. Depuis, le mot «authenticité» est le sujet de débats et source de controverses. Sur place, cette doctrine devait se traduire par des actes spectaculaires. Les noms du pays, du fleuve, des villages, des gens, même, ont été changés. Le Congo (le fleuve et le pays) a retrouvé son antique nom de Zaïre; les villes, les rues et les places ont été débaptisées et chaque «citoyen» (on ne dit plus monsieur ou madame) a été invité de façon pressante à troquer[15] son prénom «importé» contre un prénom «authentiquement zaïrois». Tout comme costumes et cravates ont été bannis au profit du sobre «abastcost» (mot à mot «à bas le costume», une sorte de chemise à poches genre «saharienne[16]»).

[8] *shot down*
[9] *flies*
[10] *on the job*
[11] *reached*
[12] *disturbances*
[13] *henceforth*
[14] *depth*
[15] *swap*
[16] *bush shirt*

Questions à partir du texte

1. Pourquoi la capitale du Zaïre s'appelait-elle autrefois Léopoldville?
2. Quelles atrocités ont soulevé une énorme émotion en Europe?
3. Depuis quelle année le Zaïre est-il indépendant?
4. En quoi consiste le mouvement qui a pour philosophie le «nationalisme authentique»? Donnez des exemples précis.
5. Que pensez-vous de ce courant d'authenticité?

Guyane, du bagne[1] à la conquête de l'espace

Située au nord-est de l'Amérique du Sud (voir la carte des pays francophones à la fin du livre), la Guyane française est une ancienne colonie française. En 1946, elle est devenue un département français d'outre-mer et la langue officielle y est le français. Ce territoire est tristement célèbre pour son bagne de Cayenne qui a été supprimé en 1945. Malgré d'importantes ressources naturelles, l'économie n'y est pas encore bien développée. Cependant, un centre spatial français est installé à Kourou depuis 1966, ce qui a permis de créer des emplois.

Aller en Guyane, aujourd'hui, c'est partir à la rencontre de l'histoire racontée dans le livre *Papillon* d'Henri Charrière. Jusqu'en 1938, on y a transporté des prisonniers condamnés aux travaux forcés.

La Guyane est officiellement un pays de 115 000 habitants... En fait, les Guyanais sont sans doute près de 150 000. Car ici se rejoignent, sans rien dire, Brésiliens, Surinamiens, Haïtiens... entre autres. Deux communautés françaises, les Noirs marrons† et les Amérindiens, méritent qu'on s'y arrête. Au fond de la Guyane vivent des descendants d'esclaves africains qui, dès le XVIIIe siècle, se libérèrent eux-mêmes. Issus de la côte Ouest de l'Afrique, ils fuirent les plantations des colons hollandais de l'actuel Surinam et recréèrent, sur les bords[2] du fleuve Maroni, une société inspirée des coutumes de leur continent d'origine. Très habiles piroguiers[3], ils devinrent maîtres du fleuve... et le restèrent! Leur langue, le taki-taki, est un joyeux mélange[4] de français, de hollandais, d'anglais, d'espagnol et d'idiomes africains. Quant aux Amérindiens, les premiers habitants de ce pays, ils sont entre neuf et cinq mille, selon les estimations. Leur problème: concilier leur culture ancestrale avec celle de la ville et de la machine.

Seule terre européenne en Amérique du Sud, la Guyane n'est pas encore bien développée. Crevettes[5], or, bois, c'est à peu près tout ce que la Guyane exporte. Elle dépend de l'extérieur pour presque tous ses approvisionnements[6], depuis le lait jusqu'à l'essence.

Mais, heureusement, il y a Ariane! En 1968, cette terre maudite[7] est devenue terre d'avenir avec le début des opérations du Centre spatial guyanais (CSG). Kourou, ce village de pêcheurs[8] bâti sur les bords du fleuve qui lui donne son nom, va alors devenir le centre de lancement[9] de la fusée Ariane, ce qui en fera la deuxième ville de la Guyane, après Cayenne. Une ville d'au moins 14 000 habitants. Les soirs de lancement d'Ariane, les Guyanais se rassemblent, ici ou là, au bord de la mer, face aux îles du Salut. Et là, pendant plusieurs minutes, ils suivent la fusée, silencieuse, petit cheval blanc suivi de sa longue traîne de feu. Le premier vol d'Ariane 5 doit mettre sur orbite quatre satellites, chargés d'étudier la magnétosphère de la Terre.

1 *penal colony*
2 *banks*
3 *pirogue (dug-out canoe) rowers*
4 *mixture*
5 *shrimp*
6 *supplies*
7 *cursed*
8 *fishermen*
9 *launching*

†The adjective **marron**, meaning *chestnut color*, is usually invariable. Here, however, it is used not as an adjective of color, but to refer to an escaped slave.

Questions à partir du texte

1. Où se trouve la Guyane française? Quel est son lien avec la France?
2. Avez-vous lu le livre *Papillon* ou vu le film du même nom? Si oui, quel en est le sujet?
3. Quelle est l'origine des Noirs marrons qui vivent aujourd'hui en Guyane?
4. Quel est le problème des Amérindiens?
5. Qu'est-ce que la fusée Ariane (voir l'introduction au chapitre)?
6. Quelles ont été les conséquences du programme Ariane sur l'économie de la Guyane?

La gastronomie

Culture et communication

- Introduction
- Texte 1: Etes-vous salé ou sucré?
- Texte 2: Ce que mangent les Français
- Texte 3: Le vin de Paris

Boîte à outils

- Donner des conseils
- Convaincre

Echos francophones

- Québec: le temps des sucres
- La table au Congo

Introduction

Le petit déjeuner

Tradition...

L'alimentation et les repas constituaient traditionnellement une part importante de la vie des Français et de leur budget. Tous les bureaux et les commerces étaient fermés entre midi et 14 h et chacun rentrait à la maison pour y prendre en famille le repas le plus consistant de la journée, le déjeuner. On faisait tous les jours ses achats chez les petits commerçants du quartier et les ménagères passaient beaucoup de temps à préparer des repas élaborés.

...et changement

Aujourd'hui, les choses ont bien changé. Avec le travail des femmes à l'extérieur, le développement des produits surgelés et des grands supermarchés, on passe moins de temps à table et à faire la cuisine. De plus, un nombre croissant de personnes font la journée continue, c'est-à-dire que les bureaux et les commerces ne ferment plus à midi, en particulier dans les grandes villes. Les employés disposent donc de moins de temps pour manger et rentrent de moins en moins chez eux à midi, ce qui explique le succès récent des restaurants fast-food dû à l'influence américaine. A cela s'ajoute le souci de diététique et le culte du corps qui encouragent les Français à consommer des aliments allégés. Enfin, l'importance des loisirs et des vacances pousse les Français à consacrer une partie moins importante de leur budget à l'alimentation.

On remarque un rapprochement des habitudes alimentaires entre les régions et les catégories sociales. Les repas sont moins formels et les produits qui ont connu la plus grande progression sont les surgelés (surtout à Paris), les glaces, les produits laitiers frais et les boissons non alcoolisées.

Les repas aujourd'hui

Expressions idiomatiques à retenir

A ta/votre santé! = A la tienne/vôtre! = Tchin-tchin! (*Cheers!*)
Bon appétit! (phrase used at the beginning of a meal)

Le petit déjeuner (6 h-7 h)

- adultes: café noir ou café au lait (parfois du thé); tartines ou biscottes[1]
- jeunes: café au lait ou chocolat chaud; tartines, biscottes ou céréales.

Au petit déjeuner, on boit généralement le café au lait et le chocolat chaud dans un bol. Pour faire une tartine, on coupe une tranche de pain et on y ajoute du beurre et de la confiture.

Le déjeuner (12 h-13 h): repas rapide qui se compose généralement d'un plat principal et d'un dessert (fromage, fruit ou pâtisserie). Il est souvent pris à l'extérieur du domicile.

Le goûter (16 h-17 h)

- adultes qui sortent ou qui invitent quelqu'un chez eux: thé et petits fours[2] ou gâteaux
- enfants: pain et chocolat ou brioche[3]

Le dîner ou souper (20 h): c'est le repas consistant de la journée et c'est là que toute la famille est réunie, quelquefois devant le téléviseur où l'on regarde les informations de 20 h 00. Il comprend parfois une soupe, un plat principal (viande, poisson, charcuterie ou œufs accompagnés de légumes, pâtes ou riz), souvent une salade et, enfin, un dessert (fromage et fruit, parfois glace ou pâtisserie).

[1] *melba toast* [2] *small pastries* [3] *sweet roll*

Vocabulaire pour la discussion

Généralités

un aliment	*food item*
→ **l'alimentation** (f.)	*food, nutrition in general*
→ **alimentaire**	*pertaining to food*
amer (-ère)	*bitter*
→ **l'amertume** (f.)	*bitterness*
un bouchon	*cork*
→ **un tire-bouchon**	*corkscrew*
cacher (-ère)	*kosher*
les conserves	*canned goods*
→ **...en boîte**	*canned ...*
→ **un ouvre-boîte**	*can opener*
cuire	*to cook* (when something is cooking)
≠ **faire cuire**	*to cook* (when someone cooks something)
→ **cuire au four**	*to bake* (literally, *to cook in the oven*)
éplucher	*to peel* (fruit, vegetables)
fait(e) maison	*homemade*
le goût = **la saveur**	*taste*
→ **goûter**	*to taste* (*to try*)
mâcher	*to chew*
les matières (f.) **grasses**	*fats*
→ **le beurre**	*butter*
→ **l'huile** (f.)	*oil*
→ **la margarine**	*margarine*
nourrir	*to feed*
→ **la nourriture**	*food*
un plat	*dish*
→ **le plat principal**	*main course*
→ **un plat cuisiné**	*pre-cooked dish*
le poivre	*pepper*
≠ **le piment**	*hot pepper*
les produits (m.) **laitiers**	*dairy products*
→ **le fromage**	*cheese*
→ **le yaourt**	*yogurt*
les (produits) surgelés	*frozen foods*
le sel	*salt*
→ **salé(e)**	*salted, salty*
→ **saler**	*to salt (foods), sprinkle with salt*
le sucre	*sugar*
→ **sucré(e)**	*sweet*

La diététique

avoir la ligne	*to be slim*
gros(se)	*fat*
≠ **maigre**	*very thin, skinny; meager*
≠ **mince**	*slim, slender*
→ **la minceur**	*slimness*
léger (-ère)	*light*
→ **allégé(e)**	*light, with reduced calories*
le régime	*diet, regimen*
→ **faire le régime**	*to be on a diet*
sain(e)	*healthy, healthful*

Protéines (f.)

la charcuterie	*cold meats* (also: delicatessen)
→ **le jambon**	*ham*
→ **le pâté**	*pâté*
→ **le saucisson**	*hard salami*
le poisson	*fish*
→ **la morue**	*cod*
→ **le thon**	*tuna*
la viande	*meat*
→ **le bœuf**	*beef*
→ **le cheval**	*horse*
→ **le lapin**	*rabbit*
→ **le mouton**	*mutton*
→ **le porc**	*pork*
→ **le veau**	*veal*
la volaille	*poultry*
→ **la dinde**	*turkey*
→ **le poulet**	*chicken*

Fruits (m.), légumes (m.) et féculents (m.) (*starchy foods*)

le citron	*lemon*
une courgette	*zucchini*
la fraise	*strawberry*
les frites (f.)	*French fries*
les pâtes (f.)	*pasta*
un potage	*soup* (with ingredients mashed)
≠ **une soupe**	*soup* (whole ingredients)
le riz	*rice*

Desserts (m.) et sucreries	
la confiture	*jam*
la glace = la crème glacée	*ice cream*
→ **un glacier**	*ice cream parlor*
une pâtisserie	*pastry* (also: *pastry shop*)
une tarte	*large fruit tart*

Les boissons	
l'alcool (m.)	*alcohol*
→ **une boisson alcoolisée**	*alcoholic beverage*
≠ **une boisson non alcoolisée**	
la chicorée	*ground chicory, brewed like coffee*
l'eau (m.) **minérale gazeuse**	*carbonated mineral water*
≠ **l'eau minérale plate**	*plain mineral water*
un jus de fruit	*fruit juice*
le thé	*tea*
le vin mousseux	*sparkling wine*

Evaluez vos connaissances

A. Définitions. Complétez les phrases suivantes avec les expressions du **Vocabulaire pour la discussion**.

1. Quand on veut maigrir, on doit _______________.
2. Les produits _______________ ne contiennent pas beaucoup de matières grasses.
3. L'éclair et la tarte sont des _______________.
4. On consomme les glaces dans un _______________ .
5. On conserve les produits _______________ dans un congélateur.
6. Perrier est de l'eau _______________ .
7. Une boisson qui contient de l'alcool est une boisson _______________.
8. Les spaghetti et les macaroni sont des _______________.
9. L'huile et le beurre sont des _______________ _______________.
10. Le pâté, le jambon et le saucisson sont de la _______________.

Le rayon de charcuterie

Un marché

B. Au supermarché Champion. Vous êtes réceptionniste au stand d'information pour les clients du supermarché Champion. Les clients vous demandent à quel rayon *(department)* ils doivent aller pour acheter les produits indiqués ci-dessous. Avec un(e) camarade, formulez les questions et les réponses.

EXEMPLE: le gruyère
—A quel rayon se trouve le gruyère, s'il vous plaît?
—Au rayon des fromages.

le pain de régime
la morue
le magazine Télé-Loisirs
le champagne
le roquefort
la laitue
la sole
le rôti de bœuf
les croissants
les vidéocassettes
la viande cachère

TEXTE 1

Etes-vous salé ou sucré?

Avant la lecture

Culture

1. Sondage: vos préférences alimentaires. Votre classe prépare un repas de fin d'année. Par petits groupes, choisissez l'une des catégories ci-dessous et posez les questions correspondantes à vos camarades de classe. Partagez ensuite vos résultats avec ceux des autres groupes pour établir le menu de votre repas.

   a. votre viande favorite
   b. votre légume favori
   c. votre fruit favori
   d. votre poisson favori
   e. votre boisson chaude favorite
   f. votre boisson fraîche favorite
   g. votre dessert favori
   h. vos sucreries favorites

2. Les courses

   a. Où et quand faites-vous généralement vos courses?
   b. Quelles sortes d'aliments achetez-vous d'habitude? Quels sont les facteurs qui influencent votre choix — prix, qualité, aspect pratique... ?

Vocabulaire

A. Mots de la même famille. Devinez le sens.

le four (Nom) → **enfourner** (Verbe): mettre dans le four; Avant d'enfourner un plat, il faut faire chauffer le four.

l'éducation (Nom) → **éduquer** (Verbe); Les parents éduquent leurs enfants selon leurs propres principes.

B. Les saveurs. On dit généralement qu'il y a quatre saveurs: le sucré, le salé, l'acide et l'amer. Donnez deux exemples d'aliments dans chaque catégorie.

Lecture

A. Titre, sous-titres et illustrations.

1. Lisez le titre et le sous-titre du document. De quel type de document s'agit-il?
2. Observez les deux illustrations et faites-en la description en nommant autant d'éléments que possible. Quelle différence y a-t-il entre les aliments de droite et ceux de gauche?

B. Première lecture intégrale sans dictionnaire. Lisez le document une première fois pour une compréhension globale.

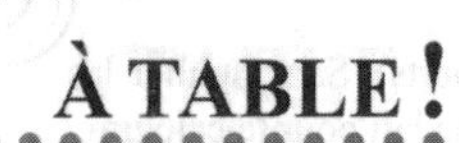

Êtes-vous sa

Dites-nous ce que vous mangez, nous ce test pour savoir à quelle famille

1 À votre petit déjeuner, vous prenez...

a. Un bol de chicorée.
b. Un bol de chocolat chaud.
c. Un jus d'orange.
d. Des œufs au bacon.

2 À 10 heures, au distributeur[1] de boissons, vous choisissez...

a. Un jus de tomate.
b. Un café au lait sucré.
c. Un soda.
d. Un potage aux cinq légumes.

3 À midi, vous accompagnez votre steak...

a. D'endives braisées.
b. De purée d'oseille.[2]
c. De carottes râpées.[3]
d. De frites.

4 En rentrant du collège, vous comblez un petit creux[4] grâce à...

a. Un pain aux raisins.[5]
b. Une pomme verte.
c. Un sandwich aux rillettes.[6]
d. Un bâton de réglisse.[7]

● Vous aimez le salé

Vous faites partie de ces personnes qui salent tous les plats avant de les goûter ? Attention : trop saler les aliments tue leur goût. Le sel est pourtant indispensable à notre organisme : sans sel, nos reins[13] ne pourraient pas fonctionner. Mais l'excès de sel peut être dangereux pour la santé... Alors, apprenez à doser, et essayez la cuisine "sucrée-salée"...

● Vous aimez le sucré

Savez-vous que vous aimez le sucré depuis très longtemps ? Déjà, dans le ventre de sa mère, un fœtus apprécie cette saveur ! Cet amour du sucre est inné : on l'observe chez tous les bébés. Mais vous n'êtes plus un bébé ! N'hésitez pas à tester de nouvelles saveurs...

[1] *vending machine*
[2] *sorrel*
[3] *grated*
[4] *fill a little hole in your stomach (when hungry)*
[5] *sweet roll with raisins*
[6] *potted ground pork*
[7] *liquorice stick*
[13] *kidneys*

lé ou sucré ?

vous dirons qui vous êtes ! Faites vite gastronomique vous appartenez.

5 Et le soir, votre crêpe, vous la préférez...

a. À la confiture de fraise.
b. Au fromage.
c. À la compote de rhubarbe.
d. Au jus de citron.

6 De ces quatre astuces,[8] laquelle vous paraît la meilleure ?

a. Pour faire de la confiture, ajoutez l'amande[9] de l'abricot à la pulpe du fruit.
b. Laissez dégorger[10] les courgettes dans du sel avant de les faire cuire.
c. Caramélisez le fond du moule[11] avant d'enfourner votre gâteau.
d. Assaisonnez[12] votre salade de tomates avec du jus de citron.

"L'addition, s'il vous plaît"

Dans ce tableau, cochez, pour chaque question, la lettre qui correspond à votre réponse. Vous n'avez le droit qu'à une seule réponse par question, eh oui, il faut vous décider ! Ligne par ligne, comptez le nombre de cases cochées.
Lisez le texte correspondant à la ligne où vous avez le plus de cases cochées : il vous en dira plus sur vos saveurs préférées. Et n'oubliez pas de tester les goûts de votre entourage !

1	2	3	4	5	6	Vous aimez
d	d	d	c	b	b	le salé
b	b	c	a	a	c	le sucré
a	c	a	d	d	a	l'amer
c	a	b	b	c	d	l'acide

● Vous aimez l'amer

Les personnes qui préfèrent l'amer sont rares ! Contrairement au sucré, l'amer est rejeté, par tout le monde, dès le début de la vie ! Déjà les fœtus le détestent, et tous les bébés du monde font des grimaces horribles au contact d'aliments amers. Mais heureusement, le goût s'éduque : c'est souvent à l'adolescence, lorsqu'on commence à aimer le café notamment, que l'on apprend aussi à aimer l'amertume.

● Vous aimez l'acide

À faible dose, le goût acide stimule tous les récepteurs du goût (voir notre schéma p. 26). L'acide est une saveur subtile qui relève[14] le goût des aliments. Mais à haute dose, il a les mêmes effets que le poivre ou le piment ! Alors, êtes-vous sûr que ce n'est pas le piquant qui vous attire[15] ?

[8] *clever devices*
[9] *kernel*
[10] *sweat or soak out the liquid*
[11] *baking pan*
[12] *season*
[14] *brings out*
[15] *attracts*

C. Recherche d'informations spécifiques.

1. Complétez les rubriques suivantes avec les mots contenus dans le document.
   a. boissons
   b. fruits
   c. légumes
2. Indiquez les boissons et les aliments auxquels vous n'avez jamais goûtés.
3. Avec les éléments mentionnés dans le document, préparez un menu pour les repas suivants.
   a. un petit déjeuner
   b. un déjeuner
   c. un dîner

D. Structure du document.

1. De quelle façon les cinq premières rubriques sont-elles organisées?
2. Quelles sont les quatre catégories qui figurent dans les résultats du test? Pourquoi?

Après la lecture

A. Questions à partir du texte.

1. Expliquez le proverbe «Dites-nous ce que vous mangez, nous vous dirons qui vous êtes.» Etes-vous d'accord? Justifiez votre réponse.
2. A votre avis, à qui ce document s'adresse-t-il? (La rubrique n° 4 vous aidera.)
3. Pour chacun des repas mentionnés dans le document, y a-t-il des aliments ou des plats que l'on consomme régulièrement dans votre pays?
4. Quels sont ceux qu'on ne consomme pas de façon régulière dans votre pays?
5. Vous arrive-t-il de manger des crêpes le soir? Sinon, quand en mangez-vous et de quelle manière?
6. Quelle(s) astuce(s) du document connaissiez-vous déjà? En connaissez-vous d'autres?
7. Quel est le jeu de mots contenu dans l'expression «L'addition, s'il vous plaît»?
8. Quel est l'avantage du salé? de l'acide?
9. Quelle est la tendance naturelle des êtres humains pour le sucré? pour l'amer?
10. D'après le contenu de ce document, pensez-vous que les jeunes Français aient une alimentation différente de celle des jeunes de votre pays? Expliquez.

La crêperie

La crêperie est en France une institution: les jeunes s'y retrouvent entre copains pour un goûter, aussi bien que pour un repas. Par exemple, on peut y commander une crêpe au fromage ou aux champignons *(mushrooms)* pour commencer et terminer par une crêpe à la crème pour le dessert.

B. Quelle saveur préférez-vous? Par petits groupes, faites le test présenté dans le document. Comparez ensuite vos résultats avec ceux d'autres groupes. Quelle est la saveur préférée de votre classe?

C. Un menu de fête. Demandez à votre camarade ce qu'il/elle a mangé pour Noël, Pâques ou une autre fête. Il/Elle doit vous décrire le menu en détail. Puis changez de rôle.

Vocabulaire utile

du canard: *duck*
de la purée: *mashed potatoes*
du rosbif *roast beef*

D. Recettes. Vous avez invité vos amis à dîner chez vous et ils ont beaucoup apprécié le menu. Ils vous demandent la recette de chaque plat: hors d'œuvre, plat principal, salade et dessert. Ecrivez aux moins deux de ces recettes. Si vous avez besoin d'un exemple, relisez la recette de la fondue suisse dans *Grammaire en contexte* (Chapitre 1, Faisons le point).

TEXTE 2

Ce que mangent les Français

Avant la lecture

Culture

1. Quelles sont les différences que vous remarquez dans les habitudes alimentaires entre vos parents et vous? entre vos grands-parents et vous?
2. Où prenez-vous généralement vos repas quand vous ne mangez pas à la maison?
3. Quels sont les plats français que l'on consomme dans votre pays? les produits français qu'on importe?
4. Quelles sont les différences dans les habitudes alimentaires qui existent entre les classes sociales dans votre pays?

Vocabulaire

A. **Mots apparentés.** Devinez le sens.

culinaire: Chaque région a ses spécialités culinaires.
sédentaire: Une personne sédentaire est quelqu'un qui a peu d'activité physique.

B. **Mots de la même famille.** Devinez le sens.

la table (Nom) → **s'attabler** (Verbe): s'asseoir à table; Quand le repas est prêt, tout le monde s'attable pour manger.
boire (Verbe) → **un buveur** (Nom) ; Mon oncle est un bon buveur; il apprécie vraiment le bon vin.
consommer (Verbe) → **surconsommer** (Verbe) ; Le poulet est surconsommé parce qu'il n'est pas cher.
coupable (Adj.) → **culpabiliser** (Verbe) ; Avec la tendance au culte du corps, on se sent culpabilisé quand on mange trop.
se méfier (Verbe) ≠ **avoir confiance** → **méfiant(e)** (Adj.) ; Les personnes âgées sont souvent méfiantes vis-à-vis des produits surgelés.
assurer (Verbe) → **rassurer** (Verbe) → **rassurant(e)** (Adj.) ; Le fait que les Français consomment beaucoup d'eau minérale est rassurant.

C. **Faux amis.**

Le hors d'œuvre: Le hors d'œuvre est le premier plat d'un dîner comme, par exemple des fruits de mer ou de la charcuterie; (≠ **un amuse-gueule**; Les amuse-gueule sont les biscuits salés et les cacahuètes [*peanuts*] qu'on sert avec l'apéritif.)
Les milieux populaires = **la classe ouvrière**; Dans les mileux populaires, on mange plus de pain et de bananes que dans la bourgeoisie.

Lecture

A. **Titre et sous-titres.** Lisez le titre et les sous-titres du texte qui suit et essayez d'imaginer son contenu.

B. **Première lecture intégrale sans dictionnaire.** Lisez le texte une première fois en entier pour une compréhension globale.

Ce que mangent les Français

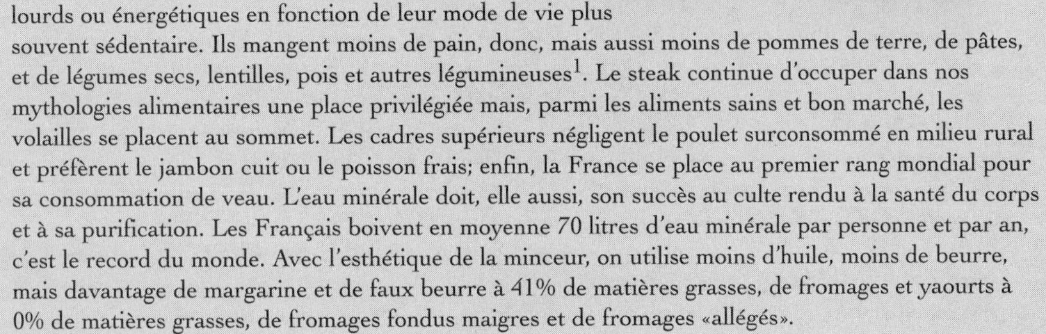

Le Français gastronome et bon buveur est préoccupé par sa ligne et inquiet de sa santé. En cette fin de siècle, avec le spectre des maladies cardio-vasculaires ou celui de l'obésité, le mangeur ne court pas à l'aventure gastronomique. Ce que les Français choisissent de manger résulte de compromis. Inutile, donc, de vouloir saisir dans sa diversité le repas «typique» du Français; essayons seulement de détailler les quelques traits qui souvent le caractérisent.

Le manger léger

Nos contemporains se sont mis au régime. Ils mettent moins de beurre sur leurs tartines (qu'ils remplacent volontiers par des biscottes) et moins de sucre dans leur café. Ils réduisent considérablement la part des aliments lourds ou énergétiques en fonction de leur mode de vie plus souvent sédentaire. Ils mangent moins de pain, donc, mais aussi moins de pommes de terre, de pâtes, et de légumes secs, lentilles, pois et autres légumineuses[1]. Le steak continue d'occuper dans nos mythologies alimentaires une place privilégiée mais, parmi les aliments sains et bon marché, les volailles se placent au sommet. Les cadres supérieurs négligent le poulet surconsommé en milieu rural et préfèrent le jambon cuit ou le poisson frais; enfin, la France se place au premier rang mondial pour sa consommation de veau. L'eau minérale doit, elle aussi, son succès au culte rendu à la santé du corps et à sa purification. Les Français boivent en moyenne 70 litres d'eau minérale par personne et par an, c'est le record du monde. Avec l'esthétique de la minceur, on utilise moins d'huile, moins de beurre, mais davantage de margarine et de faux beurre à 41% de matières grasses, de fromages et yaourts à 0% de matières grasses, de fromages fondus maigres et de fromages «allégés».

Le manger pressé

Un Français sur quatre déjeune à l'extérieur de son domicile. La journée continue, le changement irréversible des modes de vie et l'influence des modèles de restauration américains constituent les principaux facteurs de ces nouvelles habitudes alimentaires. Les actifs parisiens sont les premiers concernés par ces consommations vagabondes, plus de 60% d'entre eux désertant le foyer à midi. Le manque de temps et l'insertion accrue[2] dans le milieu professionnel entraînent aussi une modification du repas lui-même, qui se déstructure et se simplifie. C'est l'institution du grignotage[3] qui fait de la salade mixte[4], du sandwich ou de l'œuf dur[5], un déjeuner pris dans les restaurants, *fast-food*, cafés, glaciers, baraques à frites[6], cantines[7] d'entreprise ou scolaires.

Lorsqu'il ne se limite pas au seul plat principal du menu, rejetant les hors d'œuvre ou le dessert, le repas rapide se caractérise par sa fragmentation. Les parts individuelles reflètent le besoin d'une ration bien à soi. L'aspect fonctionnel de l'aliment prêt à manger devient déterminant. Le fromage joue ainsi un rôle central dans le «petit repas» et les Français en consomment 15 kilos par an et par personne. Bien que méfiants face à tout ce qui n'est pas «fait maison», les Français n'ont pas hésité à augmenter leur consommation de plats cuisinés tout prêts, de conserves de légumes, de poisson, de viande et de charcuterie; on remarque aussi une consommation croissante de biscuits[8] et de sucreries, en particulier le chocolat (3 kilos par personne et par an). Les aides culinaires sont toujours plus utilisées par les ménagères pressées: sauces et mayonnaises préparées, bouillons

[1] *legumes*
[2] *increased*
[3] *snacking*
[4] *tossed salad with many ingredients*
[5] *hard boiled egg*
[6] *stands selling French fries*
[7] *cafeterias*
[8] *cookies*

instantanés, desserts en poudre, etc. Enfin, 45% des Français possèdent un congélateur[9], dont 80% des agriculteurs. Les femmes qui travaillent passent moins de temps à la cuisine (11 heures par semaine) et leurs conjoints aiment parfois cuisiner le week-end (53%).

Le manger déraciné[10]

Avec le besoin d'authenticité et de naturel, les nourritures se vendent sous le sceau[11] rassurant de leur origine rurale. Les Français consomment ainsi de la charcuterie «du pays» et du poulet «fermier»[a]. Les vins ont bien leurs labels de reconnaissance. Les VDQS (vins délimités de qualité supérieure) et les AOC (appellation d'origine contrôlée) signifient à l'acheteur l'engagement du producteur à vendre du vin de qualité. Le camembert, grand favori des Français, bénéficie ainsi, depuis 1983, de son AOC, au même titre que le bordeaux supérieur ou le Saint-Emilion[b].

On remarque cependant l'arrivée sur les tables de produits exotiques: après les cœurs de palmier et les pousses de soja[12], ce sont l'avocat[13], le kiwi et la mangue[14]. Les Français agrémentent[15] leur laitue-vinaigrette de maïs américain en grains; ils s'ouvrent aussi à l'exotisme des soupes chinoises préparées, du couscous[c] marocain, du taboulé[d], de la paella[e]. Les enfants s'attablent suivant les modes devant leurs corn-flakes ou mâchent les dernières découvertes en sucreries.

Le manger festif

La pâtisserie traditionnelle du dimanche est devenue un plaisir quotidien. Même phénomène pour le champagne et les vins mousseux qui perdent un peu leur caractère exceptionnel et sont consommés en toutes occasions. Les Français ont doublé leur consommation de crème glacée depuis 1970. Le manger festif répond lui aussi au souci d'allégement. Rares sont les repas de noces qui comprennent, comme au début du siècle, plus de trois plats principaux, viandes et poissons. Les Français ont une véritable passion pour la charlotte aux fraises[f] et le steak au poivre ou la sole normande sont de loin préférés à la choucroute et au cassoulet[g].

Pour les boissons, les goûts correspondent à la tendance à l'allégement. La France, ancienne championne de l'alcoolisme mondial, a été détrônée[16] par le Luxembourg en 1980. Le trop fait peur et culpabilise. Boom des boissons non alcoolisées, mais progression aussi des alcools sublimés[17] par leur label de qualité et de standing: gin, vodka et whisky chic.

L'inégalité sociale subsiste. Il y a des aliments surconsommés dans les classes dominantes[18] (bœuf, veau, mouton, poisson frais, fromages, légumes et fruits frais comme les endives, les haricots verts ou le raisin), et d'autres propres aux milieux populaires (féculents, porc, lapin, pommes de terre, bananes).

Contents de leur alimentation? Les Français l'affirment. Le désir d'un corps performant («la forme, pas les formes»)[19], celui d'une sécurité et d'une authenticité plus grandes des nourritures, enfin les contraintes socio-économiques qui pèsent sur les choix alimentaires, sont des éléments qui modifient les caractéristiques du repas des Français.

(Pascale Pynson, «Ce que mangent les Français» dans *L'Etat de la France et de ses habitants*, ©Editions La Découverte, 1985.)

[9]*freezer*
[10]*uprooted*
[11]*seal*
[12]*soy sprouts*
[13]*avocado*
[14]*mango*
[15]*embellish*
[16]*superseded, overthrown*
[17]*sublimated*
[18]*ruling classes*
[19]*in good physical shape, not with round shapes*

---

[a]Poulet qui est élevé à la campagne de façon naturelle, sans hormones
[b]Vin produit dans la région de Bordeaux
[c]Plat d'Afrique du Nord, fait avec de la graine de blé, de la viande de mouton et des légumes dans une sauce épicée
[d]Plat du Moyen Orient fait avec de la graine de blé, de l'huile d'olive, du jus de citron, du persil et des tomates coupées en morceaux
[e]Plat espagnol composé de riz, de petits pois, de viande et de fruits de mer
[f]Gâteau fait avec des biscuits, des fraises et de la crème
[g]Plat composé de mouton et de haricots secs

C. Recherche d'informations spécifiques.

1. Quels sont les deux produits pour lesquels la France se place au premier rang mondial en ce qui concerne la consommation?
2. Faites la liste des produits consommés de préférence par les catégories sociales suivantes.
   a. les cadres supérieurs:
   b. les classes populaires:
3. Citez des produits exotiques qui sont à la mode en France.
4. Quel est le dessert préféré des Français?
5. Quels sont les deux facteurs qui ont modifié les habitudes alimentaires des Français récemment?

Après la lecture

A. Questions à partir du texte.

1. Qu'est-ce qui inquiète les Français en cette fin de siècle?
2. Qu'est-ce qui caractérise le «manger léger»?
3. Quelle est la place réservée aux matières grasses aujourd'hui?
4. Pourquoi parle-t-on aujourd'hui de «manger pressé»?
5. Dans quels endroits possibles les Français prennent-ils leurs repas quand ils ne mangent pas à la maison?
6. Quel est le rôle du fromage dans l'alimentation?
7. En ce qui concerne les sucreries, quelle est la préférence des Français?
8. A votre avis, pourquoi les agriculteurs ont-ils plus de congélateurs que les autres?
9. Quelle est la connotation des expressions «du pays» et «fermier»?
10. A quels changements l'expression «manger festif» fait-elle allusion?
11. Quelles boissons alcoolisées sont symboliques de qualité et de standing en France?
12. Le culte du corps et le spectre des maladies dues aux excès culinaires existent-ils dans votre pays?
13. Les pratiques alimentaires en France sont-elles différentes de celles de votre pays? Expliquez.

B. Mode d'alimentation. Choisissez à tour de rôle l'une des catégories suivantes, sans la dire à votre partenaire. Puis décrivez à votre camarade la manière dont vous mangez. Il/Elle devra deviner à quelle catégorie appartient votre mode d'alimentation.

le manger léger	le manger déraciné
le manger pressé	le manger festif

C. Tu ne sais pas te nourrir! Vous êtes le père / la mère d'un(e) adolescent(e) qui mange mal, et ses habitudes alimentaires vous inquiètent. Vous voulez discuter la situation avec lui/elle. Critiquez cinq aspects de ses habitudes. Votre fils/fille (votre camarade) essaie de justifier sa façon de manger.

D. Façons de manger. En vous inspirant du texte «Ce que mangent les Français», décrivez le repas typique des quatre Français suivants: le mangeur léger, le mangeur pressé, le mangeur déraciné et le mangeur festif.

TEXTE 3

Le vin de Paris

Avant la lecture

Culture

1. Quelles boissons prend-on généralement avec les repas dans votre pays? S'il y a des différences dans la consommation des boissons, à quels facteurs sont-elles dues? (âge, santé, région, classe sociale...).
2. Le vin
   a. Pouvez-vous citer des grands crus (*wines of a good vintage*) français?
   b. Indiquez le type de vin que vous choisiriez pour accompagner les plats suivants:
      un bifteck avec des haricots verts — du fromage
      un poulet rôti avec des frites — une charlotte aux fraises

Quel vin sélectionner pour accompagner vos plats?

Poissons, fruits de mer: blanc sec ou vin mousseux
Entrée: vin blanc ou rosé
Viande blanche, volaille: vin rouge ou champagne brut
Viande rouge, gibier (*game*), fromages: vin rouge corsé (*full-bodied*)
Desserts sucrés, fruits: vin doux, vin mousseux, champagne

Le vin rouge se sert «chambré» (à la température de la pièce), le vin blanc et le vin rosé se servent frais, et le champagne «frappé» (présenté dans un seau de glace [*ice bucket*]).
Les œnologues distinguent trois phases dans la dégustation (*tasting*) d'un vin:

1. L'examen visuel qui permet d'observer la limpidité et la couleur d'un vin
2. L'examen olfactif qui permet de sentir le vin sans le goûter afin d'analyser son arôme
3. L'examen en bouche qui permet de percevoir l'acidité, le sucre, l'alcool et le moelleux (*mellowness*), selon le type de vin

Vocabulaire

A. Mots de la même famille. Devinez le sens.

absent(e) (Adj.) → **s'absenter** (Verbe); Le restaurateur a dû s'absenter pour passer une commande de champagne.
un bouchon (Nom) → **déboucher** (Verbe); Quand on enlève le bouchon d'une bouteille de vin, on dit qu'on la débouche.

B. Faux amis.

une commode meuble qui comprend des tiroirs et dans lequel on range du linge (≠ *commode*: toilettes)
rude **dur** (≠ *rude*: **impoli**); Il avait oublié sa clé et il a donné un coup rude dans la porte pour l'ouvrir.

A. Titre. Connaissez-vous des villes françaises associées à des vins célèbres?

B. Première lecture intégrale sans dictionnaire. Lisez le texte une première fois pour en comprendre l'idée générale.

Le vin de Paris

(...) Il y avait à Paris, en janvier 1945, un certain Etienne Duvilé, trente-sept trente-huit ans, qui aimait énormément le vin. Par malheur, il n'en avait pas. Le vin coûtait deux cents francs la bouteille et Duvilé n'était pas riche. (...) Cependant, il avait une femme, deux enfants et un beau-père de soixante-douze ans, hargneux[1], capricieux, abandonnant avec arrogance ses quinze cents francs de retraite mensuels à la communauté familiale, et qui aurait mangé comme plusieurs beaux-pères si on ne l'avait pas rationné. (...) Entre Duvilé et lui s'élevaient des disputes aigres[2], violentes, souvent sordides. Le beau-père se plaignait de n'avoir pas la nourriture ni le confort auxquels lui donnaient droit ses quinze cents francs par mois. Le gendre[3] l'invitait à aller vivre ailleurs et sa femme finissait par le traiter de mufle[4]. (...) Comme tant d'autres, la famille Duvilé vivait dans une perpétuelle nostalgie de mangeaille[5]. Les songeries[6] des enfants, de leur mère et de leur grand-père étaient lourdes de boudin[7], de pâté, de volaille, de chocolat, de pâtisserie. Duvilé, lui, pensait au vin. Il y pensait avec une ferveur sensuelle. (...) D'humeur renfermée, il ne faisait part à personne de cette soif de vin qui le ravageait, mais à ses moments de solitude, il s'abîmait dans des visions de bouteilles, de tonneaux et de litres de rouge. (...)

Un dimanche matin, il descendit lui-même faire les provisions du ménage. Depuis trois jours, on annonçait une distribution de vin que l'épicier croyait imminente et Duvilé eut l'intuition qu'elle aurait lieu ce matin. Contre son attente, le vin n'était pas arrivé. Au retour, sa femme lui demanda s'il ne sentait pas venir une mauvaise grippe, car il avait une mine défaite[8]. Pendant le repas, il se montra nerveux et taciturne. Les fontaines de vin chantaient dans sa tête une chanson triste. Il mangeait sans appétit et ne buvait pas. Sur la table, il y avait une carafe d'eau d'une limpidité révoltante.

On était au milieu du repas et, (...) tout à coup, Duvilé leva les yeux sur son beau-père. Une lueur[9] de curiosité, de surprise, s'éveilla dans son regard éteint. Brusquement, il découvrit que le vieillard avait une forme intéressante. (...) «Je ne rêve plus, se dit-il, on croirait une bouteille de bordeaux». (...) Pour échapper à l'obsession, Duvilé s'absenta tout l'après-midi, mais le soir, au dîner, en voyant son beau-père, la ressemblance lui sauta aux yeux avec une évidence qui lui fit battre le cœur. (...)

Il passa une mauvaise nuit, son sommeil peuplé de cauchemars[10]. (...) En se levant, il éprouva, pour la première fois de sa vie, un sentiment d'ennui et de contrariété[11] à l'idée de se rendre à son bureau. (...) Sur le point de partir et déjà dans le vestibule, il entendit un gémissement[12]. Avant même de s'être rendu compte d'où partait l'appel, il courut à la chambre de son beau-père qu'il trouva à plat ventre

[1] *nagging, belligerent*
[2] *bitter*
[3] *son-in-law*
[4] *skunk (insult), boor*
[5] *large quantities of food* (fam.)
[6] *day dreams*
[7] *blood sausage*
[8] *a hagard face*
[9] *glimmer*
[10] *nightmares*
[11] *annoyance*
[12] *moaning*

sur le plancher. Le bonhomme avait trébuché[13] sur un obstacle et, dans sa chute, sa tête avait porté contre un angle de la commode. Son gendre le ramassa[14] en tremblant et le conduisit au cabinet de toilette[15]. Le sang coulait d'une petite plaie à l'arcade sourcilière[16]. Duvilé resta un moment immobile, les yeux agrandis, à regarder ce beau liquide rouge qui coulait comme une fontaine précieuse. Il fallut l'arrivée de sa femme pour le tirer de sa contemplation et il murmura: «Heureusement que le coup a porté près du bouchon. C'est tout de même moins grave».

Depuis ce jour, Etienne Duvilé ne se rendait plus à son travail qu'avec une extrême répugnance, (...) car il tremblait qu'en son absence le beau-père ne se brisât[17]. L'heure venue, il courait prendre le métro et, rentrant chez lui hors d'haleine[18], demandait: «Le grand-père va bien?» Rassuré, il se rendait auprès du vieillard qu'il accablait de prévenances,[19] lui proposait un fauteuil, un coussin, surveillant ses moindres pas. (...) Le bonhomme y répondait par de menues[20] attentions, en sorte qu'une atmosphère d'harmonieuse concorde régnait maintenant dans la maison. Toutefois, il lui arrivait d'éprouver un vague sentiment de méfiance lorsqu'il surprenait son gendre rôdant[21] autour de lui avec un tire-bouchon à la main. (...)

Un jour qu'il revenait de son bureau, Duvilé rencontra dans le métro un ancien camarade de régiment avec lequel il avait fait la retraite de 1940[a]. (...) Le camarade évoqua un séjour qu'ils avaient fait ensemble dans une cave abandonnée: «Tu te rappelles, le sergent Moreau, comment il débouchait les bouteilles? Un coup de tisonnier[22], toc, il leur cassait le col[23] au ras des épaules». Tout plein de ces réminiscences, Duvilé rentra parmi les siens. Une joie discrète animait les traits de son visage. Les yeux lui sortaient légèrement de la tête. (...) On passa à table et, lorsque son beau-père fut assis, Duvilé vint à lui avec un tisonnier dans la main droite.

—Ne bougez pas, dit-il en lui plaçant un doigt sous le menton.

Le vieillard souriait bonnement. Reculant[24] d'un pas pour prendre le champ convenable, Duvilé leva le bras et lui déchargea sur le col un bon coup de tisonnier. Le choc était rude, non mortel. Le malheureux poussa un hurlement[25]. Mme Duvilé et les deux enfants, avec des cris et des supplications, essayèrent de s'interposer. Mais Duvilé voyait vin rouge. Heureusement, un voisin alerté par le bruit fit irruption dans la salle à manger. Croyant voir entrer une bouteille de bourgogne, Duvilé se tourna contre lui, car il avait une estime particulière pour le bourgogne. De ce côté, il se heurta[26] à une très vive résistance. (...) S'échappant alors de l'appartement, il dévala les étages au galop[27], ayant toujours son tisonnier solidement en main. Dans la rue l'attendait un spectacle merveilleux. Des dizaines et des dizaines de bouteilles, des crus les plus divers, déambulaient[28] sur le trottoir, les unes solitaires, les autres par rangées[29]. Un moment, il suivit des yeux avec amitié le couple charmant que formaient un bourgogne et une fine bouteille d'Alsace (...). Puis, avisant un clochard[30] qui se recommandait à lui par son aspect poussiéreux[31], il s'en approcha et l'étourdit[32] d'un seul coup de tisonnier. Des soldats américains[b] qui passaient par là réussirent à le maîtriser. Emmené au poste de police, il y manifesta le désir de boire le commissaire.

Aux dernières nouvelles, Duvilé est dans un asile d'aliénés[33] et il semble qu'il ne soit pas près d'en sortir, car les médecins l'ont mis à l'eau de Vittel[c]. (...)

[13] *stumbled*
[14] *picked up*
[15] *lavatory*
[16] *wound on the brow ridge*
[17] *become broken, shattered*
[18] *out of breath*
[19] *overwhelmed with kind attentions*
[20] *minute*
[21] *lurking*
[22] *poker*
[23] *neck of a bottle*
[24] *stepping back*
[25] *howling*
[26] *ran against*
[27] *galloped down the stairs*
[28] *were strolling about*
[29] *in rows*
[30] *tramp*
[31] *dusty*
[32] *stunned*
[33] *lunatic asylum*

[a] En 1940, la France a perdu la guerre contre l'Allemagne, ce qui a entraîné le retrait des troupes françaises.
[b] En août 1944, les alliés (Américains et Britanniques) ont libéré Paris de l'occupation allemande; les soldats alliés passaient par Paris pour se rendre sur le front et, même après la fin de la guerre, on voyait des soldats alliés à Paris.
[c] Eau minérale célèbre.

C. Recherche d'informations spécifiques. Complétez les rubriques suivantes.

1. Profil d'Etienne Duvilé
   a. âge:
   b. situation de famille:
   c. ville de résidence:
2. Autres personnages mentionnés dans le texte:
3. Aliments mentionnés au premier paragraphe:

D. Structure du texte.

1. Délimitez les quatre grandes parties du texte.
   a. présentation des personnages
   b. incident qui provoque la transformation d'Etienne
   c. transformation d'Etienne
   d. la crise finale
2. Pour chaque partie, relevez les phrases clés.

E. Activités de langue.

1. A quel temps la majorité des verbes sont-ils conjugués au premier paragraphe? Pourquoi?
2. A partir du deuxième paragraphe, quel est le temps employé pour exprimer les actions au passé?
3. Dans les paragraphes 2, 3 et 4, remplacez le passé simple par le passé composé en faisant attention à l'accord des participes passés.
4. Justifiez l'emploi de l'imparfait au paragraphe 5 («Depuis ce jour...»).

Après la lecture

A. Questions à partir du texte.

1. Le vieil homme était-il logé gratuitement chez les Duvilé? Justifiez votre réponse.
2. Quelle était l'ambiance qui régnait au foyer d'Etienne au début de l'histoire?
3. Qu'est-ce qui séparait Etienne du reste de la famille?
4. A quel moment l'obsession d'Etienne a-t-elle commencé à prendre forme?
5. Au cours de quel incident cette obsession s'est-elle confirmée?
6. De quelle façon l'attitude d'Etienne à l'égard de son beau-père a-t-elle changé? Pourquoi?
7. Le beau-père soupçonnait-il quelque chose?
8. Quel est l'événement qui a poussé Etienne à donner libre cours à son obsession?
9. A quel moment le lecteur comprend-il qu'Etienne a des hallucinations totales? Donnez des exemples précis.
10. Où Etienne se retrouve-t-il à la fin de l'histoire?
11. Quelle est l'ironie contenue dans la dernière phrase?

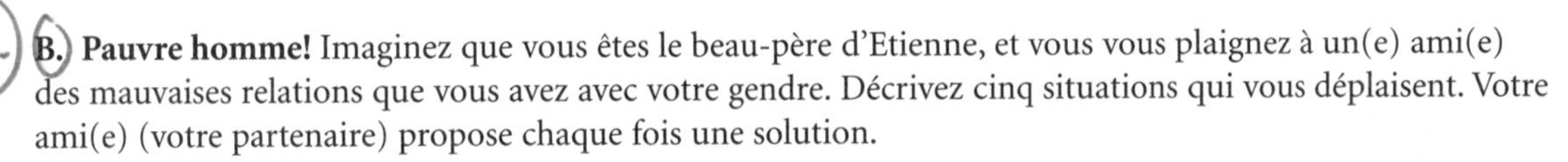

B. Pauvre homme! Imaginez que vous êtes le beau-père d'Etienne, et vous vous plaignez à un(e) ami(e) des mauvaises relations que vous avez avec votre gendre. Décrivez cinq situations qui vous déplaisent. Votre ami(e) (votre partenaire) propose chaque fois une solution.

C. Chez le psychiatre. Maintenant, vous êtes Etienne et vous consultez un psychiatre (votre partenaire). Décrivez cinq de vos rêves ou hallucinations. Le psychiatre vous donne chaque fois un conseil.

D. L'histoire d'Etienne Duvilé. Résumez l'histoire *Le Vin de Paris* en employant l'imparfait, le passé composé et le plus-que-parfait, selon le cas.

E. Un cauchemar. Racontez au passé un cauchemar que vous avez fait.

Boîte à outils

1. Donner des conseils

Je te/vous conseille de… (+ infinitive) ≠ Je te/vous déconseille de… (+ infinitive) Je te conseille de manger moins de matières grasses.	*I advise you to …* *I advise you not to …* *I advise you to eat less fat.*
Si j'étais toi/vous… / A ta/votre place… (+ conditional present) Si j'étais toi, je ferais le régime. = A ta place, je ferais le régime.	*If I were you … / If I were in your shoes …* *If I were you / in your shoes, I would go on a diet.*
Tu devrais... / Vous devriez... (+ infinitive) Tu aurais dû... / Vous auriez dû... (+ infinitive) Tu devrais manger plus lentement.	*You should ...* *You should have …* *You should eat more slowly.*
Tu as / Vous avez intérêt à… (+ infinitive) Tu ferais / Vous feriez mieux de… (+ infinitive) Vous feriez mieux d'utiliser moins de beurre!	*You had better… / You would be well advised to ...* *You'd better use less butter!*
Il vaut mieux (+ infinitive) Il vaudrait mieux (+ infinitive) Il vaudrait mieux éliminer le chocolat.	*It is better to ...* *It would be better to …* *It would be better to eliminate chocolate.*
Ce n'est pas le moment de… (+ infinitive) Ce n'est pas le moment d'aller au restaurant, malade comme tu l'es!	*This is no time for …* *This no time for going to the restaurant, sick as you are!*

2. Convaincre

Je t'assure que… / Je vous assure que… Je t'assure que j'ai mis du sel dans la sauce!	*I assure you that …* *I assure you that I put salt in the sauce!*
J'en suis sûr(e)/certain(e) J'ai mis la glace au congélateur! J'en suis certain(e)!	*I am sure/certain about it.* *I put the ice cream in the freezer! I'm sure about it!*
Crois-moi… / Croyez-moi… Les invités aimeront ta charlotte aux fraises, crois-moi!	*Believe me …* *The guests will like your strawberry charlotte, believe me!*
Je vais te/vous le prouver Tu ne crois pas que je suis allergique aux fraises? Je vais te le prouver!	*I am going to prove it to you!* *You don't believe that I am allergic to strawberries? I'm going to prove it to you!*
Il n'y a aucun doute là-dessus! / Cela ne fait aucun doute! C'est le whisky qui t'a rendu(e) malade! Cela ne fait aucun doute!	*There's no doubt about it!* *It's the whisky that made you sick! There's no doubt about it!*
Tu as tort / Vous avez tort! / Tu te trompes / Vous vous trompez! Tu te trompes! La France n'a plus le premier rang mondial pour l'alcoolisme.	*You are wrong! / You are mistaken!* *You are mistaken! France is no longer number one in the world for alcoholism!*

Je te/vous dis que…	*I tell you that …*
Je te dis que le dîner est à 20 h.	*I tell you that dinner is at 8 p.m.*
Tu ne me crois pas?	*Don't you believe me?*

A vous maintenant

A. Un choix difficile. Vous êtes au restaurant avec votre camarade. Il/Elle désire maigrir mais n'a aucune connaissance en diététique. Conseillez-le/la pour choisir son menu; employez chaque fois une des expressions pour conseiller ou pour convaincre. Employez chaque expression seulement une fois.

EXEMPLE: choisir / haricots verts / lentilles
—Tu me conseilles de choisir des haricots verts ou des lentilles?
—A ta place, je choisirais des haricots verts.

1. commencer par / apéritif / jus de fruit
2. prendre / poulet / bœuf
3. boire / vin / eau minérale
4. manger / pain / biscottes
5. demander / beurre / margarine
6. prendre / salade / saucisson
7. commander / pommes de terre / pâtes
8. finir par / fruit / gâteau

B. Une alimentation équilibrée. L'alimentation de votre fils/fille de 15 ans n'est pas équilibrée. Essayez de le/la convaincre de manger convenablement selon le modèle; employez chaque fois des expressions différentes.

EXEMPLE: hamburgers
—J'adore les hamburgers!
—Mais je t'assure que les hamburgers ne sont pas bons pour la santé!

1. glaces
2. coca
3. frites
4. pizza
5. charlotte aux fraises
6. charcuterie
7. sucreries
8. porc

ECHANGES

Situation 1: Une soirée au restaurant

Call and ask a friend to go to a restaurant with you. Discuss the time and place where you will meet, the type of restaurant you prefer, and what you will do afterwards. Use the future tense.

Situation 2: Chez le/la diététicien(ne)

You are a dietician, and you have been invited to appear on a local TV show about nutrition. Give your advice on various diets for people who have too much cholesterol (**le cholestérol**), people who are obese (**obèse**), and people who are too thin.

Echos francophones

LE MENU / *THE MENU*

Quelques plats qui ont contribué à notre succès et à notre réputation.

Vous saurez certainement en découvrir d'autres lors de votre prochaine visite.

Some of the dishes which have contributed to our success and our reputation.

You'll be sure to discover others when you next visit us.

Soupe aux pois grand-mère
Pea soup grand-mère

☆

Filet de truite fumée
Smoked trout fillet

☆

Soupe à l'oignon gratinée
Onion soup parmesan

☆

Canard du Lac Brôme au sirop d'érable
Lake Brôme duckling with maple syrup

7

Charlotte d'agneau aux courgettes et coulis de poivron rouge
Lamb charlotte with zucchinis and red pepper purée

Tournedos à l'oseille et au caribou
Tournedos with sorrel and caribou wine sauce

☆

Assiette des habitants
Country platter

☆

Tarte au sirop d'érable,
Soufflé froid à l'orange et au chocolat,
Tartine au sucre du pays
Maple syrup pie, Cold orange and chocolate soufflé, Maple sugar tartine

8

[1]*maple sap*
[2]*cut*
[3]*taste, sample*
[4]*of yesteryear*
[5]*broad beans*
[6]*pie*
[7]*range*
[8]promenade
[9]*horse-drawn carriage*
[10]de la région de la Beauce

Québec: le temps des sucres

La montée de la sève d'érable[1] en avril annonce le printemps. Voici revenu le temps des sucres!

Poursuivant la coutume amérindienne, les premiers colons ont appris à entailler[2] l'érable à sucre et à en faire réduire l'eau pour obtenir un sirop onctueux, apprécié pour sa saveur et sa couleur. Ce rituel a donné naissance à une industrie florissante qui produit chaque année des milliers d'hectolitres† de sirop et de sucre d'érable, soit 85% de la production canadienne.

Quelque 400 érablières, situées pour la plupart près des grandes villes, vous accueillent à leurs tables au printemps. Courez-y déguster[3] une cuisine familiale à la mode d'antan[4]: fèves[5] au lard, jambon, tourtière[6], omelette et un éventail[7] de desserts sucrés à l'érable.

Profitez de l'occasion pour faire une balade[8] en voiture attelée[9] ou pour vous joindre aux grandes manifestations que sont le Festival beauceron[10] de l'érable à Saint-Georges et le Festival de l'érable à Plessisville.

Soyez de la partie, la sève est une eau... de vie!

(*Vacances Québec*, © Tourisme Québec)

RESTAURANT

aux Anciens Canadiens

34, rue St-Louis
casier postal 175
succursale Haute-Ville
Québec G1R 4P3
Tél.: (418) 692-1627
Fax: (418) 692-5419

Questions à partir du texte

1. Qu'est-ce qui annonce le printemps au Québec?
2. Quel est le procédé employé pour faire du sirop d'érable? Qui a appris ce procédé aux premiers colons?
3. Quelle est l'importance de l'industrie de l'érable?
4. Citez quelques spécialités culinaires québécoises.
5. Nommez deux manifestations annuelles liées à l'érable.

---

† Un hectolitre = 100 litres; one quart = 0,94 litre

Le Congo on bref

Superficie: 342 000 km^2

Climat: équatorial

Population: 2 376 000 habitants (les Congolais)

Statut: République populaire; ancienne colonie française devenue indépendante en 1960

Capitale: Brazzaville (760 300 habitants), fondée en 1880 par le colonisateur français Savorgnan de Brazza

Langues: français (langue officielle), lingala, munukutuba, lari

Religions: catholiques (54%), protestants (24%), animistes (19%)

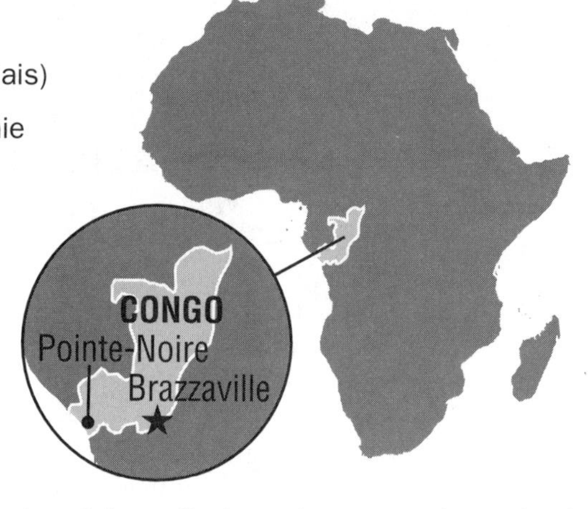

Economie: bois, manioc, canne à sucre, élevage, pêche, pétrole, potasse, uranium, plomb (*lead*), fer

La table au Congo

En revenant du Congo, les curieux et autres amateurs d'insolite[1] pourront se targuer[2] d'avoir mangé du singe[3] — le «cousin» comme l'appellent avec humour les amateurs congolais. Servi avec du «coco»[†], le singe fumé a le goût de la poitrine de porc fumée.

Gros consommateurs de viande de brousse[4], les Congolais — comme tous les Africains — se nourrissent de nombreux animaux sauvages: antilopes, buffles, éléphants, hippopotames, boas, etc. Selon les connaisseurs africains ou européens, les viandes les plus délectables sont celles du porc-épic[5], des antilopes et de l'agouti qu'on trouve dans toute l'Afrique noire et qui a le goût du lièvre[6]. Toujours d'après ces gastronomes de brousse, le singe noir doit être cuisiné en daube[7]. Le buffle étant un peu coriace[8], il faut consommer sa viande en filet ou en pot-au-feu[9]. De l'éléphant, on mange une partie de la trompe[10] ou le pied cuit très longtemps (deux jours) dans la braise[11].

Il pousse au Congo de très nombreux fruits, entre autres l'ananas, la mangue, la goyave[12], la banane, le corossol[13], le pamplemousse[14], l'orange et la mandarine. Dans les restaurants, il n'est pas rare de trouver sur la carte de délicieux desserts à base de fruits exotiques, notamment des sorbets.

Adapté de Jean-Claude Klotchkoff, *Le Congo aujourd'hui*, ©Editions du Jaguar

[1]*connaisseurs of the unusual*
[2]*pride themselves*
[3]*monkey*
[4]*bushland*
[5]*porcupine*
[6]*hare*
[7]*stewed*
[8]*tough*
[9]*boiled*
[10]*trunk*
[11]*coals*
[12]*guava*
[13]*custard-apple*
[14]*grapefruit*

[†]drink made with liquorice

Questions à partir du texte

1. Quel est l'animal que les Congolais ont surnommé le «cousin»?
2. Qu'est-ce qui est à la base de l'alimentation au Congo?
3. Quelles sont les meilleures viandes selon les connaisseurs?
4. De quelle façon faut-il consommer le singe noir? le buffle? l'éléphant?
5. Citez quelques fruits qui poussent au Congo. Lesquels avez-vous déjà consommés?

L'habitat

Culture et communication

- Introduction
- Texte 1: Maison Phénix
- Texte 2: Problèmes des banlieues
- Texte 3: La maison bourgeoise

Boîte à outils

- Expressions idiomatiques avec le subjonctif
- La circonlocution

Echos francophones

- La maison au Togo
- L'habitat traditionnel en Algérie

Introduction

Ville et campagne

La migration des campagnes vers les villes a commencé après la Révolution de 1789 et a duré environ deux siècles. Aujourd'hui, 85% de la population est concentrée dans les villes et 15% à la campagne. Cependant, la croissance urbaine s'est maintenant arrêtée et la population rurale est de nouveau en légère augmentation.

Dans les années 60, les grandes villes ont été peu à peu abandonnées pour des raisons économiques à cause du coût des logements en ville, et aussi à cause du désir de beaucoup d'avoir une petite maison et un jardin. De plus, la France manquait de logements à cette époque-là et on a construit ce qu'on appelle les premiers grands ensembles et les villes dortoirs à la périphérie des grandes villes. Malheureusement, ces villes offraient peu d'occasions de rencontres et restaient désertes pendant la journée et le week-end. Il y a eu ensuite une migration de la population vers les petites communes rurales où l'on recherchait la convivialité et le calme. Mais cette solution posait des problèmes en ce qui concerne l'emploi, les écoles, les transports en commun et la vie culturelle. On constate donc aujourd'hui un retour dans les centres villes grâce à la construction de logements mieux intégrés à l'environnement et à la création d'activités culturelles dans les quartiers.

Le logement

57% des Français habitent une maison individuelle.

43% habitent un appartement.

Aujourd'hui, 55% des Français sont propriétaires de leur logement et cette proportion est en augmentation grâce aux nombreux prêts accordés aux jeunes couples.

Une villa sur la côte d'Azur

14% des résidences principales sont des HLM (Habitations à loyer modéré). Les HLM sont des logements financés par l'Etat et la plupart ont été construites après 1948, en particulier dans les banlieues. C'est dans ce type de logement que l'on assiste à des confrontations entre les bandes de délinquants et la police. On y trouve beaucoup de ménages avec des enfants et une grande proportion de familles étrangères, ce qui encourage les mouvements de racisme dirigés contre les immigrés que l'on rend responsables de ce courant d'insécurité.

La France est le pays du monde où l'on compte le plus grand pourcentage de résidences secondaires avec 13% des ménages. Ces résidences secondaires sont souvent le résultat d'un héritage.

Le logement des étudiants

En France, 25% des étudiants habitent chez leurs parents. Les autres ont le choix entre plusieurs formules. Il y a d'abord les petites chambres individuelles en cité universitaire qui sont en nombre limité. Il y a également les chambres en ville chez l'habitant, les chambres de bonnes au dernier étage des immeubles anciens, les studios ou encore la colocation qui permet de partager un appartement avec d'autres personnes. Selon la situation financière des parents, certains étudiants peuvent recevoir du gouvernement une allocation de logement.

Equipement

La majorité des logements en France sont équipés d'un réfrigérateur, d'un aspirateur, d'un lave-linge, du téléphone et d'un téléviseur. D'autres équipements sont en progression, tels que le lave-vaisselle, le congélateur et le Minitel. Les derniers biens d'équipement introduits sur le marché sont le lecteur de disques compacts, le micro-ordinateur, le sèche-linge et le four à micro-ondes. La présence de ces équipements ménagers est directement liée à l'âge et à la catégorie sociale de ses usagers.

Vocabulaire pour la discussion

Les parties de la maison

un balcon	*balcony*
une chambre (à coucher)	*bedroom*
une cheminée	*chimney or fireplace*
une cuisine	*kitchen*
→ **une cuisine équipée**	*kitchen equipped with appliances*
un escalier	*staircase*
le parquet	*wooden floor*
≠ **le carrelage**	*tile floor*
une pièce	*room*
→ **un deux-pièces** = **un F2**	*one-bedroom apartment*
→ **un trois-pièces** = **un F3**	*two-bedroom apartment*
une salle à manger	*dining room*
une salle de bains	*bathroom*
≠ **un cabinet de toilette**	*lavatory*
un salon	*sitting room*
≠ **une salle de séjour**	*living room (combined dining and sitting)*

Les meubles (m.) et la décoration

un abat-jour	*lamp shade*
un canapé = **un sofa**	*couch*
→ **un canapé-lit**	*sofa bed*
une chaise	*chair*
≠ **un fauteuil**	*armchair*
une commode	*dresser, chest of drawers*
une glace	*mirror*
≠ **un miroir**	*hand mirror*
un meuble	*a piece of furniture*
≠ **le mobilier**	*furniture in general*
un placard	*cupboard, cabinet, closet*
un rideau	*curtain or drape*
une table	*table*
→ **une table basse**	*coffee table*
→ **une table de nuit**	*night stand, bedside table*
un tabouret	*stool*
un tapis	*carpet, rug*
≠ **la moquette**	*wall-to-wall carpeting*

Le logement

acheter à crédit	*to buy on installment*
un ascenseur	*elevator*
un bail	*lease*
une bande	*(street) gang*
la banlieue	*suburbs*
bâtir = **construire**	*to build*
le béton	*concrete*
une caution = **une garantie**	*guarantee; also deposit*
un chantier	*working or building site*
les charges (f.)	*utilities*
compris(e)	*included (in a price)*
la concierge	*apartment building caretaker (usually a woman)*
déménager	*to move (out)*
≠ **emménager**	*to move in*
un étage	*floor, story*
→ **le premier étage**	*second floor*
≠ **le rez-de-chaussée**	*ground floor*
→ **le deuxième étage**	*third floor*
financier (-ière)	*financial*
un grand ensemble = **une cité**	*residential area consisting of large apartment buildings*
un immeuble	*(apartment or office) building*
→ **l'immobilier** (m.)	*real estate*
louer	*to rent*
→ **le loyer**	*the rent*
meublé(e)	*furnished*
≠ **vide**	*empty, unfurnished*
les ordures (f.) **ménagères**	*household trash*
un pavillon	*individual house in the north of France*
≠ **une villa**	*individual house in the south of France*
le peuplement	*settlement, populating*
un prêt	*loan*
un prix abordable	*affordable price*
un(e) propriétaire	*owner*
≠ **un(e) locataire**	*tenant*
le quartier	*district, neighborhood*

un studio *efficiency apartment*
un terrain *building lot*
transformer *to remodel (a house)*
la vente *sale*
≠ **l'achat** (m.) *purchase*
une ville-dortoir *bedroom community*
une ville nouvelle *recently-built large housing development in the suburbs*

Les équipements (m.) ménagers

un autocuiseur *pressure cooker*
une cafetière *coffee maker*
un congélateur *freezer*
une cuisinière électrique/à gaz *electric/gas stove*
un four à micro-ondes *microwave oven*
un lave-linge = **une machine à laver** *washing machine*
un lave-vaisselle *dishwasher*
un lecteur de disques compacts *CD player*
un magnétoscope *VCR*
un réfrigérateur *refrigerator*
un robot-mixer *food processor*
un sèche-linge *clothes dryer*
un téléviseur *TV set*
≠ **la télévision** *television*

Evaluez vos connaissances

A. Définitions. Complétez les phrases suivantes avec des expressions du **Vocabulaire pour la discussion.**

1. La personne qui possède un logement est le ____________________ mais la personne qui loue un logement est le ____________________.
2. C'est souvent dans les grands ensembles qu'on trouve des ____________________ ou groupes de délinquants.
3. Les ____________________ comprennent l'eau, l'électricité, le gaz et les ordures ménagères.
4. Pour faire du café, on emploie généralement une ____________________ électrique.
5. Quand on n'a pas assez d'argent pour payer comptant, on peut acheter à ________________.
6. Pour monter au troisième étage, on peut prendre l'escalier ou l'________________.
7. Quand on loue un appartement meublé, on n'a pas besoin d'acheter de ________________.
8. Dans un ________________, on trouve généralement des appartements ou des bureaux.
9. Le plus petit appartement qu'on puisse trouver est un ____________________.

B. Appartement à louer. Vous cherchez un appartement à louer. Choisissez l'une des petites annonces ci-dessous et téléphonez pour avoir des renseignements supplémentaires. Le/la propriétaire ou l'agent immobilier (votre partenaire) répond à vos questions. Dites si vous voulez voir l'appartement ou non. Si oui, fixez un rendez-vous.

2 p. centre ville, 2e étage ss. ascenseur. Tél 93.00.20.33. 12h à 17h.

3 p. 70 m^2 1er ét. près mairie. 3100F + 270 F ch. Agence de l'Estérel. 92.70.15.30.

Cannes av. de Grasse. 4 pièces 80 m^2 + terrasse, cuisine équipée, vue mer. 4000F + ch. Tél. 93.09.83.95.

Studio bord de mer. 3000F + ch. Tél. h. repas. 92.33.22.42.

p. = pièces
ss. = sans
1 m^2 = *9 square feet*
et. = étage
ch. = charges
h. repas = heures des repas
av. = avenue

C. Questions personnelles.

1. Dans votre pays, quelles sont les catégories sociales qui habitent généralement dans le centre ville? en banlieue?
2. Où avez-vous l'intention d'habiter? Pourquoi?
3. Y a-t-il dans votre pays l'équivalent des HLM?
4. Trouve-t-on dans votre pays les mêmes biens d'équipement qu'en France? Dans les mêmes proportions, à votre avis?

TEXTE 1

Maison Phénix

Avant la lecture

Culture

1. Décrivez en détail une maison typique de votre pays ou de votre région.
2. Est-ce que les maisons sont très différentes d'une région à l'autre? Si oui, pourquoi?

Vocabulaire

A. Mots de la même famille. Devinez le sens.

souhaiter (Verbe) → **un souhait** (Nom); Bon anniversaire! Meilleurs souhaits de bonheur et réussite!
la conception (Nom) → **concevoir** (Verbe), **conçu(e)** (part. passé); Je n'arrive pas à concevoir la violence qui règne dans certains ghettos.

B. Faux amis.

l'achèvement (m.) **fin, terminaison** (≠ *achievement*: **réussite, accomplissement**); L'achèvement des travaux de construction est prévu pour le 30 septembre.
s'engager (à) **promettre** (≠ *to become engaged*: **se fiancer**); Le propriétaire et le locataire s'engagent à respecter le bail.

Lecture

A. Titre et illustration. Observez les titres, sous-titres et illustrations du document suivant. A votre avis, de quel type de document s'agit-il?

B. Première lecture intégrale sans dictionnaire. Lisez le document une fois en entier pour une compréhension globale.

MAISON PHENIX: "NOTRE MEILLEURE PUBLICITÉ C'EST NOS ANCIENS CLIENTS".

Exemples de décoration.

M. Caricand, en région parisienne:

«Nous n'avions pas de terrain. Maison Phénix nous a aidés à le choisir et à le négocier.
Il est très bien situé et correspond à nos possibilités financières. Et puis, pour le financement, même chose.
Nous sommes très contents de Maison Phénix. Et notre maison est vraiment réussie!»

... ET COMME EUX, DEVENEZ PROPRIÉTAIRE.

Vous verrez sur votre petit écran[1] chaque semaine toute l'année, des clients Maison Phénix qui disent leur satisfaction et les raisons de leur accord avec Maison Phénix : délais[2] respectés, sites respectés, attention portée aux besoins de financement[3] spécifiques, aux souhaits de la famille, aide dans le choix du terrain, etc. Des exemples ?

M. et Mme Guillaudeau

ont aujourd'hui une Maison Phénix dont toute la famille est très heureuse. "En plus, elle a été livrée[4] à la date prévue pour le devis[5] donné. Que demander de plus, n'est-ce-pas !".

M. et Mme Devaux

en sont à leur deuxième Maison Phénix. "Nous avons été très satisfaits de la première. Aussi lorsque nous avons décidé d'en construire une seconde, nous leurs avons fait confiance pour réaliser une maison bien intégrée à l'architecture du coin[6]. C'est très réussi non !? Et la première s'est très bien vendue..."

M. et Mme Guillemet

transforment aujourd'hui leur Maison Phénix. "Elle a été bien conçue : nous avions dit à Maison Phénix que nous ferions des améliorations successives, aujourd'hui c'est l'atelier[7]. Plus tard, ce sera une véranda. Elle a été prévue pour ça. Et c'est superbe !".

MAISON PHENIX S'ENGAGE

Notre engagement pour votre réussite

1er constructeur de Maisons Individuelles en France, MAISON PHENIX engage son nom à bâtir votre réussite. MAISON PHENIX va au-delà des garanties légales auxquelles tout constructeur doit se conformer, en vous offrant l'assurance dommage-ouvrage[8] et en y ajoutant les garanties de notre propre charte.

Art. 1 - Nous nous engageons à vie

Oui, pour les éléments essentiels de la construction - murs extérieurs en béton armé[9], ossature[10], charpente[11] et soubassements[12]. MAISON PHENIX garantit votre maison à vie. En cas de revente, MAISON PHENIX porte la garantie de 10 à 30 ans, soit 20 ans de plus que la garantie prévue par la loi.

Art. 2 - Nous nous engageons sur les prix

MAISON PHENIX s'engage à construire votre maison à un prix bloqué définitivement au départ du délai de construction. Une garantie MAISON PHENIX.

Art. 3 - Nous nous engageons sur les délais

MAISON PHENIX s'engage à respecter les délais et à vous remettre les clés de votre maison à la date prévue au démarrage[13] du chantier. En cas de retard exceptionnel, MAISON PHENIX vous versera une indemnité[14] égale à 1/1000e du prix de votre maison, par jour de retard constaté.

MAISON PHENIX est adhérent[15] de l'UNCMI† et fait bénéficier ses clients de la caution financière d'achèvement.

MAISON PHENIX Immeuble 4 - Energy Park, 162-166, bd de Verdun - 92413 COURBEVOIE Cedex

MAGENTA RC NANTERRE B 309 257 137

[1] *TV set*
[2] *deadlines*
[3] *financing*
[4] *delivered*
[5] *estimate*
[6] *region*
[7] *workshop*
[8] *insurance against damages to the work*
[9] *reinforced concrete*
[10] *frame*
[11] *structure*
[12] *foundations*
[13] *start*
[14] *will pay an indemnity*
[15] membre

†UNCMI = Union nationale des constructeurs de maisons individuelles

C. Recherche d'informations spécifiques.

1. Observez les illustrations de la partie gauche du document et décrivez-les.
2. Quatre anciens clients parlent de leur expérience avec Maison Phénix. Pour chacun, indiquez les avantages qu'ils ont eus avec Maison Phénix.
   a. M. Caricand
   b. M. et Mme Guillaudeau
   c. M. et Mme Devaux
   d. M. et Mme Guillemet
3. Quels sont les quatre engagements garantis par Maison Phénix?

D. Lecture détaillée. Relisez ce document à raison d'un paragraphe à la fois. Pour chacun, complétez les activités suivantes.

1. Entourez les expressions importantes.
2. Résumez l'idée générale et dites si elle correspond à son titre ou sous-titre.

Après la lecture

A. Questions à partir du texte.

1. Où habite M. Caricand? A votre avis, pourquoi est-il cité en premier?
2. Pourquoi, à votre avis, indique-t-on «Vu à la télé» et pourquoi est-ce que cette publicité montre des photos de personnes à la télévision?
3. Citez cinq raisons de satisfaction mentionnées sous le sous-titre à droite («... et comme eux...»).
4. Quels sont les deux éléments qui confirment la satisfaction de M. Guillaudeau? Est-il possible, à votre avis, d'en demander plus?
5. Pourquoi M. et Mme Devaux ont-ils fait construire leur deuxième maison par Phénix?
6. Quel argument M. Devaux ajoute-t-il pour confirmer la qualité des maisons Phénix?
7. Pourquoi M. et Mme Guillemet peuvent-ils transformer leur maison si facilement?
8. Quelle assurance Maison Phénix offre-t-elle?
9. Quelles parties de la maison sont garanties à vie?
10. A votre avis, pourquoi les clients photographiés ici sont-ils seulement de sexe masculin?
11. Quelle est leur situation de famille? Pourquoi est-ce important pour cette publicité?
12. A quelle(s) catégorie(s) sociale(s) cette publicité s'adresse-t-elle?

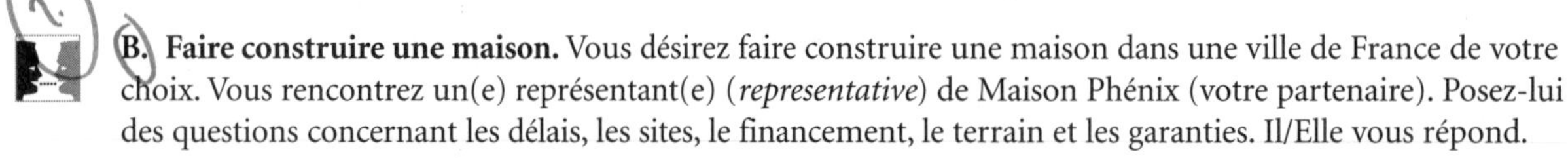

B. Faire construire une maison. Vous désirez faire construire une maison dans une ville de France de votre choix. Vous rencontrez un(e) représentant(e) (*representative*) de Maison Phénix (votre partenaire). Posez-lui des questions concernant les délais, les sites, le financement, le terrain et les garanties. Il/Elle vous répond.

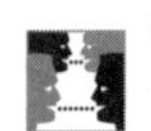

C. Publicité télévisée pour Maison Phénix. Le présentateur/la présentatrice interroge trois ou quatre ancien(ne)s client(e)s satisfait(e)s de leur Maison Phénix; il/elle demande à chacun(e) de présenter un argument pour convaincre les téléspectateurs. Jouez cette scène par groupes de quatre ou cinq.

D. Brochure. Préparez une brochure publicitaire de deux pages sur une entreprise de construction de maisons individuelles.

1. Choisissez le nom de votre société.
2. Faites les illustrations à l'aide de photos découpées de préférence dans des magazines français.
3. Indiquez les avantages et garanties de votre société.
4. Présentez quatre ancien(ne)s client(e)s qui parlent de leur expérience (avec photos, si possible).
5. Dessinez le plan d'une de vos maisons.

TEXTE 2

Problèmes des banlieues

Avant la lecture

Culture

1. Remue-méninges: les bandes et la délinquance
   a. Dans votre pays, dans quelle(s) partie(s) des grandes villes trouve-t-on surtout la délinquance?
   b. Quels sont les problèmes des jeunes qui vivent dans ces quartiers?
2. Par groupes de trois ou quatre, discutez une ou deux solutions pour limiter la délinquance dans ces quartiers. Partagez ensuite vos suggestions avec le reste de la classe.

Note: en France, le terme de «banlieue» fait référence aux communes situées à la périphérie des grandes villes. C'est dans les banlieues que l'on trouve une grande concentration d'HLM et d'immigrés.

Vocabulaire

A. Mots apparentés. Devinez le sens.

désespéré(e) Les jeunes délinquants commettent parfois des gestes désespérés pour attirer l'attention sur leur situation.

B. Mots de la même famille. Devinez le sens.

la banlieue (Nom) → **un(e) banlieusard(e)** (Nom) ; Les banlieusards qui travaillent au centre ville passent beaucoup de temps dans les transports en commun.

disparaître (Verbe) → **disparu(e)** (Part. passé); Les ghettos doivent disparaître.

casser (Verbe) → **un casseur** (Nom); Les casseurs causent beaucoup de dommages dans les immeubles des cités.

un pavillon (Nom) → **pavillonnaire** (Adj.); M. et Mme Dupont ont fait construire une maison dans une zone pavillonnaire.

un(e) voisin(e) (Nom) → **le voisinage** (Nom); Dans les villes nouvelles, il y a des immeubles et des magasins dans le voisinage.

C. Faux amis.

dériver avancer sans direction précise, sans objectif (≠ *to derive*: être tiré de, se trouver dans); Le bateau a été endommagé par la tempête et dérive.

Lecture

A. Titre. Lisez le titre et essayez d'imaginer les différents problèmes rencontrés dans les banlieues.

B. Première lecture intégrale sans dictionnaire. Lisez le texte une première fois en entier pour une compréhension globale.

Problèmes des banlieues

*Les banlieues ouvrières des grandes villes se sont surtout développées dans les années 60. Or, au début des années 90, une vague (*wave*) de violence s'est abattue sur ces banlieues. Les altercations entre bandes et police ont fait des morts des deux côtés. On a alors pris conscience de l'existence de bandes violentes, ce qui a eu pour résultat une certaine peur du public à l'égard des banlieues. En 1995, par exemple, au Festival international du film de Cannes, le film français* ***La Haine*** *(*hatred*) de Mathieu Kassovitz, qui décrit le malaise et la violence dans les banlieues, a remporté le prix de la mise en scène (*for best director*). Cependant, dans l'interview qui fait suite au texte ci-dessous, un sociologue nous montre que l'on exagère peut-être la gravité de la situation dans les banlieues.*

En France, la grande criminalité progresse très peu et les bandes violentes dont on parle souvent sont peu nombreuses. Les «ghettos» n'en sont pas vraiment; ils hébergent[1] toujours des populations mélangées qui restent reliées — par l'emploi, l'urbanisme et l'Etat-Providence[2] — au reste de la cité. Les communes, l'administration, l'école et la classe politique poussent en permanence l'action sociale et la majorité des enfants d'immigrés s'intègre progressivement à la vie française. Bref, sur 24 millions de banlieusards, la plupart vivent une vie calme et policée, fiers de leur quartier. Faut-il se rassurer pour autant[3]?

Chaque année, sur environ[4] 700 000 jeunes qui sortent de l'école, seuls 400 000 trouvent du travail. Les autres doivent attendre, souvent très longtemps. Les pauvres sont les plus touchés et l'urbanisme les a concentrés dans les mêmes quartiers. Alors, avec le temps, ces jeunes forment une société à part, oisive[5], frustrée, sans avenir et sans normes, avec son langage, ses rites et sa violence latente. Ils sont répartis dans les banlieues les plus dures, vivant de subsides parentaux, d'allocations, d'emplois éphémères[6]ou de trafics divers. La majorité d'entre eux respecte les lois mais la délinquance, la violence collective et la drogue recrutent dans cette classe d'âge. Souvent les parents sont au chômage eux-mêmes, souvent aussi, ils ont disparu ou se sont séparés, ou encore la mère vit seule, portée par la Sécurité sociale, fatiguée et désespérée. Sans autorité, sans sanction, les adolescents dérivent, cherchant cette prospérité clinquante[7] qu'une classe moyenne a érigée[8] en minimum vital.

Les cités côté soleil[9]

«Finissons-en avec les clichés misérabilistes[10]: le gros[11] des banlieusards travaillent normalement et ne font pas parler d'eux[12]».

Le Nouvel Observateur. — Vous avez enquêté dans les banlieues. Ce qui se produit ne contredit-il pas votre diagnostic plutôt optimiste?

Christian Jelen.[a] — Hélas, personne ne s'intéresse aux trains qui arrivent à l'heure!

Si une émeute[13] éclate, nous sommes aussitôt saoulés[14] par les discours catastrophistes et les images de jeunes casseurs qui hurlent leur haine. Mais qui a évoqué le lycée d'enseignement technique de Vaulx-en-Velin, un établissement formidable et vraiment moderne? Qui connaît l'existence de cet excellent théâtre situé juste en face de la cité des Indes, à Sartrouville[b]? Pour justifier leur raison d'être et augmenter leurs subventions, la plupart des associations jouent, elles aussi, la carte du misérabilisme et de la démagogie. Par leur intermédiaire, on ne peut rencontrer que le chômeur, le délinquant ou le drogué, jamais celui qui s'en est sorti[15]. Finissons-en avec les clichés et cessons de travailler dans l'urgence.

[1] *shelter*
[2] *welfare state*
[3] *for all that*
[4] approximativement
[5] *idle*
[6] *short-lived*
[7] *flashy*
[8] *erected*
[9] *the bright side*
[10] *indulging in the representation of human misery*
[11] *bulk*
[12] *do not cause people to talk about them*
[13] *riot*
[14] *drunk with*
[15] *who made it*

que sur cent enfants d'immigrés nés dans les années 60, 54% sont aujourd'hui des cols blancs, soit quatre fois plus que leurs pères. Et qu'il ne reste plus que 35% de manœuvres[21] d'origine immigrée contre 70% pour la génération précédente.

N.O.— N'est-ce pas quand même oublier un peu trop vite les laissés-pour-compte[22]?

C.J.— Je ne nie[23] aucun des problèmes qui se posent: l'exclusion, la délinquance, les difficultés de voisinage, la drogue. C'est justement pour cela que je vous répète qu'on ne peut plus se contenter de faire le tour des cités mais qu'il faut entrer dans les cuisines des HLM. Là, on trouve des jeunes poussés par des parents analphabètes[24] qui avaient pourtant compris l'importance de l'école, soit épaulés[25] par un frère ou une sœur qui s'est substitué à un père ou une mère qui en était incapable, soit soutenu[26] par un prof ou un instituteur qui avait décelé[27] en eux des qualités. Or les autres, les exclus, les casseurs, ce sont précisément tous ceux qui sont issus de familles où il n'y a plus d'autorité parentale, avec un père assisté[28] ou chômeur qui a perdu tout prestige et une mère impuissante qui ne sait pas communiquer avec son enfant. Tout dépend de la famille et de sa capacité à surveiller[29] la scolarité. Alors, pourquoi ne pas créer des sortes de cellules d'assistance familiale? Pour éduquer les parents et les inciter à redonner aux jeunes une certaine discipline, le sens de l'effort, en leur laissant comprendre que le seul moyen de s'en sortir, c'est l'école».

N.O.— Et lorsqu'on prend son temps, que voit-on?

C.J.— Toute une population qui échappe aux feux de l'actualité[16]: ceux qui travaillent normalement, ceux qui vont à l'école ou au lycée, bref, tous ceux qui ne font pas parler d'eux, c'est-à-dire les plus nombreux. Peu à peu, ces gens qui sont en situation de réussite normale vous en présentent d'autres. Ils vous ouvrent les pages jaunes des annuaires pour vous montrer les listes d'avocats, de médecins, d'enseignants ou de plombiers aux noms à consonance étrangère[17].

Puis vous découvrez qu'ils n'habitent plus forcément[18] dans les HLM, qu'ils vivent dans des zones pavillonnaires, parfois dans les centres villes.

N.O.—Mais il y a ceux qui restent dans les quartiers transformés en ghettos...

C.J.—Quoi qu'on fasse, il est impossible de reloger tout le monde et les plus pauvres n'ont pas les moyens de payer les loyers dans les villes nouvelles. C'est une forme de lutte contre le déracinement[19]. Mais quand ils sont socialement intégrés, qu'ils ont un métier, ils quittent les ghettos qui ont vocation à disparaître naturellement. Plus d'un tiers des Maghrébins[20] de la région lyonnaise ne vivent déjà plus dans les cités. On le sait, on ne le dit pas. Il est quand même frappant d'apprendre, par exemple,

(Laurent Joffrin et Henri Guirchoun, *Le Nouvel Observateur*, 20-26 juin 1991)

[16]*current events*
[17]*foreign-sounding names*
[18]nécessairement
[19]*uprooting*
[20]gens d'Afrique du Nord
[21]*unskilled workers*
[22]*unwanted persons, misfits of society*
[23]*deny*
[24]*illiterates*
[25]aidés
[26]*supported*
[27]*detected*
[28]*supported by social services*
[29]*supervise*

[a]Christian Jelen est sociologue.
[b]Vaulx-en-Velin et Sartrouville sont des villes de la banlieue parisienne.

C. Recherche d'informations spécifiques.

1. Complétez les rubriques suivantes à partir du texte.
   a. Nombre de banlieusards en France:
   b. Nombre de jeunes qui sortent de l'école chaque année:
   c. Nombre de jeunes qui trouvent du travail:
   d. Pourcentage des enfants d'immigrés qui sont aujourd'hui des cols blancs:
   e. Pourcentage des manœuvres d'origine immigrée aujourd'hui:
   f. Pourcentage des manœuvres d'origine immigrée pour la génération précédente:
2. Citez un élément positif:
   a. à Vaulx-en-Velin
   b. à Sartrouville
3. Si l'on écoute ce que disent les associations, quelles sont les trois catégories d'individus misérables qu'on rencontre dans les banlieues?

D. Lecture détaillée.

1. Première partie
   a. Relisez attentivement chacun des deux paragraphes.
   b. Soulignez les expressions clés.
   c. Résumez ensuite l'idée générale de chaque paragraphe.
2. L'interview
   a. Etablissez la structure de cette interview en fonction des idées exprimées.
   b. Les deux interlocuteurs sont-ils du même avis? Justifiez votre réponse à l'aide d'exemples précis.

Après la lecture

A. Questions à partir du texte.

1. La criminalité et les bandes violentes représentent-elles une menace réelle en France?
2. Quels sont les éléments qui relient les populations mélangées entre elles?
3. Qui pousse à l'action sociale? Quelles en sont les conséquences?
4. Quelle est la catégorie sociale la plus touchée par le chômage?
5. Que font les jeunes qui ne trouvent pas de travail? Comment vivent-ils?
6. Quels sont les trois dangers pour cette classe d'âge? Quelles sont les causes principales de cette situation?
7. Quelle est l'idée que défend Christian Jelen? Comment justifie-t-il son diagnostic optimiste?
8. Citez deux facteurs qui montrent que les immigrés s'intègrent peu à peu à la société française en ce qui concerne l'emploi et le logement.
9. Pourquoi les ghettos ont-ils «vocation à disparaître naturellement», d'après Christian Jelen?
10. Quels sont les problèmes des laissés-pour-compte?
11. Pourquoi Christian Jelen dit-il qu'il ne faut pas «se contenter de faire le tour des cités mais qu'il faut entrer dans les cuisines des HLM»?
12. Selon lui, quelle est la meilleure solution pour améliorer les problèmes des banlieues? Qu'en pensez-vous?
13. Avez-vous l'impression que, dans votre pays, les immigrés s'intègrent bien à la société? Quels sont leurs problèmes?

B. L'assistant(e) social(e). Un(e) assistant(e) social(e) (*social worker*) rend visite à des familles dans une cité en banlieue. Les personnes suivantes parlent de leur situation et l'assistant(e) social(e) leur donne des conseils. Avec des partenaires différent(e)s, jouez ces scènes.

a. Un(e) immigré(e) de 30 ans, père/mère de six enfants adolescents, parle de ses problèmes.
b. Un(e) employé(e) français(e) qui habite la cité depuis vingt ans se plaint de la dégradation qu'il/elle attribue aux immigrés de la cité.
c. Un(e) lycéen(ne) d'une famille d'ouvriers qui va au lycée de la cité veut faire des études universitaires.

C. Le comité de quartier. Les représentant(e)s des différents immeubles d'une cité en banlieue ont décidé d'organiser des activités culturelles et sportives pour occuper les jeunes d'âge scolaire pendant les vacances d'été. Par groupes de trois ou quatre, organisez quelques activités. Partagez ensuite le résultat de votre discussion avec le reste de la classe.

D. A chacun sa vie. Décrivez la vie d'une famille qui habite dans une cité de banlieue avec les activités quotidiennes de chaque personne en fonction de son origine ethnique et de sa catégorie sociale.

TEXTE 3

La maison bourgeoise

Avant la lecture

Culture

1. Quelles sont, dans votre pays, les trois ou quatre principales catégories ou classes sociales (exemples: classe ouvrière, classe moyenne, etc.)?
2. Quelles sont, dans votre pays, les catégories sociales que l'on trouve généralement
   a. dans le centre ville? b. en banlieue?
3. Décrivez le type de logement typique pour chaque catégorie sociale dans votre pays.

Vocabulaire

A. Mots de la même famille. Devinez le sens.

une racine (Nom) → **enraciné(e)** (Adj.) = **fixé profondément**, qui a pris racine (≠ **déraciné(e)**, **déracinement**); Le désir d'une résidence secondaire est enraciné chez beaucoup de Français.

l'argent (m.) (Nom) (ici) **métal blanc et brillant** → **argenté(e)** (Adj.): qui a la couleur de l'argent, ou recouvert d'argent; Le métal argenté est moins cher que l'argent véritable.

B. Faux amis.

la fantaisie **originalité** (ici): Sa maison est décorée de façon très sobre, sans aucune fantaisie.

Lecture

A. Titre. Décrivez la maison bourgeoise telle que vous la concevez.

B. Première lecture intégrale sans dictionnaire. Lisez le texte une première fois en entier pour une compréhension globale.

La maison bourgeoise

Le style bourgeois, qui est celui de la classe dominante, demeure encore en France le style de référence. Dans son livre BCBG. Le bon chic bon genre, *Thierry Mantoux nous propose un guide des BCBG: qui ils sont, leurs goûts dans tous les domaines et leur façon de vivre. Le sigle BCBG fait référence au bon goût en général, qu'il s'agisse des vêtements, de la consommation, du langage ou du savoir-vivre (*manners*). L'extrait suivant présente une description de la maison BCBG, c'est-à-dire de la maison bourgeoise.*

C'est à Paris que le BCBG se rencontre le plus souvent, le centralisme monarchique a contribué à cela. Le Pouvoir, l'Art, le Luxe, l'Argent sont à Paris. Le BCBG le mieux enraciné se rencontre dans le VIIe, le VIIIe, le XVIIe et aussi dans le VIe, le XVIe et le XVe[a], bref plutôt vers l'ouest de Paris mais déborde bien sûr sur Neuilly, Saint-Cloud, Vaucresson, Versailles, le Vésinet ou Saint-Germain-en-Laye[b]. Les hasards de l'immobilier et la nécessité des finances le poussent parfois à sortir du «camp»; c'est alors pour occuper un loft, un atelier d'artiste, un ancien entrepôt[1].

Que l'on habite un château, une maison, un appartement ou un studio, le mot «maison» s'utilise précédé de «à la». A la maison, l'on doit pouvoir vivre confortablement selon la tradition de la famille, entouré de ses objets préférés. Le BCBG a toujours chez lui des signes distinctifs qui permettent au visiteur de savoir dès l'entrée chez qui il est. Même et surtout, s'il n'y a rien de vraiment bien, il n'y a rien de vraiment laid et l'ensemble fait BCBG. Ce sont les quelques meubles anciens qui font le chic et le style est dénué de toute audace[2], de toute fantaisie, de toute invention.

Dès l'entrée, ou dans le petit couloir qui sert d'entrée, une console surmontée d'une glace ancienne, ou qui se veut telle. Sur la console se trouve un plateau[3] en métal argenté pour le courrier; y traînent généralement les mailings d'American Express ou du Savour-Club[c]. Parmi les pièces les plus recherchées dans un salon: une paire de fauteuils anciens, une belle commode, un secrétaire en marqueterie[4] (style Regency[d]), un tapis (persan), un guéridon[5], un flambeau-bouillotte[e] monté en lampe, un baromètre Louis XIV (copie). Le canapé est un gros investissement; il est indispensable pour prendre un verre, recevoir ses amis, fumer un cigare ou lire. Il s'achète si l'on peut au moment du mariage ou un peu plus tard. En aucun cas copie d'ancien, il est sûrement moderne et sans âge car il risquerait des années après de proclamer, par son style trop marqué, sa date d'achat. Parsemé[6] de quelques coussins, il sera flanqué de chaque côté de petites tables basses et de lampes. Le canapé n'est jamais assorti[7] aux fauteuils. Pas de canapé sans table basse. Bien que les appartements modernes ne soient pas propices[8] à la cheminée, les BCBG s'en passent difficilement. Par quoi remplaceraient-ils le verre de cognac au coin du feu qui conclut si agréablement le dîner-bridge? Les objets sur la cheminée sont placés symétriquement, paire de vases ou de flambeaux[9] épargnés par les partages, devant une glace et quelques babioles[10] dont les couleurs contrastent avec le marbre[11].

[1]*warehouse*
[2]*without any audacity*
[3]*tray*
[4]*inlaid work, marquetry*
[5]*pedestal table*
[6]*dotted with*
[7]*never matches*
[8]*favorable*
[9]*candlesticks*
[10]*knick-knacks*
[11]*marble*

[a]Ce sont les arrondissements chic de Paris (voir Chapitre 3 et la carte de Paris au Chapitre 10).

[b]Villes de la région parisienne à forte concentration bourgeoise.

[c]Prestigieux club français fondé en 1965 et dont l'objectif est de faire découvrir et de vendre du bon vin à ses membres

[d]Style anglais du XVIIIe siècle

[e]Aussi appelé «lampe bouillotte»: lampe ancienne généralement composée de deux flambeaux (*candles*) et d'un abat-jour en tôle (*sheet metal)*

Les traditions de la famille doivent sauter aux yeux sous la forme de tableaux ou sinon de photos ou de parchemins[12]. Les hauts faits familiaux (Légion d'honneur[f], consécration d'un évêque[13], Académie française) sont particulièrement visibles. Si vous n'avez ni ancêtres brillants ni contemporains en vedette[14], un pêle-mêle dosant[15] soigneusement les jolis enfants BCBG, vous-mêmes en mariés, les grands-parents et les frères et sœurs des deux côtés fera fort bien l'affaire. Des objets BCBG dont le but premier n'est pas la décoration parsèment les pièces. Ils servent à ménager la sensibilité de votre famille. Le canotier[16] de l'oncle Tom, le panier à ouvrage[17] de tante Marguerite, les bronzes de votre grand-père, sont parfaits. Si vous n'avez rien de tout cela, achetez-les aux Puces[18]. Une partie du mobilier doit être ou avoir l'air d'être ancien. Les BCBG collectionnent tout. Les objets passent des étagères de la chambre de jeune fille au guéridon du salon. Les œufs en pierre dure ou les petits objets en métal argenté ont fort bonne mine[19] sous la lampe bouillotte.

Quand on parle de culture, montrer sa bibliothèque. A moins de posséder un bureau ou un vaste couloir, la bibliothèque se trouve dans le salon. Les BCBG vivent avec leurs livres. La bibliothèque renferme, outre le petit Larousse[g] et le Quid[h], quelques livres reliés[20], quelques livres d'art, de philo, de statistiques ou d'économie, conservés des dernières années d'études dans le but louable[21] de s'en servir. Le Bottin mondain[i], l'annuaire de l'X[j] ou de l'ESCP[k] figurent en bonne place.

S'ils ont la chance d'en avoir, les BCBG montrent leurs parquets, preuve que la maison est ancienne ou bien construite. Couleurs: attention les yeux. Presque toutes les couleurs sont utilisables, sauf le parme[22], le noir, l'or, le vert électrique et l'orange vif, les couleurs crues ou les mariages indécents: jaune et marron, noir et or.

Adapté de Thierry Mantoux, *BCBG. Le bon chic bon genre.*, ©Editions Hermé, 1988.

[12]*degrees, diplomas*
[13]*bishop*
[14]*in the limelight*
[15]*balancing*
[16]*boater (hat)*
[17]*needlework basket*
[18]*flea market*
[19]*look quite good*
[20]*bound*
[21]*commendable*
[22]*mauve*

[f]Décoration créée en 1802 par Bonaparte (futur Napoléon Ier) en récompense de services civils et militaires
[g]L'un des dictionnaires les plus vendus en France. Chaque année, la sortie de la nouvelle édition est annoncée dans la presse, ainsi que la liste des mots nouveaux qu'elle contient.
[h]Ouvrage de référence de Dominique et Michèle Frémy (éditions Robert Laffont). Il est remis à jour (*updated*) chaque année et contient plus de 2000 pages.
[i]Annuaire qui recense les membres de la haute société en France et donne des renseignements à leur sujet.
[j]L'Ecole polytechnique, l'une des grandes écoles les plus prestigieuses en France.
[k]La prestigieuse Ecole supérieure de commerce de Paris.

C. Recherche d'informations spécifiques.

1. Nommez les sept types de logements mentionnés dans le texte.
2. Nommez les pièces de la maison bourgeoise dont on parle dans le texte.
3. Expliquez les abréviations et sigles suivants:
   a. BCBG
   b. VIIe, VIIIe, XVIIe, VIe, XVIe, XVe
   c. L'X
   d. L'ESCP
4. Nommez les objets chers aux BCBG.
5. Quels sont les éléments qui, selon le texte, ne sont pas BCBG?

D. Structure du texte. Donnez un titre à chaque paragraphe du texte.

E. Activités de langue.

1. Ajoutez un verbe conjugué aux phrases qui n'en contiennent pas aux paragraphes 3, 5 et 6. Employez chaque fois un verbe différent pour éviter les répétitions.
2. «Le BCBG a toujours chez lui...»: en français, le masculin est employé lorsqu'on fait référence à une généralité. On n'éprouve pas le besoin d'écrire «le/la BCBG a toujours chez lui/elle...» car le masculin est ressenti dans ce cas comme un genre neutre qui fait référence aux personnes des deux sexes. Traduisez les phrases suivantes en employant le masculin au sens neutre.
   a. I am asking each student where he/she is living.
   b. The tenant must sign a lease showing that he/she agrees to pay the utilities.
3. A votre avis, pourquoi les mots suivants comportent-ils une lettre majuscule: le Pouvoir, l'Art, le Luxe, l'Argent?

Après la lecture

A. Questions à partir du texte.

1. Pourquoi le BCBG se rencontre-t-il le plus souvent à Paris?
2. Pourquoi dit-il toujours «à la maison», même s'il fait référence à un château?
3. Quelle est votre impression d'ensemble de la maison BCBG?
4. Pourquoi le canapé occupe-t-il une place si importante dans le mobilier BCBG?
5. Pourquoi dit-on que les BCBG se passent difficilement d'une cheminée? Que représente-t-elle, à votre avis?
6. Pourquoi est-il important de mettre en évidence les traditions de la famille?
7. A votre avis, pourquoi le Bottin mondain et l'annuaire de l'X ou de l'ESCP doivent-ils «figurer en bonne place» dans la bibliothèque?
8. A la lecture de ce texte, quelle est votre impression du style BCBG?
9. Dans votre pays, le logement de la classe dominante est-il comparable à celui des BCBG en France? Quelles sont les différences?

B. Premier appartement. Un jeune couple emménage dans un trois-pièces. L'homme et la femme parlent des meubles et des objets de décoration qu'ils vont y mettre. Avec un(e) camarade, jouez les scènes suivantes. Employez des détails, y compris les couleurs.

1. L'homme et la femme, appartenant tous deux à d'anciennes familles bourgeoises, sont conservateurs et partagent les mêmes goûts.
2. La femme, conservatrice et BCBG dans l'âme, n'est pas d'accord avec son mari qui est plus pratique, critique le côté superflu du style BCBG et préfère le mobilier contemporain.

C. Gîtes de France†. Vous possédez une résidence secondaire meublée et vous décidez de la louer en été comme Gîte de France. C'est une maison de quatre pièces (salle de séjour, trois chambres, cuisine, salles de bains) avec jardin et garage pour une voiture. Préparez-en le descriptif qui doit paraître dans le prochain guide en donnant des détails complets (situation géographique, pièces, mobilier, décoration).

---

†Les Gîtes de France sont une organisation qui met à la disposition du public des maisons que l'on peut louer à la semaine dans toutes les régions de France. Il existe un guide des Gîtes de France qui est remis à jour chaque année.

Boîte à outils

1. Expressions idiomatiques avec le subjonctif

Ne pas pouvoir supporter que… Je ne peux pas supporter que tu vives dans ces conditions.	*Not to be able to stand …* *I can't stand it that you (may) live in these conditions.*
Ça m'énerve que… Ça m'agace que… Ça me casse les pieds que… (fam.)	*It gets on my nerves, it annoys me that ...*
Ça m'énerve que l'architecte n'ait pas respecté le délai.	*It annoys me that the architect did not respect the deadline.*
Ça me casse les pieds que tu sois toujours en retard!	*It gets on my nerves that you are always late!*
Avoir la trouille (fam.) que… = avoir la frousse (fam.) que…	*To have the jitters, to be scared to death that ...*
Ils ont la trouille que vous arrêtiez leur fils délinquant.	*They have the jitters that you will arrest their delinquant son.*
Ça m'étonne que… Ça m'étonnerait que… Ça m'étonnerait que notre maison soit terminée dans les délais.	*I am surprised that …, it surprises me that …* *I would be surprised that …, it would surprise me if …* *I would be surprised if our house were completed on schedule.*
Vive… ! Vive le roi! Vive la reine!	*Long live…!* *Long live the king! Long live the queen!*
Qu'à cela ne tienne! Je ne peux pas aller au restaurant avec toi, je n'ai pas d'argent sur moi! Qu'à cela ne tienne! Je t'invite!	*Never mind that!* *I can't go to the restaurant with you, I don't have any money with me!* *Never mind that! I'll invite you!*
… (autant) que je sache Il n'y a jamais eu de problème dans cet immeuble, (autant) que je sache!	*as far as I know* *There has never been any problem in this apartment building, as far as I know!*
Qu'est-ce tu veux que ça me fasse? Qu'est-ce que vous voulez que ça me fasse?	*What do I care about it?*

2. La circonlocution

Circumlocution is a device that is used when one does not know the word or phrase for an object, a person, or an idea. Circumlocution is particularly useful for second language learners. When referring to a particular item, you can use several kinds of information to make others understand what you mean.

Aspect physique: Comment est-il/elle?

- **Forme:** Quelle est la forme de cet objet? Quelle forme a cet objet?

Il/Elle est...

carré(e)	*square*	**circulaire**	*circular*
ovale	*oval*	**cylindrique**	*cylindrical*
rectangulaire	*rectangular*	**pointu(e)**	*pointed*
rond(e)	*round*	**arrondi(e)**	*rounded*

- **Taille:** Quelle est la taille de cet objet?

Il/elle est...

grand(e)	*big (high), tall*	**long(ue)**	*long*
gros(se)	*big (around), large*	**court(e)**	*short* (of things)
petit(e)	*small; short* (of people)	**étroit(e)**	*narrow*
		large	*wide*

- **Autres caractéristiques:** Comment est-il/elle?

Il/Elle est...

épais(se)	*thick*	**haut(e)**	*high, tall*
mince	*thin*	**bas(se)**	*low*
lourd(e)	*heavy*	**dur(e)**	*hard*
léger, légère	*light*	**mou(mol), molle**	*soft*

- **Couleur:** De quelle couleur est-il/elle?

Il/Elle est...

- **Matière:** En quoi est-il/elle?

Il/Elle est...

en bois	*wood*	**en tissu**	*fabric*
en laine	*wool*	**en verre**	*glass*
en plastique	*plastic*		
en métal	→ **le fer** (*iron*), **l'acier** (m., *steel*), **le bronze**, **le cuivre** (*copper*)		

Emploi

A quoi cela sert-il / A quoi est-ce que ça sert?
Cela/ça sert à... + infinitive
C'est quelque chose qui sert à + infinitive
Ça sert à ouvrir les portes. — *It's used for opening doors.*
C'est quelque chose qui sert à coiffer. — *It's something which is used for combing hair.*

Lieu

Où le/la trouve-t-on? Où est-ce qu'on le/la trouve?
On le/la trouve...
On le/la trouve dans une cuisine. — *It is found in a kitchen.*

Temps

Quand est-ce qu'on l'utilise?
—On l'utilise en hiver. — *It is used in the winter.*

Comparaison

A quoi ressemble cet objet?

—Ça ressemble à...
—C'est comme...
—C'est une espèce de...
Ça ressemble à un cylindre. *It looks like a cylinder.*

Langue familière

un truc, un machin = une chose *a thing.*

C'est un truc qui sert à... .

A vous maintenant

A. La vie dans un immeuble. Vous attendez le bus devant un grand immeuble et vous entendez la conversation d'un groupe de jeunes. Traduisez leurs phrases en français.

1. I can't stand the fact that we have to live in this building!
2. You said it! I always have the jitters when I come home late at night!
3. It really annoys me to hear the noise that some people make!
4. I'm surprised that Philippe is not taking the bus any longer! What do you think?
5. What do I care? As far as I know, he may have bought a car!
6. I wouldn't be surprised if he had moved away!
7. What are you doing this summer?
8. I wanted to go to the beach, but I don't have a dime (**un sou**)!
9. Never mind that! My grandparents live in the country, I'll invite you!

B. Devinettes.

1. Décrivez les objets suivants en parlant de leur forme, taille, couleur, matière et en expliquant à quoi ils servent, où on les trouve et quand on les utilise.

   un tire-bouchon — une poubelle
   un abat-jour — un lave-vaisselle
   ...

2. Les vingt questions: Pensez à un objet qui se trouve chez vous. Vos camarades vous posent des questions pour deviner ce que c'est. Répondez par oui ou par non, sans donner de détails.

E C H A N G E S

Situation 1: Appartement à louer

You are looking for an apartment to rent, and you have seen a newspaper ad that appeals to you. Ask the realtor five questions about the rent, the location, the number of rooms, and the amount of the deposit. Find out, too, whether utilities are included.

Situation 2: Conditions de logement

You are going to visit an apartment in a complex in the suburbs of Paris. As you are waiting for the realtor to show you the place, you start a conversation with one of the tenants. Ask him/her about the living conditions: who lives there, the noise level, and the proximity of local shops. Inquire whether there are delinquants in the building and whether burglary (**le cambriolage**) is a problem.

Echos francophones

Le Togo en bref

Superficie: 56 785 km^2

Climat: sécheresse d'hiver dans le Nord, transition dans le Centre, deux saisons de pluies au Sud

Population: 3 640 000 habitants

Statut: République constitutionnelle; ancienne colonie, d'abord allemande, puis française et anglaise, qui a obtenu son indépendance en 1960

Capitale: Lomé (375 000 habitants)

Langues: français (langue officielle); éwé et kabié (langues nationales)

Religions: animistes (50%), musulmans (15%), protestants (9%)

Economie: manioc, maïs; élevage; pêche; phosphates

La maison au Togo

«Dis-moi où tu habites, je te dirai qui tu es». A peine modifié, le proverbe est vrai. La maison reflète non seulement le niveau social, mais l'ethnie, le mode de vie, la mentalité de celui qui l'occupe.

En dehors des maisons dites modernes, concentrées dans les villes et principalement à Lomé, le dénominateur commun est la «concession», étendue de terrain plus ou moins vaste, plus ou moins bâtie et propriété d'une famille.

En milieu rural, la plupart des demeures[1] (87%) ont gardé intact le style traditionnel: construites le plus souvent en briques de terre façonnées à la main[2] et séchées au soleil. La charpente[3] en cokers est solide, la couverture de bonne paille[4], salubre[5], étanche[6] et fraîche. Elle fait place peu à peu, pour les édifices[7] rectangulaires, à la tôle[8] moins sujette[9] aux incendies, mais beaucoup plus chaude et moins étanche. Fenêtres et portes, munies de serrures[10], remplacent presque partout la natte[11] primitive pour obstruer l'entrée. Dans certains villages, les murs des cases[12] sont décorés avec art, ornés d'incrustation de cauris[13]. En principe, les arbres ne jouxtent pas[14] la maison, dont les abords[15] sont soigneusement dénudés[16] pour éloigner les insectes, et surtout les moustiques.

[1] *dwelling places*
[2] *hand made*
[3] *framework*
[4] *straw*
[5] *healthy*
[6] *waterproof*
[7] *buildings*
[8] *sheet metal*
[9] *prone to*
[10] *locks*
[11] *mat*
[12] *huts*
[13] *cowrie*
[14] *are not near*
[15] *access*
[16] *bare*

Dans le nord du pays et une partie du centre, l'habitat est dispersé. Les cases traditionnellement rondes sont groupées autour d'une cour intérieure, véritable centre de la vie familiale. Chaque coépouse[17] a sa case personnelle, où elle vit avec ses jeunes enfants. Les adolescents ont leur propre case, filles et garçons séparés. Le maître de famille occupe la plus belle, et celle où l'on reçoit les visiteurs peut avoir des dimensions imposantes.

Des murets[18] d'environ 120 cm de hauteur relient les cases entre elles (sauf chez les Peuls[19] où le bétail[20] entre dans la cour). Pour pénétrer dans la concession, une vague échelle, quelques pierres, on saute par-dessus le mur. Plus souvent, une porte unique donne dans la salle d'accueil. Désir d'intimité ou mesure de prudence! Les cases elles-mêmes n'ouvrent jamais sur l'extérieur.

Au Sud, les cases rondes cèdent le pas aux demeures rectangulaires couvertes de chaume[21] ou de tôles. Les villages s'organisent avec de vraies rues dans un habitat groupé. Si chaque foyer conserve une cour fermée, celle-ci est de taille plus réduite. Les champs sont éloignés. La route est moins longue pour les petites jambes, mais les travaux champêtres[22] n'en sont que plus fatigants.

Au bord de la mer, les maisons temporaires des pêcheurs saisonniers sont faites de nattes de feuillage; ce sont aussi les branches de palmier qui fournissent la toiture de ces demeures légères.

Dans les maisons, peu de mobilier. Les lits réduits souvent à des nattes font leur apparition, encore dépourvus[23] de moustiquaires. Les sièges ont fréquemment une signification magique, spécialement dans le Sud.

(Yvonne François, Le Togo © Editions Karthala, 1993.)

[17] *co-wife*
[18] *small walls*
[19] *ethnic group*
[20] *cattle*
[21] *thatch*
[22] *country or rural*
[23] *free of*

Questions à partir du texte

1. Expliquez le proverbe «Dis-moi où tu habites, je te dirai qui tu es».
2. Comment sont construites les maisons traditionnelles en milieu rural?
3. Pourquoi les arbres ne jouxtent-ils pas les maisons?
4. Dans le nord et au centre du pays, comment les cases sont-elles réparties (*distributed*) en fonction des membres de la famille?
5. Comment les cases sont-elles reliées entre elles? Pourquoi n'ouvrent-elles jamais sur l'extérieur?
6. Quelles sont les différences que l'on remarque dans l'habitat au Sud? au bord de la mer?
7. En quoi consiste généralement le mobilier?

L'Algérie en bref

Superficie: 2 381 741 km^2 (environ 4 fois la France) dont 90% de désert

Climat: méditerranéen au Nord, sec et tropical au Sud

Population: 25 000 000 d'habitants, dont 90% dans le Nord

Statut: République démocratique et populaire; ancienne colonie française qui a obtenu son indépendance en 1962 après une guerre sanglante; président élu au suffrage universel tous les 5 ans

Capitale: Alger, 2 500 000 habitants

Langues: arabe (langue officielle, 75%); français (langue administrative); parlers berbères (25%)

Religions: musulmans, 19 000 000 (l'Islam est la religion d'Etat); catholiques, 60 000; juifs, 1 000

Monnaie: le dinar algérien

Economie: pétrole et gaz naturel; culture des agrumes (oranges, mandarines, citrons), olives, dattes, vignes; élevage des moutons

L'habitat traditionnel en Algérie

Après son indépendance en 1962, l'Algérie a dû faire face à un véritable exode rural et construire de nombreux logements dans les grandes villes. Bien que l'habitat ait été modifié par ces mutations, sa structure traditionnelle se retrouve toujours dans les campagnes, les petites villes et dans certains quartiers des grandes villes. La disposition de la maison traditionnelle reflète le principe musulman de séparation entre hommes et femmes. C'est ainsi que ces dernières vivent à l'intérieur des murs et que les fenêtres qui donnent vers l'extérieur, petites ou inexistantes, permettent à la famille de préserver son intimité.

La population algérienne se compose de sédentaires, de semi-nomades et de nomades. Les sédentaires habitent les villes, les grandes oasis, et une partie des villages. Dans quelques grands centres du Nord (Alger, Oran, Constantine, etc.), on trouve, à côté des quartiers de type méditerranéen, la Médina[1] caractéristique du monde arabe, appelée le plus souvent Kasbah en Algérie, quoique ce terme ne revienne[2] en propre qu'à la citadelle fortifiée qui abritait[3] autrefois le palais du souverain ou de son représentant. Près de la Kasbah (au sens propre), on trouve quelquefois le Mellah ou quartier habité naguère[4] par les Juifs.

[1] *ancient part of a city* [2] *pertains to* [3] *sheltered* [4] *formerly*

Les souks (marchés ou quartiers marchands) font également partie de la ville musulmane traditionnelle; une ou plusieurs rues y sont réservées à telle ou telle branche de l'artisanat ou du commerce. Dans les quartiers d'habitation, les maisons ne paient pas souvent de mine[5], vues de la rue; mais les plus belles sont construites autour d'une cour[6] intérieure charmante, ornée de fleurs et de carreaux de faïence[7]. (...)

Le type de la maison algérienne est la maison à un ou deux étages, avec toit en terrasse et cour intérieure (...). Avec quelques variations, elle se retrouve dans les régions côtières comme dans les oasis. Dans les villages situés au flanc des montagnes, elles sont fréquemment étagées en terrasses, de façon à ce que le toit de la maison inférieure forme la terrasse de la maison suivante. (...)

D'autre part, la maison doit être aménagée[8] de façon à permettre à la femme d'y passer sa vie; c'est pourquoi la cour et la terrasse doivent être aussi belles et spacieuses que possible. En outre, il faut que l'homme puisse s'y mouvoir à son aise sans empiéter[9] sur le territoire des femmes.

(*Algérie-Sahara*, Guide Poche-Voyage, © Editions Marcus.)

[5] *do not look very attractive*
[6] *courtyard*
[7] *earthenware tiles*
[8] *designed*
[9] *encroach, infringe*

Questions à partir du texte

1. Quelles sont les trois catégories qui composent la population algérienne?
2. Définissez les termes suivants: la Médina ou Kasbah, le Mellah, les souks.
3. Quel contraste remarque-t-on entre l'intérieur et l'extérieur de la maison traditonnelle?
4. Quel principe musulman est reflété dans la disposition de la maison traditionnelle? Donnez-en des exemples pris dans le texte.

Loisirs et culture

Introduction

La Grande Arche de la Défense

La civilisation des loisirs

L'augmentation du temps libre et l'amélioration de l'économie ont encouragé la pratique des loisirs qui ne sont plus considérés comme une simple récompense des efforts du travail; ils constituent une partie essentielle de la vie, en particulier chez les jeunes.

Les loisirs liés aux médias, surtout la télévision, et le sport sont en augmentation constante. Cependant, on remarque des différences en fonction de plusieurs facteurs. La pratique des activités culturelles comme la lecture, la musique, le théâtre et la fréquentation des musées, par exemple, augmente avec le niveau d'instruction. L'âge est aussi un facteur important; la pratique des loisirs se rencontre surtout chez les individus âgés de moins de 45 ans. Enfin, les hommes ont tendance à avoir plus de loisirs que les femmes, en particulier le sport, bien que les différences entre les sexes diminuent régulièrement.

Le musée du Louvre

Les sports les plus pratiqués par les Français des deux sexes sont la natation et le cyclisme; viennent ensuite les boules et le tennis pour les hommes, la gymnastique et la randonnée pédestre pour les femmes. Le premier Tour de France cycliste a été organisé en 1903; aujourd'hui, cette manifestation continue de fasciner des millions de personnes dans le monde entier.

Avec la télévision, la lecture des quotidiens nationaux d'information *(Le Figaro, Le Monde, Le Parisien, France-Soir, Libération*) est en nette régression, alors que les quotidiens régionaux conservent leur clientèle; les magazines se vendent bien. Malgré le développement des éditions de poche, un Français sur quatre ne lit jamais de livres. Parmi les genres préférés, on trouve, dans l'ordre d'importance, les romans, les récits historiques et les romans policiers. Depuis quelques années, la bande dessinée connaît un véritable succès, chez les jeunes comme chez les adultes.

Malgré la concurrence de la télévision, le cinéma demeure le premier loisir des Français. Le cinématographe a été inventé par les frères Lumière en 1895 et, depuis cette époque, la France figure parmi les premiers pays du monde pour la production de films. La compagnie de cinéma Gaumont, fondée en 1895 par Léon Gaumont, est la plus ancienne du monde. Les films français traitent de thèmes variés et l'on ne peut donc pas parler de spécificité française dans ce domaine. Cependant, les Français considèrent le cinéma comme une véritable forme d'art et le rôle du réalisateur est comparable à celui d'un écrivain; c'est ce qu'on appelle le «cinéma d'auteur» (Claude Berri, Jean-Luc Godard, Diane Kurys, Claude Lelouch, Louis Malle, Agnès Varda, etc.). Cela explique le fait que les films français se concentrent plutôt sur l'analyse que sur l'action, à la différence des films américains. Depuis 1946, le Festival international du film attire chaque année à Cannes des milliers de personnes venues du monde entier. Créés en 1976, les Césars récompensent des personnalités du cinéma, à l'imitation des oscars américains. Voici quelques acteurs et actrices qui ont reçu un ou plusieurs Césars ces dernières années: Isabelle Adjani, Daniel Auteuil, Sabine Azéma, Jean-Paul Belmondo, Catherine Deneuve, Gérard Depardieu.

Les vacances

L'augmentation des congés payés et la diminution du temps de travail ont fait des vacances une véritable institution en France. Si les vacances d'hiver ne touchent qu'un tiers des Français, les grandes vacances sont devenues un phénomène de société: 60% de la population part en vacances l'été pour une durée moyenne de vingt-deux jours environ. La mer reste le lieu privilégié des vacances d'été (côtes atlantique et méditerranéenne). Les cadres supérieurs et les professions libérales sont les catégories qui partent le plus; de même les citadins partent davantage que les ruraux, et les jeunes plus que les personnes âgées.

Pierre Boulez est un compositeur et chef d'orchestre français. Reconnu comme le chef de la musique dodécaphonique ou sérielle (utilisation de la série des douze sons de l'échelle chromatique), il a exercé une influence considérable sur la musique contemporaine. Il a été directeur musical du New York Philharmonic et de l'orchestre de la British Broadcasting Corporation (BBC) avant de diriger aujourd'hui l'Institut de Recherches et de Coordination Acoustique Musique (IRCAM) à Paris. Ses œuvres principales comprennent *Le Marteau sans maître* (1955) et *Pli sur pli* (1960).

monuments de Paris

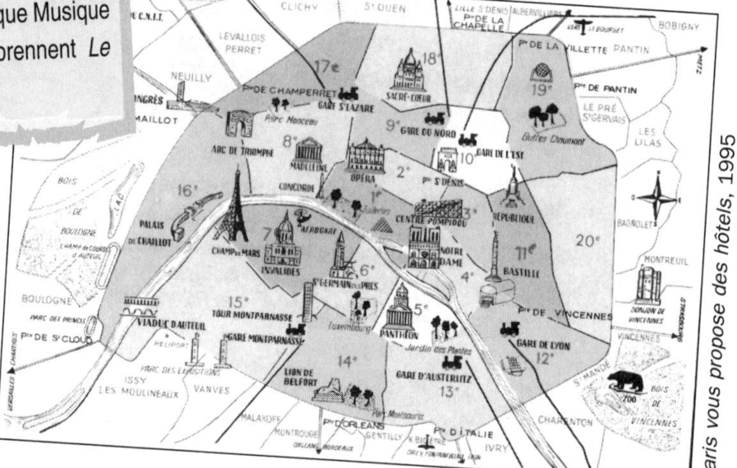

Paris vous propose des hôtels, 1995

Les fêtes célébrées en France

Le Nouvel An (1er janvier): les festivités ont lieu le 31 décembre au soir avec le dîner du réveillon. Le 1er janvier, on donne de l'argent (les étrennes) aux enfants et à certains employés: le facteur, les éboueurs (*garbage collectors*), la femme de ménage.

La fête des rois (6 janvier): commémore l'arrivée des trois rois mages apportant des cadeaux à l'enfant Jésus. On consomme un gâteau qui contient une fève (*brown bean*); celui qui trouve la fève dans son morceau de gâteau choisit son «roi» ou sa «reine».

La chandeleur (2 février): on fait cuire une crêpe en tenant une pièce d'or dans la main, symbole de bonheur et de richesse.

Mardi gras: on s'amuse et on mange bien avant les quarante jours du carême (Lent). Il y a des carnavals et des bals costumés et l'on mange des beignets (*doughnuts*).

Pâques et le lundi de Pâques: le jour de Pâques, les cloches de Rome apportent des chocolats aux enfants. Le lundi est férié.

Le 1er mai: fête du travail. On offre du muguet *(lily of the valley)* à ceux qu'on aime.

La fête des mères: dernier dimanche de mai.

La fête des pères: 3e dimanche de juin.

La fête nationale (14 juillet): commémore le début de la Révolution française marquée par la prise de la Bastille le 14 juillet 1789. On organise des feux d'artifice et des bals publics dans toutes les villes de France.

La Toussaint (1er novembre): fête de tous les saints; le 2 novembre est le jour des morts et l'on dépose des fleurs (des chrysanthèmes) sur leurs tombes.

Noël (25 décembre): on décore un sapin et on expose une crèche avec des santons. Le soir du 24 décembre, on prépare un grand dîner et l'on va parfois à la messe de minuit. Les enfants placent leurs souliers devant la cheminée où le Père Noël déposera leurs jouets. Le jour du 25 décembre, on préparait traditionnellement un grand dîner avec une dinde farcie aux marrons et une bûche de Noël; aujourd'hui, le menu de Noël varie d'une famille à l'autre.

Vocabulaire pour la discussion

Les passe-temps (m.)

les boules (f.)	*bowls (a game)*
le bricolage	*handywork, tinkering*

les cartes (f.)	*cards*
→ **le valet**	*jack*
→ **la dame**	*queen*
→ **le roi**	*king*
→ **l'as** (m.)	*ace*
→ **le cœur**	*heart*
→ **le carreau**	*diamond*
→ **le trèfle**	*club*
→ **le pique**	*spade*
collectionner	*to collect*
→ **un(e) collectionneur (-euse)**	*collector*
→ **faire la collection de ...**	*to collect ...*
la couture	*sewing*
les dames (f.)	*checkers*
les échecs (m.)	*chess*
une émission de télévision	*TV program*
jouer	*to play*
→ **jouer à (un jeu): jouer aux cartes**	
→ **jouer de (un instrument de musique): jouer de la flûte, du piano,** etc.	
les mots (m.) croisés	*crossword puzzle*

La lecture

un écrivain	*writer*
publier	*to publish*
un quotidien	*daily newspaper*
un roman	*novel*
→ **un roman policier**	*detective novel*
→ **un(e) romancier (-ère)**	*novelist*

La musique et la danse

le chant	*singing*
≠ **une chanson**	*song*
un chef d'orchestre	*conductor*
une chorale	*choir*
les claquettes (f.)	*tap dance*
un compositeur	*composer*
un instrument de musique	*musical instrument*
→ **la flûte, la guitare, le piano, le violon,** etc.	
un opéra	*opera or opera house*

Cinéma et théâtre

le cinéma	*movie or film industry*
→ **un cinéma**	*a movie theatre*
≠ **un théâtre**	*stage theatre*
une pièce de théâtre	*a play*
un(e) réalisateur (-trice)	*film director*
≠ **un metteur en scène**	*stage director (for a play)*
une représentation = un spectacle	*show*
une salle	*(movie or concert) hall*

Autres activités artistiques

l'aquarelle (f.)	*water color*
un atelier (d'artiste)	*(artist's) studio*
le dessin	*drawing*
une exposition	*exhibition*
un feu d'artifice	*fireworks*
un modèle	*model* (for a painter or sculptor)
≠ **un mannequin**	*fashion model*
un musée	*museum*
une nature morte	*still life*
la peinture	*paint; painting*
→ **la peinture à l'huile**	*oil paint*
sculpter (ne pas prononcer le «p»)	*to sculpt*
→ **un sculpteur**	*sculptor*
≠ **une sculpture**	*sculpture*
un tableau	*a painting*
une toile	*canvas*

Les sports

les arts (m.) **martiaux:** → **l'aïkido, le judo, le karaté**, etc.	*martial arts*
l'aérobic (m.)	*aerobics*
l'équitation	*horseback riding*
le football	*soccer*
≠ **le football américain**	*football*
la gymnastique	*gymnastics or exercise in general*
la musculation	*body building*
la natation	*swimming*
un patin à roulettes	*roller skate*
≠ **un patin à glace**	*ice skate*
→ **le patinage artistique**	*figure skating*
la pêche	*fishing*
une piscine	*swimming pool*
la plongée sous-marine	*scuba diving*
la randonnée	*hiking*
le ski alpin	*downhill skiing*
≠ **le ski de fond**	*cross-country skiing*
≠ **le ski nautique**	*water skiing*

Evaluez vos connaissances

A. Définitions. Complétez les phrases suivantes avec des expressions du **Vocabulaire pour la discussion.**

1. Un artiste travaille généralement dans son ________________.
2. La personne qui dirige le jeu des acteurs au théâtre est le ________ _____ ________; au cinéma, on parle plutôt d'un ________________.
3. Un journal qui paraît tous les jours est un ________________.
4. Agatha Christie a écrit beaucoup de ____________ ____________.
5. En été, nous allons à la plage mais, en hiver, nous allons nager à la ______________.
6. Ce matin, je vais jouer ____ flûte et, cet après-midi, je jouerai ____ cartes.
7. Ma sœur fait la ________________ des poupées régionales; elle a des poupées de toutes les régions de France.
8. Depuis qu'il fait de la ______________, il a de gros muscles.
9. Ma grand-mère aime la ________________ et elle fait presque tous ses vêtements elle-même.
10. Samedi soir, nous sommes allés au ______________ pour voir le dernier film avec Gérard Depardieu.

B. Loisirs. Avec un(e) camarade, discutez les activités et les sports que vous pratiquez. Mentionnez des détails sur l'endroit et la manière dont vous les pratiquez, les raisons pour lesquelles vous les pratiquez et depuis quand vous les pratiquez.

C. Les fêtes en France et dans votre pays. Par petits groupes, répondez aux questions suivantes.

1. Quelles sont les fêtes mentionnées dans ce chapitre qui sont également célébrées dans votre pays? Les coutumes sont-elles les mêmes?
2. Quelles sont les fêtes mentionnées ici et qui ne sont pas célébrées dans votre pays?
3. Y a-t-il des fêtes que vous célébrez dans votre pays et qui ne sont pas mentionnées ici? Quelles en sont les coutumes?

Quelques grandes manifestations culturelles en France

- ❖ Le Festival international du film à Cannes
- ❖ Le Festival du théâtre à Avignon
- ❖ Le Festival de musique classique à Aix-en-Provence
- ❖ Le Festival du jazz à Juan-les-Pins
- ❖ Les Francofolies, festival de la chanson francophone, à La Rochelle
- ❖ Salon international de la bande dessinée à Angoulême
- ❖ Le Festival du cinéma américain à Deauville
- ❖ Le carnaval de Nice

Le Festival international du Film à Cannes

TEXTE 1

Français, que dites-vous de vos vacances?

Avant la lecture

Culture

1. Les vacances dans votre pays
   a. A quelle époque de l'année les gens partent-ils généralement en vacances?
   b. Pour combien de temps partent-ils en moyenne?
   c. Dans quelles régions ou villes vont-ils de préférence?
2. Les vacances et vous
   a. Comment partez-vous en vacances généralement?
   b. Où aimez-vous aller?
   c. Qu'est-ce que vous attendez de vos vacances?
   d. Quelles sont les activités que vous pratiquez quand vous êtes en vacances?

Vocabulaire

Mots de la même famille. Devinez le sens des mots.

le pays (Nom) → **dépayser** (Verbe): faire changer de lieu → **le dépaysement** (Nom): changement de lieu et d'habitudes; Quand on part en vacances, on recherche souvent le dépaysement pour oublier les problèmes de la vie quotidienne.
féliciter (Verbe) → **les félicitations** (f.) (Nom): compliments sur une réussite; Cet écrivain a reçu un prix pour son dernier roman avec les félicitations du jury.
sympathique (Adj.) → **sympathisant(e)** (Adj. ou Nom); Si vous êtes sympathisant des écologistes, vous ne devez employer que des produits biodégradables ou recyclables!

Lecture

A. Titre, sous-titres et illustrations. Observez le document suivant. Lisez son titre, ses sous-titres et les illustrations qui l'accompagnent. D'après vous, de quel type de document s'agit-il?

B. Premiere lecture intégrale sans dictionnaire. Lisez le document une première fois en entier pour une compréhension globale.

FRANÇAIS, QUE DITES-VOUS DE VOS VACANCES ?

1. UN VRAI RÊVE TOUTE L'ANNÉE

Durant l'année, pensez-vous très souvent, assez souvent, parfois ou jamais aux vacances que vous allez prendre ?

Très souvent	15	
Assez souvent	**31**	70
Parfois	24	
Jamais	13	
Ne prend pas de vacances	16	
Ne se prononcent pas	1	

2. EN VACANCES, TOUT EST POSSIBLE

Personnellement, lorsque vous pensez aux vacances, vous pensez d'abord...

Ne plus avoir de patrons sur le dos	8
Faire la fête	14
Ne rien faire	31
Faire du tourisme	**45**
Faire du sport	25
Peut-être rencontrer le grand amour	4
Faire des connaissances	27
Rien de tout cela	8
Ne se prononcent pas	13

(1) Total supérieur à 100 en raison des réponses multiples

3. QUI DÉCIDE À LA MAISON ?

Qui, dans votre foyer, décide de votre destination de vacances ?

Vous-même	27
Votre conjoint	3
Vos parents	2
Vos enfants	1
Des amis avec qui vous partez	2
En couple, en famille	**46**
Autres	1
Ne prend pas de vacances	16
Ne se prononcent pas	2

4. DÉÇUS ? PAS TANT QUE ÇA !

De façon générale, êtes-vous déçu par vos vacances ?

Souvent	1
Parfois	15
Jamais	**65**
Ne prend pas de vacances	16
Ne se prononcent pas	3

5. ET SI ON REPARTAIT ?

Quand vous rentrez de vacances, vous êtes...

Plus fatigué qu'avant	12	26
Aussi fatigué qu'avant	14	
Moins fatigué qu'avant	**53**	
Ne prend pas de vacances	16	
Ne se prononcent pas	5	

Sondage exclusif CSA/La Vie réalisé les 13 et 14 juin 1990 auprès d'un échantillon[13] national représentatif de 811 personnes âgées de 18 ans et plus. Méthodes des quotas (sexe, âge, catégorie socio-professionnelle du chef de ménage). Stratification de l'échantillon par région et taille d'agglomération.

1. UN VRAI RÊVE TOUTE L'ANNÉE

A quoi pense très souvent, souvent, parfois, un Français qui travaille ? A ses vacances : sept fois sur dix !

Qui rêve le plus ? Les jeunes de moins de trente-cinq ans, les ouvriers et employés, les agents de maîtrise,[1] les Verts,[2] les habitants des grandes villes, et les Parisiens.

Qui rêve le moins ? Les plus de 50 ans, les patrons, les agriculteurs, les inactifs, les sympathisants du Front national.

2. EN VACANCES, TOUT EST POSSIBLE

Vacances, que de projets on fait en votre nom ! Faire du sport, faire du tourisme, faire des connaissances, et faire la fête : il y a de l'activisme dans l'air !

A noter : les patrons ont décidément la cote,[3] puisqu'on ne les fuit qu'à 8 % !

Tous nos vœux[4] à ceux qui cherchent le grand amour : jeunes, patrons ou ouvriers, sympathisants du PC[5] ou des Verts, originaires des bourgades[6] de moins de 2 000 habitants.

Enfin, nos félicitations à ceux qui répondent courageusement et sans fard[7]: ne rien faire. Enfin des sincères !

3. QUI DÉCIDE À LA MAISON ?

Eh bien, dites donc, ça chauffe[9] parfois à la maison ! 46 % seulement de réponses pour évoquer une décision prise en couple ou en famille, c'est peu ! Reste à savoir qui est le « vous-même » qui décide tout seul. Ouf... Ce sont les moins de 24 ans surtout !

4. DÉÇUS ? PAS TANT QUE ÇA !

Pas fous, les Français. Ou bien ils prennent leurs précautions avant le départ. Ou bien ils décident sur place de prendre les choses par le bon côté. En tout cas : déçus, eux, jamais... à 65 %. Il faut bien le reconnaître : se déclarer déçu,[10] c'est déclarer s'être « fait avoir[11] », pas agréable ! Qui sont donc les déçus « parfois » et pas gênés de l'être ? En gros,[12] les mêmes que ceux qui pensent beaucoup à leurs vacances avant : les jeunes, les employés et agents de maîtrise, les Verts, etc. Logique !

Plus on rêve...

5. ET SI ON REPARTAIT

Un seul commentaire : si 26 % des Français sont fatigués en rentrant de vacances... c'est peut-être bien qu'ils n'en ont pas pris assez, pas vrai ?

(Hélène Hervet et GABS, Sondage CSA-La Vie, *La Vie*, 5 juillet 1990)

[1] *supervisors*
[2] les membres des partis écologistes
[3] *are popular*
[4] *our best wishes*
[5] Parti communiste
[6] gros villages
[7] *plainly, candidly*
[8] *hors d'œuvre eaten with drinks in Spanish cafés*
[9] *it gets heated*
[10] *disappointed*
[11] *to have been had*
[12] *roughly speaking*
[13] *sample*

C. Recherche d'informations spécifiques.

1. D'après les cinq catégories du document, établissez le portrait robot du vacancier «typique» selon l'enquête du document. (Ce vacancier n'existe pas, bien sûr!)
2. Complétez le tableau suivant:

	CEUX QUI RÊVENT LE PLUS DES VACANCES	CEUX QUI EN RÊVENT LE MOINS	CEUX QUI CHERCHENT LE GRAND AMOUR
Age			
Profession			
Tendance politique			
Résidence			

3. D'après le document, quels sont les deux critères qui expliquent que peu de Français sont généralement déçus de leurs vacances?

D. Lecture détaillée.

1. Relisez chaque partie contenant des chiffres et le commentaire correspondant.
2. Quelle est la nature des éléments qui sont ajoutés dans le commentaire?

Après la lecture

A. Questions à partir du texte.

1. Quelles sont les catégories professionnelles qui rêvent le plus de leurs vacances? Pourquoi, à votre avis?
2. A quoi les Français associent-ils l'idée de vacances?
3. Qui, à la maison, décide de la destination des vacances?
4. Parmi les personnes qui décident elles-mêmes de la destination de leurs vacances, à quelle catégorie appartient la majorité?
5. Où résident la majorité des gens qui cherchent le grand amour pendant les vacances? Cela vous étonne-t-il? Pourquoi?
6. Pourquoi les plus déçus sont-ils ceux qui rêvent le plus?
7. Quelle raison donne-t-on pour les 26% de Français qui reviennent de leurs vacances plus fatigués qu'avant?
8. A quoi rêve le personnage du premier dessin? Pourquoi? Le deuxième dessin confirme-t-il le rêve?
9. Quel est le pays qui est mentionné dans le troisième dessin? Pourquoi?
10. Avez-vous jamais été déçu(e) de vos vacances? Pourquoi?

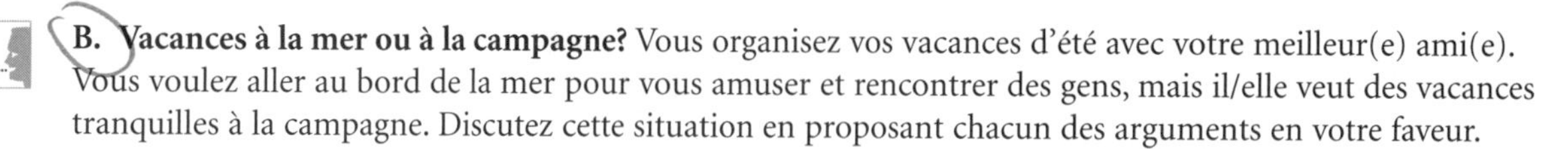

B. Vacances à la mer ou à la campagne? Vous organisez vos vacances d'été avec votre meilleur(e) ami(e). Vous voulez aller au bord de la mer pour vous amuser et rencontrer des gens, mais il/elle veut des vacances tranquilles à la campagne. Discutez cette situation en proposant chacun des arguments en votre faveur.

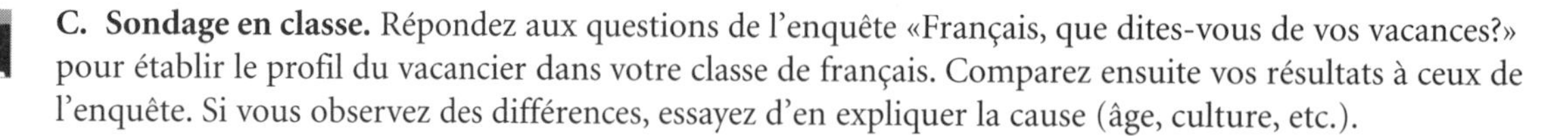

C. Sondage en classe. Répondez aux questions de l'enquête «Français, que dites-vous de vos vacances?» pour établir le profil du vacancier dans votre classe de français. Comparez ensuite vos résultats à ceux de l'enquête. Si vous observez des différences, essayez d'en expliquer la cause (âge, culture, etc.).

D. Des vacances mémorables. Racontez des vacances que vous avez particulièrement appréciées ou détestées en employant le passé composé et l'imparfait.

TEXTE 2

Culture(s) jeune(s)

Avant la lecture

Culture

1. Indiquez ce qui caractérise la culture commune aux jeunes de votre pays, en ce qui concerne
   a. l'habillement
   b. le style de musique
   c. le langage
   d. les valeurs
2. Discutez les pratiques culturelles des jeunes de 15-20 ans dans votre pays — les loisirs, les sports, etc.
3. Quelles sont vos œuvres littéraires préférées? Dans quelles circonstances les avez-vous lues?
4. Qui sont aujourd'hui les héros des jeunes de votre pays?

Vocabulaire

A. Mots apparentés. Devinez le sens.

consommateur(-trice) personne qui consomme; Les jeunes sont aujourd'hui les plus gros consommateurs de musique.

obséder Les vacances sont une véritable obsession pour les Français: ils sont obsédés par les vacances.

B. Suffixes et préfixes.

Le suffixe **phile** = qui aime
→ **francophile**: qui aime la France et ce qui est français
→ **cinéphile**: qui aime le cinéma
Les grands cinéphiles se retrouvent souvent au Festival international de Cannes.

Le préfixe **sous**: qui est dérivé de ...
→ **la sous-culture**: une culture qui est dérivée d'une autre culture ou qui fait partie d'une plus grande culture au sens large; La culture de banlieue est une sous-culture de la culture jeune en France.
→ **un sous-produit**: un produit qui est dérivé d'un autre produit; L'essence (*gasoline*) est un sous-produit du pétrole.

Lecture

A. Titre et sous-titres. Lisez le titre et les sous-titres et essayez d'imaginer le contenu de ce texte.

B. Première lecture intégrale sans dictionnaire. Lisez le texte une première fois en entier pour une compréhension globale.

Culture(s) jeune(s)

Dans la société française, de plus en plus fragmentée, les jeunes ne constituent pas un ensemble homogène. D'ailleurs, dire les jeunes, comme on dit les Français, les femmes, les agriculteurs..., ne correspond plus à la réalité multiforme d'aujourd'hui. Comme il y a désormais[1] des Français, des femmes, des agriculteurs, il y a aussi des jeunes qui diffèrent les uns des autres par leur milieu familial et social, leur niveau d'études, selon qu'ils sont citadins ou ruraux, leurs modes de vie et leurs mentalités, leurs tendances et leurs valeurs, leurs rites et leurs mythes.

Une culture atomisée2

Au-delà des difficultés que certains d'entre eux rencontrent (école, chômage, violence, exclusion, marginalité...), la plupart paraissent culturellement intégrés. Selon Jean-Michel Dijan, responsable d'Eurocréation[a], «L'existence d'une culture jeune originale est évidente. Il faut remonter aux années 1960 pour assister à sa naissance: le déclin de la spiritualité et des idéologies a constitué un terrain favorable à l'émergence d'une nouvelle culture. Deux spécificités la caractérisent: elle confine la jeunesse dans un sentiment d'appartenance[3] exclusive; en effet, le rock a créé, à travers les vêtements et le langage, des sous-produits suffisamment codés pour ne pas être appropriables par les adultes. D'autre part, il s'agit d'une culture atomisée dans des milieux spécifiques (étudiants, ouvriers, marginaux), mais avec des langages communs capables de créer un véritable marché de la jeunesse».

Zap, rap et vidéo

La culture jeune est essentiellement audiovisuelle. Le cinéma est d'ailleurs une des principales pratiques culturelles des jeunes puisqu'un «habitué[4]» sur deux a moins de vingt-cinq ans. Ces jeunes cinéphiles sont en majorité des élèves et des étudiants, vivant dans les grandes agglomérations et notamment Paris et la banlieue parisienne.

Toutefois, avant le cinéma, c'est la musique qui est la première activité culturelle des jeunes. Le rock demeure la musique préférée des 15-20 ans, mais ils aiment également celle qui accompagne les chansons de Renaud, Jean-Jacques Goldman, Patricia Kaas, Vanessa Paradis ou Patrick Bruel[b]. Ainsi émergés dans une culture essentiellement musicale, les jeunes aiment à se retrouver «en boîte[5]», celles des beaux quartiers comme celles des banlieues périphériques, où les sons et les lumières recréent l'univers de drogue, de maladie mentale, de prison qui obsède les chansons. Cette culture musicale est d'abord véhiculée par la radio qui est, de loin, le média préféré des 15-20 ans. Les radios FM diffusent presquent exclusivement de la musique anglo-saxonne, ce qui contribue, pour la plus grande part (il faut aussi compter les jeans, le coca-cola, les «fast-food» et, pour les plus jeunes, l'Eurodisneyland de Marne-la-Vallée), à l'américanisation culturelle des jeunes Français.

Cette prédominance de la radio ne signifie pas pour autant que les jeunes ne regardent pas la télévision. Ils sont en particulier gros consommateurs de cassettes vidéo qu'ils visionnent[6] «entre copains», (re)créant ainsi une nouvelle forme de convivialité. Désormais, on ne se réunit plus devant le feu de cheminée, mais devant le poste de télévision et le magnétoscope. Enfin, la pratique du «zapping», avec la possibilité qu'elle offre de changer de chaîne[7] à tout moment, a sans doute contribué au regain d'intérêt pour la télévision observé chez les jeunes ces dernières années.

[1]*henceforth*
[2]*pulverized*
[3]*belonging*
[4]*regular customer*
[5]*in a night club*
[6]*view*
[7]*channel*

[a] Eurocréation: entreprise qui finance des projets de jeunes créateurs.

[b] Chanteurs français contemporains appréciés des jeunes.

Tête d'affiche[8] des cultures jeunes

Cette culture audiovisuelle dominante n'empêche cependant pas les jeunes de consacrer[9] une partie de leur temps à la lecture. Toutefois, les jeunes d'aujourd'hui lisent moins qu'il y a quelques années, même en tenant compte[10] des lecteurs de bandes dessinées. En matière littéraire, ils demeurent très largement influencés par la tradition familiale et surtout scolaire. Ainsi, les auteurs classiques les plus souvent cités sont Zola, Flaubert, Balzac, Stendhal et Hugo, et les «modernes», Albert Camus, Jean-Paul Sartre et Boris Vian. Dans le domaine des idées, Freud[c], Sartre[d], Rousseau[e], Nietzsche[f] et Descartes[g] sont les plus fréquemment mentionnés. En peinture, ils placent au premier rang Picasso et Salvador Dali, suivi d'un trio d'impressionnistes: Monet, Renoir, Manet.

Les personnalités qu'ils admirent le plus ou qui incarnent le mieux leurs aspirations sont toutes des personnalités «médiatiques» (c'est-à-dire connues essentiellement par la télévision) comme le commandant Cousteau[h], l'abbé Pierre[i] ou Bernard Tapie[j]. Défense de l'environnement, action humanitaire, «business» et politique sont les domaines qu'incarnent ces trois personnalités et qui font partie des valeurs des jeunes d'aujourd'hui.

La culture s'exprime aussi par des langages et des modes vestimentaires[11]: parlers «branché» ou verlan[k], pulls Benetton ou Kookaï, jeans Levi's 501 ou Lee Cooper, blousons Chevignon ou Perfecto, baskets Nike ou Reebok…

Une culture de banlieue

Partie intégrante de la culture jeune, une «nouvelle culture de banlieue» ou culture «hip hop» s'est développée récemment. Celle-ci combine de nouvelles formes d'expression: le rap et les graffitis. Cette nouvelle culture est celle des jeunes vivant dans les grandes cités des banlieues (de Paris, Lyon, Marseille…), souvent immigrés, élèves des collèges et des lycées d'enseignement professionnel ou garçons et filles sans qualification ni emploi. Blancs, Blacks[l] ou Beurs[m], membres ou non de la «tribu[12]» des «Zoulous[n]», ils sont rappeurs, taggueurs ou graffiteurs.

Qu'ils inscrivent leurs signatures («tags»), dessinent des fresques bariolées[13] («graffitis») sur les murs des villes, les wagons du métro[14] et des trains ou qu'ils chantent et dansent («rap»), ces jeunes expriment ce qu'ils sont ou veulent être, leurs racines, leur marginalité ou leur exclusion, leurs révoltes ou leurs défis. Même s'ils contestent[15] la société française dans laquelle ils vivent, ils souhaitent, pour la plupart, continuer à vivre dans cette société et, si possible, y réussir.

Culture jeune ou cultures jeunes? Vraie culture ou sous-cultures? Une chose est sûre, cependant: il existe bien des préférences, des habitudes et des attitudes, des comportements, des modes d'expression culturels propres[16] aux jeunes, avec des constantes, mais aussi des différences et des divergences.

(Alain Kimmel, Martine Biyer-Weimann, Didier Maule, *Le Français dans le Monde.*)

[8] *first place*
[9] *devote*
[10] *taking into account*
[11] *clothing*
[12] *tribe, gang*
[13] *multicolored*
[14] *subway cars*
[15] *challenge*
[16] *suited to*

[c] Sigmund Freud (1856-1939): célèbre psychiatre autrichien, fondateur de la psychanalyse
[d] Jean-Paul Sartre (1905-1980): écrivain et critique, il est aussi l'un des plus grands philosophes français du XXe siècle. Chef de file du mouvement existentialiste, il a exprimé ses idées philosophiques dans toute son œuvre, dont le célèbre roman *La Nausée.*
[e] Jean-Jacques Rousseau (1712-1778): Genevois de langue française, il fait partie des grands écrivains et philosophes du XVIIIe siècle. Parmi ses œuvres, on notera le *Discours sur l'inégalité* et *Emile*, son traité sur l'éducation.
[f] Friedrich Nietzsche (1844-1900): philosophe allemand, auteur de *Ainsi parlait Zarathoustra*
[g] René Descartes (1596-1650): philosophe et savant français qui a exprimé ses idées dans son célèbre *Discours de la méthode.* Pour Descartes, il faut se débarrasser des préjugés et des idées établies et se fonder sur la raison: «Je pense, donc je suis».
[h] Jacques-Yves Cousteau: officier de marine et océanographe célèbre, auteur de livres et de films sur la plongée sous-marine et le monde sous-marin. Il est l'inventeur, avec Emile Gagnan, du scaphandre sous-marin autonome automatique (*breathing tank for scuba diving*).
[i] L'abbé Pierre: il milite pour le logement des pauvres et l'amélioration de leur condition.
[j] Bernard Tapie: homme d'affaires qui a réussi grâce à son esprit d'entreprise. Au début, il était considéré par les jeunes comme un nouveau type de héros; mais il a ensuite été accusé de corruption et a perdu de son prestige.
[k] Reportez-vous au Chapitre 1 pour le langage des jeunes.
[l] Terme à la mode employé par les jeunes pour désigner les Noirs; ce terme n'a aucune connotation péjorative en France.
[m] Jeunes d'origine maghrébine (Algérie, Maroc, Tunisie) nés en France; voir Chapitre 1.
[n] Bande (*gang*), présente en France, qui s'est inspirée de la Nation Zulu fondée à New York (Bronx) dans les années 1960.

Voici des œuvres célèbres écrites par les auteurs mentionnés dans ce texte. Lesquelles avez-vous lues?

Stendhal: *Le Rouge et le Noir* (1830)
Honoré de Balzac: *Le Père Goriot* (1834)
Gustave Flaubert: *Madame Bovary* (1857)
Victor Hugo: *Les Misérables* (1862)
Emile Zola: *Germinal* (1885)
Albert Camus: *L'Etranger* (1942)
Boris Vian: *L'Ecume des jours* (1947)
Jean-Paul Sartre: *Les Mots* (1964)

C. Recherche d'informations spécifiques.

1. De quel type de culture les années 1960 marquent-elles la naissance?
2. Quelle est la musique préférée des jeunes de 15-20 ans?
3. Quelles sont les deux traditions qui influencent les choix littéraires des jeunes?
4. Citez les trois manifestations principales de la culture de banlieue.

D. Activités de langue.

1. Dans le premier paragraphe, on établit une distinction entre l'emploi de l'article défini (les jeunes, les Français, les femmes, les agriculteurs) et celui de l'article indéfini (des jeunes, des Français, des femmes, des agriculteurs). Expliquez cette distinction.
2. Le titre «Culture(s) jeune(s)» met la marque du pluriel entre parenthèses. Expliquez ce phénomène à la lumière du dernier paragraphe.
3. Le texte parle de «l'américanisation culturelle des jeunes Français». Trouvez des mots «franglais» dans ce texte (voir Chapitre 1) qui illustrent ce point.

Après la lecture

A. Questions à partir du texte.

1. Quelles sont les difficultés rencontrées par certains jeunes?
2. Qu'est-ce qui a entraîné l'émergence d'une culture jeune dans les années 1960?
3. Pourquoi dit-on qu'il s'agit d'une culture jeune «atomisée» dans des milieux spécifiques?
4. Pourquoi la culture jeune est-elle essentiellement audiovisuelle?
5. Où est-ce que les jeunes aiment se retrouver quand ils sortent? Pourquoi?
6. Quels sont, d'après le texte, les éléments qui montrent l'américanisation culturelle des jeunes Français?
7. De quelle manière les jeunes visionnent-ils les cassettes vidéo? Pourquoi?
8. Quelles sont les personnalités que les jeunes admirent le plus? Pourquoi?
9. En quoi consiste la «nouvelle culture de banlieue»? Quels jeunes concerne-t-elle particulièrement?
10. Qu'est-ce que les jeunes expriment dans les tags, les graffitis et le rap?

B. Sondage. Chaque groupe choisit un ou deux des thèmes ci-dessous et pose des questions aux étudiants de la classe. Ensuite, écrivez les résultats au tableau pour déterminer les loisirs et la vie culturelle des membres de la classe.

heures hebdomadaires consacrées à la télévision
heures hebdomadaires consacrées à la radio
deux émissions de télévision favorites
journal quotidien lu régulièrement
magazine favori
nombre de livres lus par an
genre de livre favori
deux films favoris
acteur favori
actrice favorite
style de musique favori

C. La place de la télévision dans l'éducation des enfants. Expliquez les avantages de la télévision et les problèmes qu'elle peut poser dans l'éducation des enfants. Dites ce que vous feriez à ce sujet si vous aviez des enfants. Employez le conditionnel.

La tradition littéraire et philosophique est omniprésente en France.

Ce document fait allusion à d'autres célébrités qui s'ajoutent à celles mentionnées dans ce chapitre. Avez-vous entendu parler de ces personnages? Voici, pour chacun, l'une de ses œuvres pour vous aider.

La Fontaine	*Fables* (XVIIe siècle)
Anatole France	*Les Dieux ont soif* (1912)
Voltaire	*Candide* (1759)
Beaumarchais	*Le Mariage de Figaro* (1784)
Verlaine	*Les Poètes maudits* (1884)
Diderot et d'Alembert	principaux auteurs de *L'Encyclopédie* (XVIIIe siècle)
Benjamin Franklin	auteur de la Constitution américaine (1787)
Robespierre, Danton, Marat	personnages qui se sont illustrés pendant la Révolution française
Napoléon Bonaparte	général, futur empereur Napoléon Ier
Molière	*Le Bourgeois gentilhomme* (1670)

LE PLUS ANCIEN CAFE DU MONDE

C'EST en 1686 que Francesco Procopio dei Coltelli, gentilhomme de Palerme, installa rue des Fossés-Saint-Germain (aujourd'hui rue de l'Ancienne Comédie) son débit de café. L'excellence des boissons et des sorbets qu'il y offrait à consommer, le cadre aimable, le voisinage aussi de l'ancienne Comédie-Française firent que son établissement devint très rapidement le lieu de réunion des beaux esprits. Le premier café littéraire du monde était né, et pendant plus de deux siècles, tout ce qui portait un nom, ou qui espérait en porter un, dans le monde des lettres, des arts et de la politique, fréquenta le CAFE PROCOPE. De La Fontaine à Anatole France, en passant par Voltaire, Rousseau, Beaumarchais, Balzac, Hugo, Verlaine et tant d'autres, la liste des « habitués » du PROCOPE est celle-là même des grands noms de la littérature française. Au XVIIIe siècle, les idées libérales y prirent leur essor, et l'histoire de l'Encyclopédie est intimement liée à celle du PROCOPE où fréquentaient Diderot, d'Alembert et Benjamin Franklin. Pendant la révolution, Robespierre, Danton et Marat s'y réunissaient, et le lieutenant Bonaparte y laissa son chapeau en gage.

Le PROCOPE renaît aujourd'hui, fidèle aux grandes ombres de son histoire. Symbole du passé, la table de Voltaire témoigne de sa pérennité et s'apprête à accueillir des gloires nouvelles.

TEXTE 3

La Naissance d'un maître

Avant la lecture

Culture

1. A votre avis, quels sont les facteurs qui déterminent le succès
   a. d'une œuvre d'art?
   b. d'un artiste?
2. Choisissez un artiste que vous aimez particulièrement (compositeur, musicien, peintre, etc.) et expliquez ce que vous appréciez dans son art.

Le musée Rodin

Vocabulaire

A. Mots de la même famille. Devinez le sens.

le mépris (Nom) = manque d'estime, de considération → **mépriser** (Verbe); Les snobs méprisent souvent les artistes inconnus.

sot(te) (Adj.) = sans intelligence → **la sottise** (Nom) = manque d'intelligence → **des sottises** (Nom) = des paroles sottes; Si l'on ne veut pas dire de sottises, il faut réfléchir avant de parler.

Quelques expressions idiomatiques à connaître

Avoir quelqu'un = duper quelqu'un; Le libraire m'a vendu ce livre au double du prix normal; il m'a bien eu(e)!

Eclater de rire: se mettre à rire de façon soudaine et avec bruit; En entendant cette histoire amusante, j'ai éclaté de rire.

Lecture

A. Titre et début du texte. Lisez le titre et la première ligne du texte. A votre avis, de quelle sorte de «maître» s'agit-il dans ce texte?

B. Première lecture intégrale sans dictionnaire. Lisez le texte une première fois en entier pour une compréhension globale.

La Naissance d'un maître

Le texte suivant est adapté d'une nouvelle d'André Maurois (1885-1967), romancier, essayiste et historien français. Il s'agit d'une satire de la subjectivité dans l'art. L'auteur se moque des snobs qui se disent connaisseurs en la matière et montre comment un artiste inconnu obtient un succès immédiat grâce à un simple stratagème.

Le peintre Pierre Douche achevait une nature morte, fleurs dans un pot de pharmacie, aubergines[1] dans une assiette, quand le romancier Paul-Emile Glaise entra dans l'atelier. Glaise contempla pendant quelques minutes son ami qui travaillait, puis dit fortement: «Non!»

L'autre, surpris, leva la tête, et s'arrêta de polir[2] une aubergine.

—Non, reprit Glaise, crescendo, non, tu n'arriveras jamais. Tu as du métier, tu as du talent, tu es honnête. Mais ta peinture est plate[3], mon bonhomme. (...) Non, Pierre Douche, tu n'arriveras jamais. Et c'est dommage.

—Pourquoi? soupira[4] l'honnête Douche... Je fais ce que je vois: je n'en demande pas plus.

—Il s'agit bien de cela! (...) Il y a plus de tableaux que d'acheteurs, et plus d'imbéciles que de connaisseurs. Or quel est le moyen, Pierre Douche, de sortir de la foule[5] inconnue?

—Le travail?

—Sois sérieux. Le seul moyen[6], Pierre Douche, de réveiller les imbéciles, c'est de faire des choses énormes. Annonce que tu vas peindre au pôle Nord. Promène-toi vêtu[7] en roi égyptien. Fonde une école. Mélange dans un chapeau des mots savants[8]: extériorisation dynamique, et compose des manifestes. Nie[9] le mouvement ou le repos; le blanc ou le noir; le cercle ou le carré. Invente la peinture néo-homérique, qui ne connaîtra que le rouge et le jaune, la peinture cylindrique, la peinture octaédrique, la peinture à quatre dimensions...

A ce moment, un parfum étrange et doux annonca l'entrée de Mme Kosnevska. C'était une belle Polonaise dont Pierre admirait la grâce. Abonnée[10] à des revues coûteuses qui reproduisaient à grands frais des chefs-d'œuvre d'enfants de trois ans, elle n'y trouvait pas le nom de l'honnête Douche et méprisait sa peinture. Se laissant tomber sur un divan, elle regarda la toile commencée, secoua[11] ses cheveux blonds, et sourit avec un peu de mépris. (...)

Le peintre retourna pour elle un portrait dont il était content.

—Gentil, dit-elle du bout des lèvres, et roulante, chantante, parfumée, disparut.

Pierre Douche jeta sa palette dans un coin et se laissa tomber sur le divan. «Je vais, dit-il, me faire inspecteur d'assurances, employé de banque, agent de police... La peinture est le dernier des métiers. Le succès, fait par des sots, ne va qu'à des faiseurs[12]. Au lieu de respecter les maîtres, les critiques encouragent les barbares. J'en ai assez, je renonce.»

Paul-Emile, ayant écouté, alluma une cigarette et réfléchit assez longtemps.

—Veux-tu, dit-il enfin, donner aux snobs et aux faux artistes la dure leçon qu'ils méritent? Te sens-tu capable d'annoncer en grand mystère et sérieux à la Kosnevska, et à quelques autres esthètes[13], que tu prépares depuis dix ans une nouvelle manière?

—Moi? dit l'honnête Douche, étonné.

[1]*eggplants*
[2]*to polish*
[3]*flat*
[4]*sighed*
[5]*crowd*
[6]*the only way*
[7]*dressed up*
[8]*rare or learned words*
[9]*negate*
[10]*subscriber*
[11]*shook*
[12]*show-offs*
[13]*art and beauty lovers*

—Ecoute... Je vais annoncer au monde, en deux articles bien placés, que tu fondes l'Ecole idéo-analytique. Jusqu'à toi, les portraitistes, dans leur ignorance, ont étudié le visage humain. Sottise! Non, ce qui fait vraiment l'homme, ce sont les idées qu'il évoque en nous. Ainsi le portrait d'un colonel, c'est un fond bleu et or que barrent[14] cinq énormes galons[15], un cheval dans un coin, des croix dans l'autre. Le portrait d'un industriel, c'est une cheminée d'usine, un poing fermé sur une table... Comprends-tu, Pierre Douche, ce que tu apportes au monde, et peux-tu me peindre en un mois vingt portraits idéo-analytiques?

Le peintre sourit tristement.

—En une heure, dit-il, et ce qui est triste, Glaise, c'est que cela pourrait réussir.

—Essayons.

—Je manque de bagout[16].

—Alors, mon bonhomme, à toute demande d'explication, tu prendras un temps, tu lanceras une bouffée[17] de pipe au nez du questionneur, et tu diras ces simples mots: «Avez-vous jamais regardé un fleuve?»

—Et qu'est-ce que cela veut dire?

—Rien, dit Glaise, ainsi le trouveront-ils très beau, et quand ils t'auront bien découvert, expliqué, exalté, nous raconterons l'aventure et jouirons[18] de leur confusion.

Deux mois plus tard, le vernissage[19] de l'Exposition Douche s'achevait en triomphe. Chantante, roulante, parfumée, la belle Mme Kosnevska ne quittait plus son nouveau grand homme.

—Ah! répétait-elle, la sensibilité! le modelé[20]! la force de ça! Quelle intelligence! quelle révélation!... Et comment, mon cher, êtes-vous parvenu à ces synthèses étonnantes?

Le peintre prit un temps, lança une forte bouffée de pipe, et dit: «Avez-vous jamais, chère madame, regardé un fleuve?»

Les lèvres de la belle Polonaise, émues, promirent des bonheurs roulants et chantants.

En pardessus[21] à col de lapin, le jeune et brillant Lévy-Cœur discutait au milieu d'un groupe: «Très fort, disait-il, très fort! (...) Mais dites-moi, Douche, la révélation, d'où vient-elle? De mes articles?»

Pierre Douche prit un temps considérable, lui souffla au nez une bouffée triomphante, et dit: «Avez-vous jamais, monsieur, regardé un fleuve?»

—Admirable! approuva l'autre, admirable! (...)

Lentement, l'atelier se vida. Paul-Emile Glaise alla fermer la porte derrière le dernier visiteur. (...) Puis, resté seul avec le peintre, le romancier mit joyeusement ses mains dans ses poches et éclata de rire. Douche le regarda avec surprise.

—Eh bien! mon bonhomme, dit Glaise, crois-tu que nous les avons eus? (...) Ah! Pierre Douche, je croyais la sottise humaine sans limites, mais ceci dépasse mes espérances.

Il fut repris d'une crise de rire invincible. Le peintre fronça le sourcil[22] et dit brusquement:

—Imbécile!

—Imbécile! cria le romancier furieux. (...)

Le peintre contempla avec orgueil[23] les vingt portraits analytiques et dit avec la force que donne la certitude:

—Oui, Glaise, tu es un imbécile... Il y a quelque chose dans cette peinture...

Le romancier regarda son ami avec une stupeur[24] infinie.

—C'est trop fort! hurla-t-il. Douche, souviens-toi!... Qui t'a suggéré cette manière nouvelle?

Alors Pierre Douche prit un temps et, tirant de sa pipe une énorme bouffée:

—As-tu jamais, dit-il, regardé un fleuve?...

[14]*cross*
[15]*(military) stripes*
[16]*gift of gab*
[17]*puff*
[18]*will enjoy*
[19]*preview*
[20]*relief*
[21]*overcoat*
[22]*frowned*
[23]*pride*
[24]*amazement*

C. Recherche d'informations spécifiques.

1. Définissez les personnages du texte.
   a. Pierre Douche
   b. Paul-Emile Glaise
   c. Mme Kosnevska
   d. M. Lévy-Cœur
2. Quand Pierre Douche veut renoncer à la peinture, quelles sont les trois professions qu'il mentionne comme alternatives? Pourquoi, à votre avis?

D. Structure du texte. Dégagez la structure du texte et donnez un titre à chaque partie.

E. Activités de langue.

1. Notez les oppositions suivantes et expliquez leur sens d'après le contexte:
   a. «plus d'imbéciles que de connaisseurs»
   b. «au lieu de respecter les maîtres, les critiques encouragent les barbares»
2. En position initiale, certains adverbes sont généralement suivis de l'inversion du sujet et du verbe. On trouve, par exemple, la phrase suivante dans le texte: «**ainsi** le trouveront-ils très beau» (lorsque Glaise explique son stratagème à Douche). **Peut-être** et **sans doute** sont d'autres adverbes qui appartiennent à cette catégorie. Comparez:

Les critiques d'art trouveront peut-être ce tableau très beau. Peut-être les critiques d'art trouveront-ils ce tableau très beau. Modifiez la structure des phrases suivantes en plaçant l'adverbe en position initiale.

a. Il écrira sans doute un bon article sur cette exposition.
b. Le musée est peut-être ouvert aujourd'hui.
c. Elle est ainsi célèbre depuis la publication de ce livre.

Après la lecture

A. Questions à partir du texte.

1. Quel est le premier mot prononcé par Paul-Emile Glaise? A quoi fait-il référence?
2. A votre avis, Pierre Douche possède-t-il les qualités d'un grand peintre?
3. Qui sont les «imbéciles» mentionnés par Glaise?
4. D'après lui, quel est le seul moyen de devenir célèbre?
5. Comment Mme Kosnevska est-elle décrite? Vous paraît-elle sympathique?
6. Quel est le paragraphe qui montre le découragement de Pierre Douche?
7. Qui sont, à votre avis, les snobs et les faux artistes mentionnés par Glaise?
8. Que propose-t-il à son ami?
9. Comment Glaise suggère-t-il au peintre d'expliquer son art? Qu'en pensez-vous?
10. Ce stratagème réussit-il? Dans quelles circonstances?
11. Quelle leçon tirez-vous de ce stratagème?
12. En quoi consiste l'ironie contenue à la fin du texte?

B. Mon genre préféré. Avec votre camarade, discutez chacun(e) à tour de rôle votre genre/style préféré dans les catégories suivantes. Justifiez votre préférence.

a. dans la mode vestimentaire
b. en musique
c. en littérature
d. en peinture

C. Critique d'art. Choisissez deux tableaux d'un peintre que vous aimez particulièrement. Imaginez que vous venez de voir ces tableaux pour la première fois lors d'une exposition et rédigez-en la critique sous forme d'article de journal.

Boîte à outils

1. Se plaindre. Accuser

Se plaindre (de): *to complain (about)*

Il se plaint toujours de quelque chose! — *He is always complaining about something!*

une plainte: *complaint*
porter plainte (contre): *to file a complaint (against)*

Il a porté plainte contre ses voisins qui faisaient trop de bruit. — *He filed a complaint against his neighbors who were making too much noise.*

Accuser quelqu'un de (+ noun or infinitive): *to accuse someone of…*

Il m'a accusé(e) de vol. — *He accused me of theft.*
Il m'a accusé(e) de mentir. — *He accused me of lying.*

C'est + disjunctive pronoun + **qui**… — *He/She is the one who…*
Ce n'est pas moi qui ai fait cela, c'est lui (qui l'a fait)! — *I am not the one who did it; he is the one (who did it)!*

Prendre quelqu'un la main dans le sac (fam.): *to catch someone in the act*
Surprendre quelqu'un en train de + infinitive: *to catch someone doing something*

On l'a surpris en train de voler! — *He was caught stealing!*
On l'a pris la main dans le sac! — *He was caught red-handed!*

Un pigeon (fam.) = **une poire** (fam.): *a sucker*

Tu me prends pour une poire? — *Do you take me for a sucker?*

2. Faire un compliment

C'est **ravissant/adorable**! (formal) — *It's lovely!*

C'est **chouette/génial/super/géant**! (fam.) — *It's super, great!*

Elle est super, ta voiture! (fam.) — *Your car is super!*

FOR THINGS: **adorer:** *to love* ≠ **aimer (bien)**: *to like*

J'adore ce tableau! — *I love this painting.*
J'aime (bien) ce tableau! — *I like this painting!*
J'aime (bien) ta coiffure. — *I like your hairdo.*

FOR PERSONS: **aimer:** *to love* ≠ **aimer bien:** *to like*

Elle aime bien Frédéric. — *She likes Frederic.*
Elle aime Frédéric. — *She loves Frederic.*

avoir l'air + adjective: *to look…*

Il a l'air sympa(thique). — *He looks friendly/nice.*

Quel(le) beau/belle + noun: *What a pretty/beautiful...*
Quel beau tableau! — *What a beautiful painting!*

Aller bien (à quelqu'un): *to become (someone)*

Le noir te va bien!
Ça te va bien, le noir! (fam.) — *Black becomes you!*

J'aime beaucoup... *I really like...*

Ce n'est pas mal! *It's not bad!*

Je t'aime bien en short! *I like you in shorts!*

A vous maintenant

A. Problèmes de camping. En été, le camping du Soleil à Fréjus est surpeuplé. Il y a des problèmes tous les jours et les campeurs vont se plaindre au bureau. Traduisez leurs plaintes et la réaction des accusés.

1. The owner of the red tent stole my radio! I caught him red-handed!
2. It's not true! I'm not the one who did it! It's my neighbor who looks like me.
3. I want to file a complaint. The people whose car is from Spain have borrowed my bicycle and kept it. I've had it! (**J'en ai marre!**)Everyone takes me for a sucker!
4. I reserved a site (**un emplacement**) for three nights and that man over there says it's his site! He accuses me of lying!
5. Come on! (**Allez!**)Stop complaining and let's try to solve all these problems together!

B. Avez-vous le tempérament flatteur? Pour chacune des situations suivantes, formulez le compliment que vous feriez à votre sœur d'abord, puis à votre voisine, une dame d'un certain âge. Employez chaque fois des compliments différents, si possible.

sa belle voiture	sa façon de chanter	sa façon de conduire
ses jolies lunettes	sa façon de nager	la couleur noire de ses vêtements

ECHANGES

Situation 1: La télé ou la lecture?

Your teenage son/daughter is always watching TV; you feel that he/she should read more books instead. Together you discuss the issue. Both of you present at least five arguments to support your respective positions.

Situation 2: Le club de vacances en Corse

You are thinking of spending several weeks at a vacation club in Corsica, and you go to a travel agent for more information. Ask about the distance of the village from the coast, the types of lodging, the cost of meals, the various educational activities or sports, and the availability of babysitting for young children.

Echos francophones

Québec: une culture vivante et des loisirs accessibles

Les nombreux lieux de diffusion de la culture témoignent[1] de l'importance de l'art dans la vie des Québécois. Montréal compte à elle seule une vingtaine de musées, une cinquantaine de théâtres, des salles de spectacles, des galeries d'art et un nombre impressionnant de bibliothèques. La ville de Québec connaît également une grande vitalité culturelle.

La musique occupe une place de choix dans la vie culturelle québécoise. Deux compagnies d'opéra, des orchestres symphoniques, dont l'Orchestre symphonique de Montréal, reconnu comme un des meilleurs au monde, des orchestres de chambre et d'autres formations musicales diffusent aussi bien les grandes œuvres du répertoire classique que du semi-classique, du jazz et du rock.

Un ensemble de musique traditionnalle au Festival d'été de Québec. Ce festival international est l'événement culturel francophone le plus important d'Amérique; il se déroule dans les rues et les parcs du Vieux-Québec.

La chanson a particulièrement contribué à faire connaître le Québec. Les succès que remportent des auteurs, des compositeurs et des interprètes tels Gilles Vigneault, Michel Rivard, Céline Dion et Corey Hart sont la preuve de son originalité et de sa qualité.

Des manifestations d'envergure[2] internationale comme les Concours de musique de Montréal, le Festival international de Lanaudière, le Festival international de jazz de Montréal et le Festival international d'été de Québec animent la vie musicale. A ces événements s'ajoutent les festivals populaires qui se déroulent tout au long de l'année.

Empreint[3] d'une grande vitalité, le théâtre québécois combine grands classiques et créations nouvelles. De nombreuses troupes de théâtre[4], dont une vingtaine à Montréal, présentent des œuvres du répertoire classique et les créations de plus en plus audacieuses d'auteurs québécois. Les pièces de Michel Tremblay, de Robert Lepage et de la troupe Carbone 14 ont été acclamées à l'étranger.

La danse occupe aussi une large part dans la vie culturelle québécoise. Outre les Grands Ballets canadiens, plusieurs danseurs et compagnies ont fait du Québec un haut lieu de l'art chorégraphique en Amérique.

Le cinéma québécois reçoit souvent l'accueil enthousiaste de la critique. Des productions comme *Le Déclin de l'empire américain* et *Jésus de Montréal*, de Denys Arcand, ainsi que *L'homme qui plantait des arbres*, de Frédérick Back, ont remporté des honneurs dans plusieurs festivals étrangers.

L'authenticité de la culture québécoise s'exprime et s'affirme de plus en plus à l'échelle internationale à travers sa littérature. Plusieurs auteurs tels Anne Hébert, Réjean Ducharme, Yves Beauchemin, Mordecai Richler, Irving Layton et Hugh MacLennan sont lus à l'étranger. Une centaine de maisons d'édition, une dizaine de salons du livre annuels et un vaste réseau de bibliothèques publiques témoignent de l'importance de cette littérature.

(Adapté de *Perspectives Québec*, © Ministère des Affaires Internationales, Québec)

[1]bear witness to [2] breadth, scope [3]stamped, imprinted [4]theatrical companies

Questions à partir du texte

1. Montrez l'importance de la musique au Québec.
2. Citez quelques chanteurs québécois et quelques manifestations musicales au Québec.
3. Nommez:
   a. une troupe de théâtre et un auteur dramatique au Québec.
   b. deux films et deux réalisateurs québécois.
   c. quatre écrivains québécois.

Le Ramadan au Maroc

La principale fête du calendrier musulman est le Ramadan, le mois sacré qui célèbre la Révélation du Coran au prophète Mahomet. Au cours de cette période, qui correspond au neuvième mois de l'année lunaire†, les fidèles[1] doivent jeûner[2] du lever au coucher du soleil, et s'abstenir également de boire, de fumer et d'avoir des rapports sexuels. Seuls échappent à cette obligation les malades et les voyageurs obéissant à des critères précis. Le Ramadan comprend trois fêtes principales:

a. la Chaabana, veille[3] du premier jour de Ramadan, qui lui-même marque l'apparition de la nouvelle lune. Cet événement est célébré par des feux de Bengale et des chants.

b. la nuit du Destin, 27e nuit de Ramadan. C'est, d'après la tradition, la nuit au cours de laquelle eut lieu la Révélation du Coran. Elle correspond également au jour d'initiation symbolique au jeûne des enfants, fêtés, au coucher du soleil, par des gâteaux, du lait et des dattes.

c. L'Aid es-Seghir (Petite Fête), également appelée Aid el-Fitr (Fête de la rupture du jeûne) marque la fin du Ramadan et le retour à la vie normale. Il est d'usage à cette occasion de rendre visite aux parents et amis et de s'échanger des vœux réciproques afin d'obtenir le pardon de fautes éventuelles. La veille, en l'honneur des invités, les murs des maisons sont reblanchis[4].

(Maroc, Guide E. Leclerc Evasion, ©Dislec, 1991)

[1]*the faithful* [2]*fast* [3]*the preceding day* [4]*repainted in white*

Questions à partir du texte

1. Qu'est-ce que le Ramadan?
2. Quelles sont les coutumes qui s'y rattachent?
3. Quelles sont les trois fêtes qui constituent le Ramadan? Comment sont-elles célébrées?

† Le calendrier musulman se divise en douze mois lunaires ou lunaisons. L'ère musulmane a débuté le 16 juillet 622, date à laquelle le prophète Mahomet a quitté La Mecque pour échapper aux persécutions et pour s'établir à Médine (qui signifie «ville du prophète»). Le Ramadan est célébré pendant le 9e mois lunaire qui s'étend approximativement de la fin février à la fin mars, selon les années.

Le rôle du griot en Afrique de l'Ouest

Le griot a joué un rôle considérable dans la transmission du patrimoine[1] culturel en
Afrique de l'Ouest. Au cours des siècles, ce personnage a occupé des fonctions variées:
historien et «mémoire» des grandes familles dont il conservait autrefois la généalogie et
les hauts faits[2], musicien, poète, conteur[3], satiriste, le griot peut aussi être l'éducateur
des enfants, l'intermédiaire entre deux familles à l'occasion de mariages, l'interprète de
personnages importants. Mais il n'était pas toujours et il est de moins en moins attaché
à une famille. Il doit alors gagner sa vie et, s'il rend occasionnellement les services cités
plus haut, il lui faut trouver plus régulièrement des subsides. Au cours des fêtes qui ne
peuvent se dérouler[4] sans lui ou lorsqu'il fait son apparition sans avoir été invité, il va
utiliser la vérité, son arme et son trésor, pour composer ses poèmes et ballades,
déclamés[5] à qui veut les entendre. Son métier exige qu'il connaisse tout des affaires
publiques et de la vie privée de chacun. Il est la gazette du village. Lorsque sa
«participation artistique» lui semble convenablement[6] rétribuée, il ne sort de sa
mémoire que les faits élogieux. Dans le cas contraire, ou si quelqu'un a provoqué sa
colère, il se fait un malin plaisir[7] de dévoiler[8] des secrets ... ou, plus exactement, il laisse
entendre qu'il pourrait facilement le faire. On s'empresse[9] alors de lui donner de l'argent
et il s'en va. On se venge[10] derrière son dos en affectant de le considérer comme un valet,
un mercenaire. Les griots ont été les équivalents des ménestrels du Moyen Age européen,
les «fous» du roi, les hommes de culture et de bon sens, les seuls qui pouvaient exprimer
crûment[11] la vérité. Ils s'exprimaient et s'expriment toujours en langues vernaculaires.

(Mylène Rémy, *Le Sénégal aujourd'hui*, ©Editions du Jaguar)

[1]*heritage*
[2]*important deeds*
[3]*story teller*
[4]*take place*
[5]*declaimed*
[6]*adequately*
[7]*malicious pleasure*
[8]*disclose*
[9]*hurries*
[10]*takes revenge*
[11]*bluntly*

Questions à partir du texte

1. Quelles sont les fonctions traditionnellement occupées par le griot?
2. Que doit-il faire pour gagner sa vie lorsqu'il n'est pas attaché à une famille?
3. Quelle sorte de chantage (*blackmail*) exerce-t-il pour se faire payer?
4. A votre avis, le griot jouit-il d'un grand prestige?
5. Dans quelle langue s'exprime-t-il?

Cameroun

Le Cameroun a deux langues officielles, le français et l'anglais. Ce fut d'abord un protectorat allemand qui a été divisé entre la France et la Grande-Bretagne après la Première Guerre mondiale. Le Cameroun a obtenu son indépendance en 1960 et, à la suite d'un référendum en 1961, le nord du Cameroun britannique s'est uni au Nigeria, alors que le sud de la partie britannique s'est unie à l'ex-Cameroun français pour former la République fédérale du Cameroun.

Cameroun

Le Cameroun est un mot magique qui résume à lui seul le continent du soleil. Le Cameroun: toute l'Afrique dans un triangle. Ce pays aguicheur[1] et multiforme imprègne[2] avec force la mémoire du voyageur qui le parcourt, même l'espace d'un court séjour touristique. Il fait bon vagabonder sur cette terre chaude et généreuse, dans ce décor sans cesse renouvelé, dans cette nature en fête qui sait être à la fois prolixe[3] et dépouillée[4], humide et brûlée. Le Cameroun ne se visite pas, il se découvre. Il offre au voyageur une nature saine encore à l'abri des déchets industriels, différents climats qui se font concurrence, une faune abondante qui représente la plus forte concentration d'animaux de l'Afrique de l'Ouest; il offre le spectacle d'un art très diversifié et, surtout, le contact avec une population chaleureuse[5] comme la terre à laquelle elle est liée.

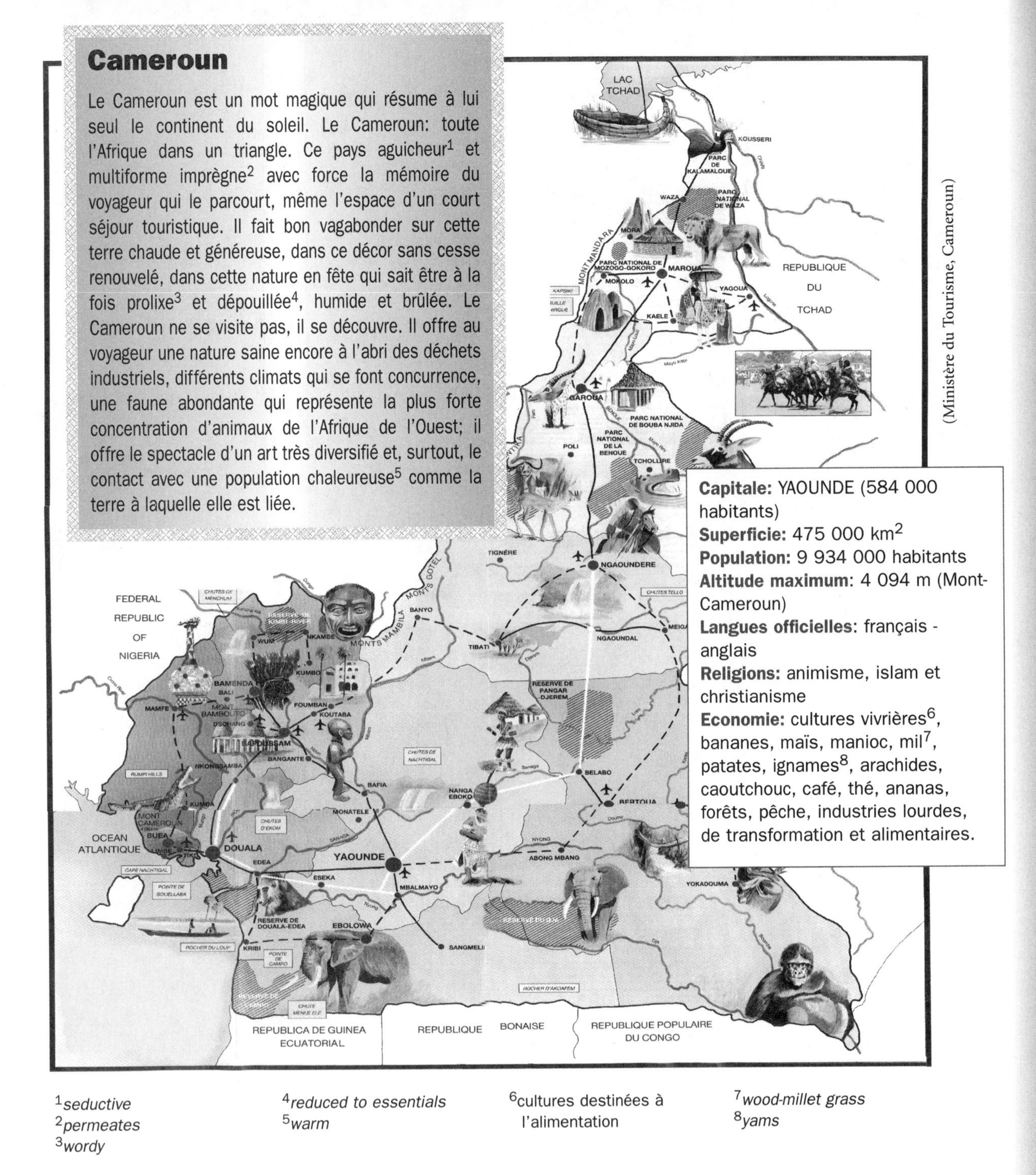

(Ministère du Tourisme, Cameroun)

Capitale: YAOUNDE (584 000 habitants)
Superficie: 475 000 km^2
Population: 9 934 000 habitants
Altitude maximum: 4 094 m (Mont-Cameroun)
Langues officielles: français - anglais
Religions: animisme, islam et christianisme
Economie: cultures vivrières[6], bananes, maïs, manioc, mil[7], patates, ignames[8], arachides, caoutchouc, café, thé, ananas, forêts, pêche, industries lourdes, de transformation et alimentaires.

[1] *seductive*
[2] *permeates*
[3] *wordy*
[4] *reduced to essentials*
[5] *warm*
[6] cultures destinées à l'alimentation
[7] *wood-millet grass*
[8] *yams*

Questions à partir du texte

1. Quelles sont les langues officielles du Cameroun? Pourquoi, à votre avis?
2. Depuis quelle année cette ancienne colonie est-elle indépendante?
3. Expliquez «toute l'Afrique dans un triangle» en vous aidant des illustrations.
4. A votre avis, pourquoi dit-on: «Le Cameroun ne se visite pas, il se découvre»?
5. Quels sont les atouts que le Cameroun offre au voyageur?

Lexique français-anglais

A

abat-jour (m) lamp shade
abattre (abattu) to knock down; to fell (tree); to shoot down
abolir to abolish
abonné(e) (à) subscribing to (magazine); **il est — au *Monde*,** he is subscribing to *Le Monde*
abonnement (m) subscription
abordable affordable (for price)
abri (m) shelter
abriter to shelter
accéder (à) to have access (to)
accomplir to accomplish
accord (m) agreement; **d'—**, O.K.
accorder to consent
accroissement (m) increase
accroître (accru) to increase
accueil (m) welcome, reception
accueillir to welcome
accuser to accuse
achat (m) purchase
acheter to buy
acheteur (-euse) buyer
achèvement (m) completion
achever to complete, to finish off
acier (m) steel
acteur (-trice) (m f) actor
activité (f) activity
actualité (f) current events
actuel(le) current
addition (f) addition; check (in restaurant)
adhérent(e) (m f) member (of association)
adopter to adopt
adresse (f) address
aéroport (m) airport
affaire (f) business, concern, matter; **homme/femme d'affaires**, businessman/woman
affectueux (-euse) affectionate
affiche (f) poster
afficher to post
affrontement (m) confrontation
africain(e) African
Afrique (f) Africa
agacer to annoy
âge (m) age; **Quel âge avez-vous?** How old are you?
âgé(e) old; elderly; **un garçon âgé de dix ans**: a ten-year old boy; **une personne âgée**: an elderly person
agir to act; **il s'agit de...**, it is about...
agrafe (f) staple
agrafeuse (f) stapler
agrémenter to embellish
agriculteur (-trice) farmer
agrumes (m pl) citrus fruit
aguicheur (-euse) seductive
aider to help
aile (f) wing
ailleurs elsewhere; **d'ailleurs**: moreover
aimer to like (something), to love (someone)
air (m) air; look; **Il a l'—fatigué,** he looks tired
ajouter to add
alcool (m) alcohol
alcoolisé(e) containing alcohol; **une boisson alcoolisée**, alcoholic beverage
aliment (m) food item
alimentaire pertaining to food
alimentation (f) nutrition
allégé(e) light (with reduced calories)
Allemagne (f) Germany
allemand(e) German
aller (allé) to go; **— bien**, to suit, to become; **Cette robe te va bien**, this dress becomes you
alliance (f) alliance; wedding ring
allié(e) (m, f) ally
alors then; **— que**, whereas
alternance (f) alternation
alterner to alternate
amande (f) almond
améliorer to improve
amer (-ère) bitter
amertume (f) bitterness
américain(e) American
Amérique (f) America
ami(e) (m f) friend; **— intime**: close friend
amitié(f) friendship
amuse-gueule (m) cocktail snack
an (m) year; **dans trois ans**, in three years; **le Nouvel An**, New Year
analphabète illiterate
analyser to analyze
ancêtre (m) ancestor
ancien(ne) former; old
angine (f) tonsillitis, strep throat
anglais(e) English
Angleterre (f) England

année (f) year; **chaque année**, each year; **la première année**, the first year
anniversaire (m) birthday; **Joyeux —!** Happy birthday! — **de mariage**, wedding anniversary
annonce (f) announcement; **les petites annonces**, classified ads
annuaire (m) directory; — **du téléphone**, phone book
annuel(le) yearly
anonyme anonymous
Antilles (f pl) West Indies
apparaître (apparu) to appear
apparenté(e) related
appartement (m) apartment
appartenir (à) (appartenu) to belong (to)
appeler to call; **s'appeler**: to be called
appliquer to apply; **s'appliquer**, to apply oneself, to work hard
appui (m) support
appuyer to press; to support (request, motion)
après after
aquarelle (f) water color
arabe Arabic
arbre (m) tree
argent (m) money; silver
arracher to tear out
arrêter to stop
arrière (m) back (of house, car); **en arrière**: behind; **arrière-grands-parents** (m), great-grandparents
arrondissement (m) district in a large city
arroser to water
art (m) art; **les beaux-arts**, fine arts; **les arts martiaux**, martial arts
ascenseur (m) elevator
asiatique Asian
Asie (f) Asia
aspirateur (m) vacuum cleaner; **passer l'—**, to run the vacuum cleaner
assaisonner to season
asseoir (assis) to seat; **s'asseoir**, to sit down
assiette (f) plate
assister (à) to attend (meeting, show)
associer (à) to associate (with)
assorti(e) matching
assurance (f) insurance
asthme (m) asthma
astuce (f) clever device
atelier (m) workshop; (artist's) studio
s'attabler to sit at the table
atteindre (atteint) to reach
attendre to wait (for)
attendrissant(e) moving, touching
attirer to attract
aubergine (f) eggplant
augmentation (f) increase; — **de salaire**, salary raise
augmenter to increase
aujourd'hui: today
aussi: also, too; as much/many as
aussitôt que as soon as
Australie (f) Australia
australien(ne) Australian
auteur (m) author
automne (m) fall (season)
autocuiseur (m) pressure cooker
autoriser to authorize
autorité (f) authority
autoroute (f) highway
autour around
autre other
autrefois formerly
avancé(e) advanced
avancer to move forward
avant before
avantage (m) advantage
avec with
avenir (m) future
avion (m) airplane
avis (m) opinion; **à mon avis**: in my opinion
avocat(e) (m, f) attorney, lawyer; avocado
avoir (eu) to have; **en — marre**: to be fed up; — **raison**, to be right; — **tort**, to be wrong
avortement (f): abortion

B

bac = **baccalauréat**
baccalauréat (m) exam taken at the end of secondary school
bachelier (ère) (m f) high school graduate (holder of the baccalauréat)
bagarre (f) fight
se bagarrer: to fight
bagne (m) penal colony
bagnole (f) (fam) car
bague (f) ring
baguette (f) stick; long stick of bread
bail (m) lease
baiser (m) kiss
baisse (f) decline
baisser to lower; to decline
bal (m) ball (dance); — **costumé**, masquerade ball
balade (f) stroll

balai (m) broom
balayer to sweep (with broom)
balcon (m) balcony
banc (m) bench
bande (f) strip; gang; — **dessinée**, comic strip
banlieue (f) suburbs, outskirts (of city)
banque (f) bank; — **de données**, data bank
barbare (m f) barbarian
barbe (f) beard
bariolé(e) multicolored
barre (f) bar, rod; — **de chocolat**, chocolate bar
barrer to bar, to obstruct; to cross out
bas(se) low; **une table basse**, coffee table
bas low (in a low tone); **parler** —, to speak low
bateau (m) boat
bâtiment (m) building (for apartments or offices)
bâtir (bâti) to build
battre (battu) to beat
beau (belle) beautiful; **beau-père** (m): stepfather or father-in-law; **belle-mère** (f): stepmother or mother-in-law
beignet (m) doughnut
belge Belgian
Belgique (f) Belgium
besoin (m) need; **avoir** — **de**, to need
bétail (m) cattle
bête dumb
béton (m) concrete; — **armé**, reinforced concrete
beurre (m) butter
bibliothèque (f) library; **la BU= bibliothèque universitaire**, university library
bicyclette (f) bicycle
bien well; — **que**, although
bien (m) possession, property
bientôt soon
bière (f) beer
bilingue bilingual
biscotte (f) sort of melba toast
biscuit (m) cookie
bise (f) kiss
bistrot (m) (fam) café
blanc (blanche) white
blanchir to whiten
bleu(e) blue
bœuf (m) ox; beef
boire (bu) to drink
bois (m) wood
boisson (f) drink
boîte (f) box, can; — **aux lettres**, mailbox
bol (m) small bowl
bombe (f) bomb
bon(ne) good
bonheur (m) happiness
bord (m) edge, rim; bank (river)
bouche (f) mouth
boucherie (f) butcher's shop
bouchon (m) cork
bouder to sulk
boudin (m) blood sausage
boue (f) mud
bouffée (f) puff
bouger to move
bougie (f) candle
bouillir to boil
boulangerie (f) bakery
boules (f pl) bowls (game)
bouleverser to upset
boulon (m) bolt
boulot (m) (fam) work
bourgade (f) big village
bourgeoisie (f) upper class
bourse (f) scholarship
bouteille (f) bottle
bouton (m) button; pimple
bras (m) arm
brave brave; kind, nice
bref (brève) brief
brevet (m) patent; — **des collèges**, exam taken at the end of junior high school
bricolage (m) handy work, tinkering
brioche (f) sweet roll
briser to break
brodé(e) embroidered
brosse (f) brush
brouillard (m) fog
brûler to burn
brun(e) brown; dark brown (for hair); **il est brun**, he has dark brown hair
bûche (f) log; — **de Noël**, Yule log
buffle (m) buffalo
bus = autobus (m) bus; **en** —, by bus
but (m) goal

C

cacahuète (f) peanut
cacao (m) cocoa
cacher (-ère) kosher
cadeau (m) present; **faire un** —, to give a present
cadre (m) frame; manager
café (m) coffee; cafe
cafetière (f) coffee maker
cahier (m) notebook
calculatrice (f) calculator

calculette (f) small calculator
calendrier (m) calendar
camarade (m f) mate, buddy
cambriolage (m) burglary
cambrioler to burglarize
cambrioleur (-euse) (m f) burglar
caméscope (m) camcorder
campagne (f) countryside
camping (m) camping; campsite
Canada (m) Canada
canadien(ne) Canadian
canapé (m) sofa; **un —-lit**: sofa bed
canard (m) duck
candidat(e) (m f) candidate
candidature (f) application; **poser sa — (à)**, to apply (for)
cantine (f) cafeteria (at school or at work)
capitale (f) capital city
car for, because
caractère (m) character
caractériser to characterize
caractéristique (f): characteristic
carême (m) Lent
carnaval (m) carnival
carnet (m) small notebook
carré(e) square
carreau (m): small square; (flooring) tile; window-pane
carrelage (m) tile floor
carrière (f) career
cartable (m) satchel, school bag
carte (f) map; card; playing card; **le valet**, jack; **la dame**, queen, **le roi**, king; **l'as**, ace; **le carreau**, diamond; **le cœur**, heart; **le pique**, spade; **le trèfle**, club
cas (m) case
case (f) hut
casserole (f) saucepan
catholique Catholic
cauchemar (m) nightmare
caution (f) guarantee; deposit
cave (f) cellar
célèbre famous
célébrer to celebrate
célibataire single
centre (m) center; **au centre de**, in the center of
cependant nevertheless
céréale (f) cereal
certain(e) certain, sure
chaîne (f) chain; channel (TV); **travail à la —**, work on the assembly line
chair (f) flesh
chaise (f) chair
chaleur (f) heat
chaleureux (-euse) warm, cordial; **une personne chaleureuse**, a warm person
chambre (f) bedroom
chameau (m) camel
champ (m) field
champignon (m) mushroom
chandeleur (f) Candlemas
chandelle (f): candle
change (m) change; **bureau de —**, currency exchange office; **taux de —**, currency exchange rate
changement (m): change, alteration
changer to change
chanson (f) song
chant (m) singing; song
chanter to sing
chanteur (-euse) (m f) singer
chantier (m) working or building site
chapitre (m) chapter
charbon (m) coal
charcuterie (f) cold meats, delicatessen
charges (f pl) utilities
charpente (f) frame (for house)
chat(te) (m f) cat
château (m) castle
chatouiller to tickle
chaud(e) warm, hot
chauffer to heat
chaume (m) thatch; **un toit de —**, thatched roof
chaussure (f) shoe; **une paire de chaussures**, pair of shoes
chef (m) chief; **—d'Etat**: head of state; **— d'orchestre**, conductor
cheminée (f) fireplace; chimney
cheminement (m) progression
chemise (f) shirt; folder
chemisier (m) blouse
chèque (m) check
cher(chère) expensive; dear; **Cher Pierre**, Dear Peter (in letter)
chercher to look for
chercheur (m) researcher
cheval (m) (pl **chevaux**) horse
cheveu (m pl) hair; **il a les cheveux blonds**; he has blond hair
cheville (f) ankle
chez at/to s.o.'s house/place; **— mes parents**, at/to my parents' house
chicorée (f) ground chicory (brewed like coffee)
chien(ne) (m f) dog

chimie (f) chemistry
chirurgie (f) surgery
chirurgien(ne) (m, f): surgeon
chocolat (m) chocolate
choisir to choose
choix (m) choice
chômage (m) unemployment
chorale (f) choir
chouette super (fam)
ciel (m) sky
ci-joint(e) enclosed (in letter)
cil (m) eyelash
cimetière (m) cemetery
cinéma (m) movie industry; movie theatre; **aller au** —, to go to the movies
circonstance (f) circumstance
citation (f) quotation
cité (f) city; — **universitaire**= **cité-U**, college dorm
citoyen(ne) citizen
citoyenneté (f) citizenship
citron (m) lemon
clair(e) clear, light (for color)
claquettes (f pl) tap dance
classe (f) class
classeur (m) three-ring binder; file cabinet
clavier (m) keyboard (piano, computer)
clé = **clef** (f) key
climat (m) climate
clochard (m) tramp
cocotier (m) coconut tree
cœur (m) heart
coiffeur (-euse) hairdresser
coin (m) corner
col (m) collar; neck (of bottle)
colère (f) anger; **être en** —, to be angry
collection (f) collection; **faire la** — **de...**, to collect...
collectionner to collect
collectionneur (-euse) (m f) collector
collège (m) junior high school
collègue (m f) colleague
collier (m) necklace; collar (dog)
cœur (m) heart
cohabitation (f) to live together
colle (f) glue
coller to glue
colonie (f) colony; — **de vacances**, summer camp
combat (m) fight
commencement (m) beginning
commencer to begin
commentaire (m) comment; commentary
commerçant(e) (m f) business or store owner
commode (f) chest of drawers
commune (f) township
compagnon (compagne) (m f) companion
comparaison (f) comparison
comparer to compare
compliment (m) compliment; **faire un** — **(à)**, to pay a compliment (to)
comportement (m) behavior
compositeur (m) composer
compréhension (f) understanding
comprendre (compris) to understand; to include
compris(e) understood; included; **service** —, service included (in price)
comptabilité (f) accountancy
comptable (m) accountant; expert —, CPA
compte (m):account; **un** — **en banque**: bank account; **tenir** — **(de)**, to take into account
compter to count
concierge (m f) apartment building caretaker
conclure (conclu) to conclude
concours (m) competitive exam (with a set established number of places)
concubin(e) (m f) companion (when living together without being married)
concurrence (f) competition
conduire (conduit) to lead, to conduct; to drive (a car)
confection (f) ready-made clothes
confiance (f) confidence, trust
confier (à) to entrust; **se confier** (**à**): to confide (in)
confiture (f) jam
conflit (m) conflict
congé (m) leave of absence; — **de maternité**: maternity leave
congélateur (m) freezer
conjoint (m) spouse
connaissance (f) knowledge; acquaintance
connaître (connu) to know; to be familiar with
conquérir (conquis) to conquer
consacrer to devote
conscience (f) awareness; **la prise de conscience**: awakening
conseil (m) advice, counsel
conseiller to advise, to counsel
consentement (m) consent
conservateur (-trice) conservative
conserves (f pl) canned goods
consister (en) to consist (of)
consommateur (-trice) (m) consumer
consommation (f) consumption (of goods)
consommer to consume

constater to ascertain, to establish
construire (construit) to build
contagieux (-euse) contagious
conte (m) story, tale
content(e) glad
contenter to make happy; **se contenter (de)**, to be satisfied (with)
conteur (-euse) story teller
contemporain(e) contemporary
contenir (contenu) to contain
contenu (m) content
continuer (à) to continue
contrainte (f) constraint
contre against
contribuer (à) to contribute (to)
contrôle (m) control; **— continu**, continuous assessment in college
convaincre (convaincu) to convince
convenable proper
convenablement properly. **Assieds-toi convenablement!** sit properly!
convenir (convenu) (à) to suit, to fit
copain (copine) (m, f) buddy
corps (m) body
correspondre (correspondu) (**à**) to correspond (to)
cote (f) quotation (stock exchange); **avoir la —**: to be popular
côte (f) coast; rib
côté (m) side; **à — de**, next to
cou (m) neck
couche (f) layer, strata; **—-culotte**: diaper
coude (m) elbow
coudre (cousu) to sew; **machine à —**: sewing-machine
couleur (f) color
coup (m) stroke; **tout à — = tout d'un —**, all of a sudden; **d'un seul —**, all at once
coupable guilty
couper to cut
cour (f) courtyard
courageux (-euse) courageous
courant(e) current, common
courgette (f) zucchini
courir (couru) to run
couronne (f) crown
couronner to crown
courrier (m) mail
cours (m) course; **au — de**, during, in the course of; **— magistral**, lecture (in college)
course (f) errand; **faire les courses**: to go shopping
court(e) short (of things)
cousin(e) (m, f) cousin
couteau (m) knife
couture (f) sewing
couvert (m) place setting (at dinner table); **mettre le —**, to set the table
craie (f) chalk
craindre (craint) to fear, to dread
crayon (m) pencil
crèche (f) daycare center; nativity scene
crédit (m) credit; installment; **acheter à —**, to buy on installment
créer to create
crêperie (f) pancake restaurant
crevé(e) punctured; exhausted (fam); **un pneu crevé**, flat tire
crevette (f) shrimp
crise (f) crisis; **— cardiaque**, heart attack
critère (m) criterion
critique (m) critic; **un — dramatique**, dramatic critic
critique (f) criticism; review
critiquer to criticize
croire (cru) to believe
croyance (f) creed, belief
croix (f) cross
croiser to cross
cru (m) locality in which wines are grown; **vin d'un bon—** wine of a good vintage
cru(e) raw, uncooked
crûment bluntly
cueillir (cueilli) to pick (flower)
cuillère (f) spoon; **— à café**, teaspoon; **— à soupe**, tablespoon
cuire (cuit) to cook
cuisine (f) cuisine, cooking; kitchen; **— équipée**, kitchen equipped with appliances
cuisinier (-ère) (m f) cook
cusinière (f) stove; **— à gaz**, gas stove; **— électrique**, electric stove
cuisse (f) thigh
cuivre (m) copper
cursus (m) curriculum
curriculum vitae = CV résumé

D

dactylographier to type
dame (f) lady; dames, checkers
danse (f) dance
danser to dance
daube (f) stew
de of; from

débarrasser:to rid; to clear (table); **se débarrasser de**, to get rid of
débattre (débattu) to debate
début (m) beginning; **au —**, in the beginning
débutant(e) (m f) beginner
débuter to begin
déchiffrer to decipher
délai (m) deadline
débouché (m) outlet
déboucher to unplug; to uncork (bottle)
débrouillard(e) resourceful
se débrouiller to manage, to cope
déceler to detect
décennie (f) decade
déchet (m) waste material
déclamer to declaim
découper to cut up, to carve
découverte (f) discovery
découvrir (découvert) to discover
décrire (décrit) to describe
déçu(e) disappointed
défaillance (f) failing
défaite (f) defeat
défaut (m) defect, flaw
déjeuner (m) lunch; **petit déjeuner**, breakfast
délai (m) deadline
demain tomorrow
demander to ask
démarches (f pl) formalities
démarquage (m) differenciation
démarrer to start
déménager to move out
demeure (f) dwelling place
demeurer to remain; to dwell
demi(e) half; **demi-frère** (m): half brother, stepbrother; **demi-sœur** (f): half sister, stepsister; **une demi-heure**, half an hour; **une heure et demie**, one and a half hours
démocratie (f) democracy
dentiste (m f) dentist
dépasser to go beyond, to exceed
dépaysé(e) out of one's element
dépayser to remove s.o. from his usual surroundings, from his element
dépêcher: se dépêcher to hurry
dépenser to spend (money, energy)
depuis for (with duration); since (with date or time)
déraciné(e) uprooted
dérangement (m) disturbance
déranger to disturb
dérisoire ridiculous
dériver (de) to derive (from)
dernier (ère) last
dérogation (f) waiver
dérouler to unroll; **se dérouler**, to take place
derrière behind
dès que as soon as
descendre (descendu) to descend, to go down
désert (m) desert
désormais from now on, henceforth
dessert (m) dessert
dessin (m) drawing
dessiner to draw
destinataire (m) recipient (for letter or parcel)
détail (m) detail
détailler to detail
détruire (détruit) to destroy
devant in front of
développement (m) development
développer to develop
devenir (devenu) to become
deviner to guess
devis (m) estimate
devise (f) motto
dévoiler to unveil, to disclose
devoir (m) duty
devoirs (m pl) homework
devoir (dû, due) must, ought to, to have to
dévouement (m) devotion
diabète (m) diabetes
diamant (m) diamond
diapositive (f) slide
dictature (f) dictatorship
dictionnaire (m) dictionary
diététicien(ne) (m f) dietician
diététique (f) dietetics
difficile difficult
digne (de) worthy (of)
dinde (f) turkey
dîner (m) dinner
diplôme (m) diploma; **être diplômé(e) de...**, to be a graduate of...
dire (dit) to say; to tell
directeur (-trice) (m, f) director, manager
direction (f) direction; management
diriger to direct; to manage
discuter to discuss
dispute (f) argument
se disputer to argue
disparaître (disparu) to disappear
disparition (f) disappearance; **en voie de —**: on the way to becoming extinct
dispense (f) waiver

disponible available
disquette (f) computer disk
dissertation (f) research paper
distributeur (m) vending machine
diviser to divide
divorce (m) divorce
divorcer to divorce
doctorat (m) Ph.D.
doigt (m) finger
domestique (m) servant
dommage (m) damage; too bad; **c'est** —, it's too bad
donc therefore, so, consequently
données (f pl) data
donner to give
dont whose, of which
dormir (dormi) to sleep
dot (f) dowry
douane (f) customs (on the border)
douleur (f) pain
douter (de) to doubt
doux (douce) soft; temperate
douzaine (f) dozen; **une — d'œufs**, a dozen eggs
draguer (fam) to make a pass (at)
drapeau (m) flag; **— tricolore**, French flag (blue, white, and red)
droit (m) right; law (as a discipline); **avoir — (à)**: to be entitled (to); **étudiant en** —, law student
droit(e) straight; **tout** —, straight ahead
droite (f) right (handside); **à** —, on the right
duper to dupe, to fool
dur(e) hard; difficult
durée (f) duration
durer to last

E

eau (f) water; **— minérale**, mineral water
éboueur (m) garbage collector
échange (m) exchange
échanger to exchange
échantillon (m) sample, specimen
échapper (à) to escape
échec (m) failure; **échecs**, chess
échelle (f) ladder; scale (music)
échographie (f) sonogram
échouer to fail
éclairer to light up
éclater to burst; **— de rire**, to burst out laughing
école (f) school; **— maternelle**, kindergarten; **— primaire/élémentaire**, elementary school
économie (f) economy; economics
économiser to save
écouter to listen (to)
écrire (écrit) to write
écriture (f) writing
écrivain (m) writer
éduquer to educate
effectuer to complete, to perform
efficace efficient
égal(e) equal; **ça m'est** —, I don't mind
égalité (f) equality
église (f) church
égoïme selfishness
égoïste selfish
électeur (-trice) (m f) voter
élevage (m) raising (of animals)
élève (m, f) pupil, student
élever to raise (child, animal)
élire (élu) to elect
éloigné(e) far, distant
éloigner to send away
embauche (f) hiring; **un entretien d'**—, job interview
embaucher to hire
embrasser to kiss
émeute (f) riot
émission (f) program (radio, TV)
emménager to move in
empêcher (de) to prevent (from)
empereur (impératrice) (m f) emperor, empress
emploi (m) use; job; **— du temps**: schedule
employé(e) (m f) employee
employer to use
employeur (m) employer
emprunt (m) loan
emprunter to borrow
encart (m) insert
enchanté(e) delighted
encore again; still
endroit (m) place, location
énergie (f) energy; **— solaire**, solar énergie
énerver to get on s.o.'s nerves; **s'énerver**, to become irritable
enfance (f) childhood
enfant (m, f) child; **petits-enfants** (m pl): grandchildren
enfin finally
enfler to swell
enfourner to put in the oven
engagement (m) commitment
engager to hire; **s'engager (à)**, to commit (to), to pledge
enjeu (m) stake

enlever to take out/off
enquête (f) investigation
enrichir to make rich; **s'enrichir**: to get rich
enseignant(e) (f) educator (generic term)
enseignement (m) teaching; education (at school); — **supérieur**, higher education
enseigner:to teach
ensemble together
ensemble (m) whole; **un grand** —, residential area with large apartment buildings
ensuite then
entendre to hear; **s'entendre (avec)**: to get along (with)
entente (f) understanding; agreement
entraide (f) mutual aid
entraîner to lead to
entrepôt (m) warehouse
entretien (m) maintenance; support; interview
envergure (f) breadth, span, scope
envers toward (someone)
envie (f) desire, envy; **avoir** — (**de**) to feel like
environ about
envoûtant(e) captivating
envoyer to send
éolienne (f) windmill
épais(se) thick
épanouir: s'épanouir to blossom
épanouissement (m) blossoming
épaule (f) shoulder
épidémie (f) epidemic
épineux (-euse) thorny; difficult
épingle (f) pin
époux (-se) (m f) spouse
éplucher to peel (fruit)
éponge (f) sponge
époque (f) epoch, era
épreuve (f) test; — **écrite**, written test; — **orale**, oral test
épuisé(e) exhausted
équilibre (m) balance
équitation (f) horseback riding
érable (m) maple; **sirop d'**—, maple syrup
escalier (m) staircase
esclave (m, f) slave
espace (m) space
espérance (f) expectations; — **de vie**: life expectancy
espérer to hope
espoir (m) hope
essai (m) trial, attempt
essayer to try
essence (f) gasoline; **une pompe à** —, gas pump
essoufflé(e) out of breath
est (m) east
esthète (m f) art/beauty lover
estomac (m) stomach (organ)
et and
établir to establish
établissement (m) institution; — **scolaire**, school; **fréquenter un** —, to attend a school/institution
étage (m) story, floor (of building); **au premier** —, on the second floor
étanche waterproof
étape (f) stage
état (m) state
Etats-Unis (m pl) United States; **aux** —, in/to the U.S.
été (m) summer
éternuer to sneeze
étoile (f) star
étonnement (m) astonishment, surprise
étonner to astonish, to surprise
étouffer to stifle, to choke
étrange strange
étranger (-ère) foreign; **à l'**—, abroad
être (été) to be
étroit(e) narrow
étude (f) study
étudiant(e) (m, f) college student
étudier to study
Europe (f) Europe
européen(ne) European; **l'Union européenne** = **UE**, European Union (formerly called **Communauté européenne**)
évanouir: s'évanouir to faint
événement (m) event
évêque (m) bishop
évoluer to evolve
examen (m) exam; **passer un** —, to take an exam; — **final**, final exam
expéditeur (m) sender (for letter or parcel)
expérimenté(e) experienced
exposition (f) exhibition
exigence (f) demand
explication (f) explanation
expliquer to explain
exprimer to express
expulser to eject

F

face (f) face, front; **en** — **de**, opposite, across (from)
facile easy

façon manner
facteur (m) factor; mailman
facultatif (-ive) optional
faculté (f) faculty; college (in a university); **la fac** (fam), university
faim (f) hunger; **avoir —**: to be hungry
faire (fait) to do, to make; **— semblant**: to pretend
fait (m) fact; deed
falloir (fallu) to be necessary; **il faut...**, it is necessary to...
familier (ère) familiar
famille (f) family
fantôme (m) ghost
fard (m) make up
fardé(e) made up (wearing make up)
fatigué(e) tired
faute (f) error
fauteuil (m) armchair
faux (fausse) false
favori (-ite) favorite
félicitations (f pl) congratulations
féliciter to congratulate
féminin(e) feminine
femme (f) woman; wife
fer (m) iron; **— à repasser**, clothes iron
férié(e):jour férié, bank holiday
fermer to close, to shut
fermeture (f) closing
fesse (f) buttock
fessée (f) spanking
fête (f) holiday; **— des mères**, mother's day; **— des pères**, father's day; **— du travail**, Labor Day
feu (m) fire; **— d'artifice**, fireworks
fier (fière) proud
fiançailles (f pl): engagement
se fiancer to get engaged
fidèle faithful
fièvre (f) fever; **avoir de la —**, to have a fever
filet (m) net; filet
fille (f) girl; daughter
fil (m) thread
fils (m) son
fin (f) end; **à la —**, in/at the end
finalement finally
financement (m) financing
financier (-ère) financial
finir to finish
flambeau (m) torch; candle
flèche (f) arrow
fléchettes (f pl) darts
fleur (f) flower
fleurir to bloom
fleuve (m) large river (with tributaries)
flûte (f) flute
foi (f) faith
foie (m) liver
fois (f) time; **quatre —**, four times
foncé(e) dark
fonctionnaire (m) civil servant
fond (m) bottom
fondateur (-trice) (m f) founder
fonder to found
football (m) soccer; **— américain**, football
forêt (f) forest
forme (f) form, shape; **avoir la —**, to be in good physical shape
fort loud, loudly; **parler —**, to speak loud(ly)
fort(e) strong; loud; **du café —**, strong coffee
fouetter to whip
foulard (m) scarf
foule (f) crowd
four (m) oven; **— à micro-ondes**, microwave oven; **petits fours**, small pastries
fourchette (f) fork
fourniture (f) supplying, supplies; **fournitures scolaires**, school supplies
foyer (m) hearth; home; **une femme au —**, a homemaker
frais (m pl) expenses
frais (fraîche) cool; fresh (food)
fraise (f) strawberry
franc(che) frank; **pour parler —**, frankly speaking
français(e) French
France (f) France; **en —**, in/to France
francophone French-speaking
frère (m) brother
fric (m) (fam) money
frites (f pl) French fries
froid (e) cold
fromage (m) cheese
froncer les sourcils to frown
front (m) forehead
frontière (f) border, boundary
fruit (m) fruit; **fruits de mer**, seafood
frustré(e) frustrated
fuir (fui) to escape
fumer to smoke
fusée (f) rocket

G

gagner to win; to earn (money); **— du temps**, to save time
galère (f) galley

galon (m) stripe
gant (m) glove
garçon (m) boy
garder to keep
gare (f) station (bus, train)
gaspiller to waste
gâteau (m) cake; — **d'anniversaire**, birthday cake
gauche (f) left; **à** —: on the left
gaz (m) gas; **une cuisinière à** —, gas stove
gazeux (-euse) carbonated (for drink)
gazouiller to twitter
gel (m) frost
geler to freeze
gémissement (m) moaning
gendre (m) son-in-law
génial(e) great; super
genou (m) knee
genre (m) gender (masculine or feminine); sort, kind, type; **je n'aime pas ce — de film**, I don't like this kind of movie
gens (m pl) people (in general)
gentil(le) kind, nice
geste (m) gesture
gestion (f) management
gibier (m) game (wild animals)
gifle (f) slap in the face
glace (f) ice; ice cream; large mirror
glacier (m) ice cream parlor
gomme (f) eraser
goût (m) taste, flavor
goûter (m) snack (after school for children)
goûter to taste (to try)
gouvernement (m) government
grammaire (f) grammar
grand(e) tall, big; **grand-père** (m), grandfather; **grand-mère** (f), grandmother; **grands-parents** (m pl), grandparents
grandir to grow (for person)
gratuit(e) free of charge, gratis
grave serious
grec(que) Greek
Grèce (f) Greece
grève (f) strike; **faire la** —, to go on strike
grippe (f) flu
gronder to scold; to rumble
gros(se) big; fat
gros (m) bulk; **en** —, roughly speaking
grossesse (f) pregnancy
gruyère (m) Swiss cheese
guéridon (m) pedestal table
guerre (f) war; **la Deuxième Guerre mondiale**, World War II
guichet (m) window (bank, post office, train station)
guitare (f) guitar
gymnastique (f) gymnastics; exercise (in general)

H

habiller to dress; **s'habiller**, to get dressed
habits (m pl) clothes
habitant(e) (m, f) inhabitant
habiter to live, to dwell
habitude (f) habit; **d'**—, usually
habitué(e) (m f) regular customer
habituer: s'habituer (à) to get used (to)
haine (f) hatred
harcèlement (m) harassment; — **sexuel**, sexual harassment
haricot (m) bean; — **vert**, green bean
hasard (m) chance; **par** —, by chance
hausse (f) rise, increase
haut(e) high
hebdomadaire weekly
héberger to shelter
hésiter (à) to hesitate (to)
heure (f) hour; time; **dans une** —, in one hour; **Quelle — est-il?** What time is it? **il est une** —, it's one o'clock; **Avez-vous l'heure?** Do you have the time? **être à l'**—, to be punctual; **A tout à l'—!** See you later!
heurter to hit
hier yesterday
histoire (f) history; story; — **de l'art**, art history
hiver (m) winter
hollandais(e) Dutch
homme (m) man
honnête honest
honte (f) shame; **avoir — (de)**, to be ashamed (of)
huile (f) oil (for cooking or engines)
humeur (f) mood; **être de bonne/mauvaise** —, to be in a good/bad mood
hurler to howl
hymne (m) anthem; — **national**, national anthem

I

idée (f) idea
identifier to identify
île (m) island
illettré(e) illiterate
illustrer to illustrate
imiter to imitate
immigré(e) (m, f) immigrant
immobilier (m) real estate

imperméable waterproof
imperméable (m) raincoat
impoli(e) impolite
impôt (m) tax
imprégner to permeate
imprimante (f) printer (for computer)
inconvénient (m) drawback
indépendance (f) independence
individu (m) individual
inégalité (f) inequality
infirmier (ère) (m f) nurse
informatique (f) computer science
ingénierie (f) engineering
ingénieur (m) engineer
ingrat(e) ungrateful
inondation (f) flood
inquiet (-ète) worried
inscription (f) registration
inscrire (inscrit) to register s.o. or something; **s'inscrire**, to register (at a school)
installer to install; **s'installer**, to settle (down)
instituteur (-trice) teacher (elementary level)
instruit (e) educated, learned
insupportable unbearable
intéressant(e) interesting
intéresser to interest; **s'intéresser (à)**, to be interested (in)
intérêt (m) interest
intermède (m) interlude
interdire (interdit) to forbid
interdit(e) forbidden
intitulé(e) titled
introduire (introduit) to introduce
invité(e) (m f) guest
inviter to invite
irlandais(e) Irish
Irlande (f) Ireland
issu(e) de... coming from...
ivre drunk

J

jalousie (f) jealousy
jaloux (jalouse) jealous
jambe (f) leg
jambon (m) ham
jardin (m) garden
jardinage (m) gardening
jaune yellow
jeu (m) game
jeune young
jeûne (m) fast
jeûner to fast
jeunesse (f) youth
joue (f) cheek
jouer to play; **— à** + game; **— de** + musical instrument
jouir (de) to enjoy
jouissance (f) enjoyment
jour (m) day
journal (m) (pl **journaux**) newspaper; journal; diary
journée (f) day
juger to judge
juif (-ve) Jewish
jupe (f) skirt
jus (m) juice; **— de fruit**, fruit juice
juste accurate; fair
justifier to justify

L

lac (m) lake
laid(e) ugly
laine (f) wool
laisse (f) leash
lait (m) milk
laitier (-ère) dairy, from milk; **produits laitiers** (m), dairy products
laitue (f) lettuce
lancement (m) launching
lancer to throw; to launch (rocket)
langue (f) language; **la — maternelle**, native language
lapin(m) rabbit
large wide
lassé(e) tired
lave-linge (m) washing machine
lave-vaisselle (m) dishwasher
laver to wash
lecture (f) reading
léger (-ère) light; frivolous
légume (m) vegetable
lequel (laquelle) (pl **lesquels, lesquelles**) which
lessive (f) laundry
lettre (f) letter
lever to raise
liberté (f) freedom
libre free
licence (f) three-year degree equivalent to a bachelor's
lien (m) tie; **— de parenté**, family tie
lieu (m) place, location; **avoir —**: to take place
ligne (f) line; **avoir la —**, to be slim

linge (m) linen, laundry; **le — sale**, dirty laundry
lire (lu) to read
littéraire literary
livre (m) book; **— de poche**, paperback
livrer to deliver
locataire (m f) tenant
logement (m) housing, lodging
loger to lodge
logiciel (m) software
loi (f) law
loin far
lointain(e) distant
loisir (m) leisure
long(ue) long
longtemps a long time
lorsque when
louer to rent
lourd(e) heavy
loyer (m) rent
lumière (f) light; **allumer et éteindre la —**, to turn the light on and off
lune (f) moon; **la — de miel**, honeymoon
lutte (f) struggle
lutter to struggle
lycée (m) senior high school

M

mâcher to chew
machine à laver (f) washing machine
magasin (m) store, shop
magazine (m) magazine
maghrébin(e) from North Africa
magnétoscope (m) videocassette recorder (VCR)
maigre very thin, meager
main (f) hand
maintenant now
maintenir (maintenu) to maintain
maintien (m) keeping, upholding
maire (m) mayor
mairie (f) city hall
mais but
maison (f) house; **à la —**, at home; **fait(e) —**, home-made
maître (maîtresse) (m f) master, mistress; **maître/maîtresse d'école**, school master/mistress
maîtrise (f) master's degree
majeur(e) major
majoritaire pertaining to the majority
mal (m) pain, illness; **avoir —**, to hurt, to ache
mal badly
malade sick, ill
maladie (f) disease, illness
malgré in spite of
malheur (m) unhappiness, misery
malin (maligne) sly; malicious; malignant; **un — plaisir**, malicious pleasure
malmené(e) abused
maman mommy
manche (f) sleeve; **la Manche**, the English Channel
manger to eat
mangue (f) mango
maniaquerie (f) fussiness
manie (f) habit, tic
manière (f) manner
manifestation (f) manifestation; street demonstration
mannequin (m) fashion model
manœuvre (m) unskilled worker
manquer to lack; to miss; to be missing; **— de courage**, to lack courage; **— le train**, to miss the train; **il manque deux pages**, two pages are missing; **tu me manques**, I miss you
manuscrit(e) handwritten
marbre (m) marble
marché (m) market
mari (m) husband
mariage (m) marriage; wedding ceremony
marron (m) chestnut
marron (inv) brown
marteau (m) hammer
masculin(e) masculine
massif montagneux (m) mountain chain
matière (f) matter; school subject; **— grasse**, fat; **matières premières**, raw materials
matin (m) morning
mauvais(se) bad
médicament (m) medicine, medication
médecin (m) physician
médecine (f) medicine, medical field; **un étudiant en —**, a medical student
se méfier (de) to be suspicious (of)
méfiance (f) mistrust
méfiant(e) suspicious
meilleur(e) better; best
mélange (m) mixture
mélanger to mix
mêlé(e) mingled
même same
ménage (m) household; couple; **une femme de —**, cleaning lady
mener (à) to lead (to)
mensuel(le) monthly

mensurations (f pl) body measurements
mentionner to mention
mentir to lie
menton (m) chin
mépris (m) contempt
mépriser to despise
mer (f) sea
mère (f) mother
mésentente (f) disagreement
mesquin(e) mean, petty
messe (f) mass
mesurer to measure
métier (m) profession, trade
métis(se) cross-bred
métro = **métropolitain** (m) subway
metteur (m) **en scène** stage director
mettre (mis) to put; **— à jour**, to update; **— des vêtements**, to put on clothes; **se mettre à** + inf., to start + ing
meuble (m) piece of furniture
meublé(e) furnished
midi noon
miel (m) honey
milieu (m) middle; **au milieu (de)**, in the middle (of)
militaire military
minable shabby, pitiable
mince slim, slender
minceur (f) slimness
minerai (m) ore
minoritaire pertaining to the minority
minuit midnight
miroir (m) hand mirror
mobilier (m) furniture (in general)
mode (f) fashion, style; **à la —**, in style
modèle (m) model; artist's model
mœurs (f pl) customs (traditions)
moindre slightest
moins less
mois (m) month
moitié (f) half
monde (m) world; **tout le —**: everybody; **— du spectacle**, show business
mondial(e) worldwide
moniteur (-trice) (m, f) instructor (for extra-curricular activities or summer camp)
monnaie (f) currency; **avoir la —**, to have the change
montagnard(e) from the mountains
montagne (f) mountain
montagneux (-euse) mountainous
monter to climb, to go up
montrer to show
moquette (f) wall-to-wall carpeting
morceau (m) piece; **— de fromage**, piece of cheese
morue (f) cod
mort (f) death
mot (m) word; **mots croisés**, crossword puzzle
moto(cyclette) (f) motorbike
mou (molle) soft; flabby
mouche (f) fly
mouillé(e) wet
moule (m) mold; baking pan
moule (f) mussel
mourir (mort) to die
mousseux (-euse) foamy; sparkling (for wine)
mouton (m) mutton (meat)
mouvement (m) movement, motion
moyen (m) means; **au — de...**, by means of...; **moyens financiers**, financial means
moyen(ne) average; **en moyenne**, on the average
se moquer (de) to make fun (of)
mur (m) wall
musculation (f) body building
musée (m) museum
musique (f) music; **— classique**, classical music; **instrument de —**, musical instrument
musulman(e) Muslim

N

naguère formerly
naissance (f) birth; **donner — (à)**: to give birth (to)
naître (né) to be born
nappe (f) table cloth
natation (f) swimming
natte (f) braid; mat
nature morte (f) still life
nausée (f) nausea
néanmoins nevertheless, still
nécessaire necessary
néerlandais(e) from the Netherlands; Dutch (language)
négliger to neglect
neige (f) snow
neiger to snow
nettoyage (m) cleaning
nettoyer to clean
neutre neutral
neveu (m) nephew
nez (m) nose
ni... ni... neither... nor...
nièce (f) niece
nier to deny
niveau (m) level

noce (f) marriage; **le voyage de —**, honeymoon (trip)
Noël Christmas
noir(e) black
nom (m) name; last name
nombre (m) number
nombreux (-euses) numerous
nommer to name
nord (m) north
note (f) note; grade (school)
nourricier(ère) nutritive; **père nourricier**, foster-father
nourrir to feed
nourriture (f) food
nouveau (nouvelle) new
nouvelle (f) piece of news
nu(e) naked
nuage (m) cloud
nuageux (-euse) cloudy
nuit (f) night
numéro (m) number (in a series); **— de téléphone**, phone number

O

obéir (à) to obey
obéissance (m) obedience
objet (m) object; subject (of letter)
obligatoire mandatory
obliger to oblige, to force
obséder to obsess
obsession (f) obsession
obtenir (obtenu) to obtain, to receive, to get
occasion (f) opportunity; **une voiture d'—**, used car
occuper to occupy; **s'occuper (de)**, to take care (of)
océan (m) ocean,
œil (m) (pl **yeux**) (m) eye
œuf (m) egg; **— dur**, hard boiled egg; **— sur le plat**, fried egg; **— poché**, poached egg; **œufs brouillés**, scrambled eggs
œuvre (f) work, works (artist, writer); **l'— de Diderot**, the works of Diderot; **— d'art**, work of art
officiel(le) official
offrir (offert) to offer
oisif (-ve) idle
ombre (f) shade, shadow
oncle (m) uncle
opéra (m) opera; opera house
option (f) option; elective (school)
or (m) gold
or now, but whereas
orage (m) thunderstorm
orageux (-euse) stormy
ordinateur (m) computer
ordre (m) order
ordures (f pl) trash; **— ménagères**, household trash
oreille (f) ear
oreillons (m) mumps
organiser to organize
orgueil (m) pride
orgueilleux (-euse) proud
orteil (m) toe
orthographe (f) spelling
ortie (f) nettle
os (m) bone
oseille (f) sorrel (vegetable)
oser to dare
ossature (f) frame
otite (f) otitis
ou or
où where
oublier to forget
ouest (m) west
outil (m) tool
outre-mer overseas; **département/territoire d'—**, overseas department/territory
ouvre-boîte (m) can opener
ouvrier (-ère) worker
ouvrir (ouvert) to open

P

paille (f) straw
pain (m) bread
pallier to alleviate
palmier (m) palm tree
pamplemousse (m) grapefruit
panier (m) basket
panne (f) breakdown; **en —**, out of order
pantalon (m) (long) pants
pantoufle (f) slipper
papa daddy
Pâques Easter
parapluie (m) umbrella
parce que because
parents (m pl) parents
pardessus (m) overcoat
pardon (m) forgiveness; —! excuse-me!
pardonner to forgive
paresseux (-euse) lazy

parfois sometimes
parfum (m) perfume
parking (m) parking lot
parlement (m) parliament
parquet (m) wooden floor
partager to share
partenaire (m) partner
parti (m) (political) party
particulier (-ère) particular; **en particulier**, in particular, especially
partie (f) part; **faire — de**, to be part of
partiel(le) partial
partiel (m) major test in the middle of the academic year in college
partir to leave
partout everywhere
pas (m) step
passe-temps (m) pastime, hobby
passer to spend (time)
passionnant(e) fascinating
pâtes (f pl) pasta
patin (m) skate; **— à roulettes**, roller skate; **— à glace**, ice skate
patinage artistique (m) figure skating
patiner to skate
patrimoine (m) heritage
payer to pay
pâtisserie (f) pastry; pastry shop
pavillon (m) individual house
pauvre poor
payer to pay
pays (m) country; **— en voie de développement**, developing country
Pays-Bas (m pl) Netherlands
paysage (m) landscape
peau (f) skin
pêche (f) fishing
pêcher to fish
pêcheur(-euse) (m f) fisherman/woman
peindre (peint) to paint
peine (f) sorrow; **à —**, hardly; **cela en vaut la peine**, it is worth it
peinture (f) paint; painting; **— à l'huile**, oil paint
pelle (f) shovel; dustpan
pendant during, for
penser to think
pension (f) pension; **— alimentaire**: alimony
percevoir (perçu) to perceive
père (m) father
péridurale (f) epidural shot
permettre (permis) to allow, to permit
personnage (m) character (in play, novel)
personne (f) person
personne nobody
peser to weigh
peste (f) plague
petit(e) small; short (of people)
pétrole (m) petroleum
peu little; **un —**, a little
peuple (m) people, nation; **le — français**, the French nation
peuplement (m) settlement, populating
peur (f) fear; **avoir — (de)**, to be afraid (of); **faire — (à)**, to scare off
phrase (f) sentence
physicien(ne) physicist
piano (m) piano; **jouer du —**, to play the piano
pièce (f) room (generic term); coin; (theatre) play; **un trois-pièces**, two-bedroom apartment
pied (m) foot; **à —**, on foot
piège (m) trap
pierre (f) stone
piéton(ne) (m f) pedestrian
pilule (f) pill
piment (m) hot pepper
pire worse; worst
piscine (f) swimming pool
piston (m) social connections
placard (m) cupboard, cabinet; closet
place (f) place; seat; square (in city); room; **à ta place, je...**, in your place, I...; **il n'y a pas assez de —**, there is not enough room
plage (f) beach
plaindre (plaint) to pity; **se plaindre (de)**, to complain (about)
plainte (f) complaint; **porter — (contre)**, to file a complaint (against)
plaire (plu) (à) to appeal (to); **cela me plaît**, I like that
plaisir (m) pleasure; **faire — (à)**, to please
planche (f) wooden board; **— à voile**, windsurfing
plaque minéralogique (f) license plate (car)
plastique (m) plastic
plat (m) dish; **— principal**, main dish; **— cuisiné**, cooked dish
plat(e) flat; plain; **eau plate**, plain water
plateau (m) tray
plein(e) full
pleuvoir (plu) to rain
plomb (m) lead
plonger to dive
plongée sous-marine (f) scuba diving
pluie (f): rain
plus more

plusieurs several
plutôt rather
poche (f) pocket
poêle (f) frying pan
poésie (f) poetry
poids (m) weight
poignée (f) handle (door); handful; **— de main,** handshake
poignet (m) wrist
poil (m) hair
point (m) point; period (punctuation); **les quatre points cardinaux: le Nord, le Sud, l'Est et l'Ouest**
poison (m) poison
poisson (m) fish
poissonnerie (f) fish market, fish-shop
poivre (m) pepper
poli(e) polite
polir to polish
politique (f) politics; policy
pomme (f) apple; **— de terre**, potato
pondéré(e) level-headed
pont (m) bridge
populaire popular; uneducated
porc (m) pork, pig
porte (f) door; **— d'entrée**, main door
poser to put down; **— une question**, to ask a question; **— un problème**, to create a problem
posséder to possess, to own
poste (m) post, position
poste (f) postal services; **un bureau de** —, post office
potage (m) soup (with ingredients mashed)
pote (m) (fam) buddy
poubelle (f) trash can; **sortir la** —: to take out the trash
pouce (m) thumb
poulet (m) chicken; **— rôti**, roast chicken
poumon (m) lung
poupon (poupée) (m f) baby doll
pour for
pourcentage (m) percentage
pourquoi why
poursuivre (poursuivi) to pursue; **se** —, to continue
pourtant nevertheless, yet
pousser to grow (for plants)
poussette (f) stroller
poussière (f) dust; **faire la** —, to dust
poussiéreux (-euse) dusty
pouvoir (m) power
pouvoir (pu) can, to be able to
pratique practical
pratique (f) practice
pratiquer to practice
préféré(e) favorite; **mon film** —, my favorite movie
préférer to prefer
préjugé (m) prejudice
premier (-ère) first
prendre (pris) to take
prénom (m) first name
près (de) near
présenter to introduce
presque almost, nearly
pressé(e) in a hurry
pressing (m) dry cleaner's
prétendre (prétendu) to claim
prêt (m) loan
prêt(e) ready
prêter to loan
prêtre (m) priest
preuve (f) proof
prévision (f) forecast
prévoir (prévu) to foresee, forecast
prime (f) bonus
principe (m) principle
printemps (m) spring (season)
prix (m) cost, price; prize, reward; **— de vente**, sales price; **— littéraire**, literary prize
prochain(e) next
produire (produit) to produce
produit (m) product
professeur (m) teacher, professor (secondary level or college); **— d'école**, elementary school teacher (since 1991)
profession (f) profession; **les professions libérales**, independent professions (architects, attorneys, dentists, physicians, etc.)
profond(e) deep
profondeur (f) depth
progrès (m) progress
projet (m) plan
promesse (f) promise
promettre (promis) (de) to promise
propice favorable
propre clean; own; **ma — fille**, my own daughter
propriétaire (m f) owner; landlord, landlady
protéger to protect
protéine (f) protein
protestant(e) Protestant
prouver to prove
provenance (f) origin
provoquer to provoke; to cause (an event)
psychiatre (m f) psychiatrist

publicité (f) advertising; commercial
publier to publish
puce (f) flea; micro chip; **le marché aux puces**, flea market
puis then
puissant(e) powerful
pull (m) sweater
punir to punish
punition (f) punishment
purée (f) mashed potatoes; **en —**, mashed

Q

qualité (f) quality
quand when
quartier (m) district, division in a city
que which, that
quel(le)(s) which, what
quelque(s) some, a few; **quelque chose** something; **quelqu'un**, someone
quelquefois sometimes
question (f) question; **poser une —**, to ask a question
questionnaire (m) questionnaire; **— à choix multiple = QCM**, multiple choice test
qui who, whom
quoi what
quoique although
quotidien(ne) daily
quotidien (m) daily newspaper

R

raccommoder to mend
racine (f) root
raconter to tell (story)
radin(e) (fam) stingy
rage (f) rabies
raisin (m) grapes; **raisins secs**, raisins
raison (f) reason
raisonnable reasonable, sensible
raisonner to reason
ramasser to pick up
randonnée (f) outing; hiking
rang (m) rank
rangée (f) row
ranger to put away
râpé(e) grated; **fromage —**, grated cheese
rapide quick, rapid
rappel (m) reminder; recall
rappeler to call back, to recall; **se rappeler**, to remember
rapprocher to bring closer/ together, to unite
rare rare
raser to shave
rasoir (m) shaver
rassurer to reassure
ravi(e) delighted
ravissant(e) lovely
réagir to react
réalisateur (-trice) film director
rebrousser chemin to turn back
recensement (m) census
recenser to record, to count
recette (f) recipe
recevoir (reçu) to receive
recherche (f) search, research
réciproque reciprocal
récit (m) narration, narrative
récompense (f) reward
récompenser to reward
reconnaître (reconnu) to recognize
recourir (recouru) (à) to resort (to)
recrutement (m) recruiting; **cabinet de —**, recruiting firm
recruter to recruit
recruteur (m) recruiter
reculer to step back; to move back
recyclage (m) recycling
recycler to recycle
redoubler to repeat (a class)
réduire (réduit) to reduce
rein (m) kidney
référence (f) reference; **faire — (à)**, to refer (to)
réfléchir to reflect
réformer to reform
réfrigérateur (m) refrigerator
refuser (de) to refuse
regarder to look (at); to watch
régime (m) diet, regimen; **faire le —**, to be on a diet
règle (f) rule; ruler
régler to regulate
réglisse (m) liquorice; **bâton de —**, liquorice stick
regretter to regret
remarquer to notice
rembourser to reimburse
remplacer to replace
remplir to fill
remue-méninges (m) brainstsorming
rémunération (f) compensation, salary
rencontrer to meet
rendre (rendu) to give back; **— service (à)**, to be of service (to); **se — compte (de)**, to realize
renommée (f) reputation

renoncer (à) to give up
renseignement (m) information
renseigner to inform
rentable profitable
rentrée scolaire/universitaire (f) first day of school
rentrer to come back
répandu(e) common, widespread
répartition (f) distribution
repas (m) meal
repassage (m) ironing
repasser to iron (clothes); **un fer à —**, (clothes) iron
repère (m) guide mark, landmark
répondre (répondu) (à) to answer, to respond
se reposer to rest
représentant(e) (m f) traveling salesperson
représentation (f) representation; show; **— théâtrale**, stage performance
réseau (m) network
résidence (f) residence; **— universitaire**, college dorm
résoudre (résolu) to solve
respirer to breathe
ressembler (à) to resemble, to look like
restaurant (m) restaurant; **— universitaire** = **resto-U**, university cafeteria
reste (m) rest, remainder
rester to stay; to remain
résultat (m) result
résumé (m) summary
résumer to summarize
retard (m) delay; **être en —**, to be late
retarder to delay, to potspone
rêve (m) dream; **faire un —**, to have a dream
rêver to dream
retirer to take off, to remove, to withdraw
retourner to return, to go back
retraite (f) retirement; retreat; **prendre sa —**, to retire
réunir to reunite, to gather
réussir to succeed
réussite (f) success
revanche (f) revenge; **en revanche**, on the other hand
réveillon (m) celebration on Christmas Eve and New Year's Eve
revendication (f) claim, demand
revendiquer to claim, to demand
revenir (revenu) to come back
rhume (m) cold; **— des foins**, hay fever
riche rich
richesse (f) wealth
ride (f) wrinkle
rideau (m) curtain; drape
rien nothing
rigoureux (-euse) harsh
rillettes (f pl) potted ground pork
rire (ri) to laugh
rivière (f) river
riz (m) rice
robe (f) dress; robe
robot-mixer (m) food processor
roi (reine) (m f) king, queen
rôle (m) role
roman (m) novel; **— policier**, detective novel
romancier (-ère) (m f) novelist
rond(e) round
rosbif (m) roast beef
rôti (m) roast
rouge red
route (f) road
roux (rousse) red (hair); **elle est rousse**, she has red hair
rude hard, harsh (climate)

S

sable (m) sand
sac (m) bag; **— à main**, purse
sain(e) healthy, sane
saison (f) season
salade (f) salad; **— composée,** tossed salad with many ingredients
saladier (m) salad bowl
salaire (m) salary
salé(e) salty, salted
salle (f) hall, large room; **— de bains**, bathroom; **— à manger**, dining room; **— de séjour**, living room; **— de spectacle**, (movie or concert) hall
salon (m) sitting room
salubre healthy (air, climate)
salutation (f) greeting
sanctionner to penalize
sang (m) blood
sans without
santé (f) health; **être en bonne —**, to be healthy
saoul(e) drunk
satisfait(e) satisfied, content
saucisson (m) hard salami
sauf except
sauver to save; **se sauver**, to escape
saveur (f) taste, flavor
savoir (su) to know

savoir (m) knowledge
sceau (m) seal
schéma (m) diagram
science (f) science; **les sciences politiques**, political science; **les sciences économiques**, economics (as subject)
scolaire school related; **l'année —**, school year
sculpter to sculpt
sculpteur (m) sculptor
sculpture (f) sculpture
seau (m) bucket
sec (sèche) dry
sèche-cheveux (m) hair dryer
sèche-linge (m) clothes dryer
sécher to dry
sècheresse (f) drought
secouer to shake
secrétaire (m f) secretary
séduire (séduit) to seduce
séjour (m) stay, sojourn
sel (m) salt
sélection (f) selection; weeding out
semaine (f) week
sens (m) meaning
sensible sensitive
senteur (f) smell, scent
sentir to smell; to feel
séparer to separate
serment (m) pledge
serrer to squeeze; **— la main**, to shake hands
serrure (f) lock
serveur (**-euse**) (m f) waiter, waitress
serviette (f) towel; napkin
servir to serve; **se —**, to help oneself
seuil (m) threshold
seul(e) alone; only; **être —**, to be lonely; **mon — ami**, my only friend
sexe (m) gender; sex
shampooing (m) shampoo
sida (m) AIDS
sidérurgie (f) steel industry
siècle (m) century; **au vingtième —**, in the XXth century
sigle (m) acronym
signature (f) signature
signer to sign
signification (f) meaning
signifier to mean
silence (m) silence
silencieux (-euse) silent
sillonner to travel through
simple easy; mere; **une — erreur**, a mere error
singe (m) monkey
sinon otherwise
situé(e) located
ski (m) ski; skiing; **— alpin**, downhill skiing; **— de fond**, cross-country skiing; **— nautique**, water skiing
smoking (m) dinner jacket
société (f) society; company, firm
sœur (f) sister
soie (f) silk
soif (f) thirst; **avoir —**, to be thirsty
soir (m) evening
soja (m) soy
sol (m) soil
soleil (m) sun
solennel(le) solemn
somme (f) sum
sondage (m) poll
sot(te) silly
sottise (f) silliness; foolish act or word
sou (m) penny
soubassements (m pl) foundations (for house)
soudain suddenly
souder to weld
souffrir (souffert) to suffer
souhaiter to wish
soulier (m) shoe
soupe (f) soup (whole ingredients)
souper (m) supper
soupir (m) sigh
soupirer to sigh
sourcil (m) eyebrow
sous under
sous-titre (m) subtitle
soutenir (soutenu) to support
souvenir (m) memory
souvenir: se souvenir (de) to remember
souvent often
spécialisation (f) specialization; major field of study
spectacle (m) show
sport (m) sport
stage (m) internship
statut (m) status
stressé(e) stressed up
studio (m) efficiency apartment
stupeur (f) amazement
stylo (m) pen; **— à bille**, ballpoint pen; **— à encre**, fountain pen
subir une influence, to be influenced
sucreries (f pl) sweets
succursale (f) branch office (for company)

sucre (m) sugar; **canne à —**, sugar cane
sucré(e) sweet, sweetened
sud (m) south
Suisse (f) Switzerland
suisse Swiss
suivant (e) next, following
suivant according to
suivre (suivi) to follow; **— un cours**, to take a course
superficie (f) surface (house, land)
supermarché (m) supermarket
sur on
sûr(e) sure
surgelé(e) frozen; **produits surgelés**, frozen foods
surmonter to overcome
surprise (f) surprise; **une bonne —**, a pleasant surprise
surveillant(e) (m f) supervisor in charge of discipline (in secondary schools)
surveiller to supervise
survivre (survécu) to survive
susciter to arouse
sympa = **sympathique** friendly
synthèse (f) synthesis

T

tabac (m) tobacco; **un bureau de —**, tobacco shop
table (f) table; **— basse**, coffee table; **— de nuit**, bedside table
tableau (m) board, blackboard; table (of data); painting; **— de Monet**, painting by Monet
tabouret (m) stool
tâche (f) task; **tâches ménagères**, housework chores
taille (f) size (clothes); height (person); waist
taille-crayon (m) pencil sharpener
talon (m) heel
tamponner to dab
tante (f) aunt
tapage (m) uproar
tapis (m) carpet
tapoter to pat
tard late
tarte (f) large open fruit pie
tasse (f) cup; **une sous-—**, saucer
taux (m) rate
technicien(ne) (m f) technician
technologie (f) technology
téléphone (m) telephone
teléphoner (à) to call
téléviseur (m) TV set
télé = **télévision** (f) TV, television; **regarder la —**, to watch TV
témoin (m) witness
témoigner (de) to bear witness (to)
temps (m) time; weather; **avoir le —**, to have time; **Combien de —?** How long? **Quel — fait-il?** What's the weather like?
tendance (f) tendency; **avoir — à**, to tend to
tenir (tenu) to hold
tentative (f) attempt
tenter (de) to attempt
terrain (m) lot, building lot
terre (f) earth, soil
territoire (m) territory
tête (f) head
thé (m) tea
théâtre (m) theatre (stage); **une pièce de —**, a play
thèse (f) doctoral dissertation
thon (m) tuna
timbre (m) stamp
tire-bouchon (m) corkscrew
tissu (m) fabric
titre (m) title
toile (f) canvas
toilettes (f pl) restroom; **cabinet de toilette**, lavatory
toit (m) roof
tôle (f) sheet metal
tomate (f) tomato
tombe (f) tomb
tomber to fall
tonneau (m) cask, barrel
torcher to wipe clean
torse (m) torso
toujours always; still
tour (m) turn
tour (f) tower
tourner to turn
Toussaint (f) all saints' day
tousser to cough
tout everything
tout(e), tou(te)s all
tradition (f) tradition
traditionnel(le) traditional
train (m) train; **TGV** = **— à grande vitesse**, high speed train
traité (m) treaty
traitement (m) treatment; **— de texte**, word processing
tranche (f) slice; **couper en tranches**, to slice
tranquille quiet; **un quartier —**, quiet district; **rester —**, to keep quiet

transformer to transform; to remodel (house)
transpirer to perspire
travail (m) work
travailler to work
travailleur (-euse) hardworking
traverser to cross
trébucher to stumble
tribu (f) tribe
triste sad
trombone (m) paper clip
tromper to deceive, to fool; **se tromper**, to be mistaken
troupe (f) troop; **— de théâtre**, theatre company
trousse (f) pencil case
trouver to find; **se trouver**, to be located
tuberculose (f) tuberculosis
typique typical

U

unité (f) unity, unit; **—d'enseignement et de recherche (UER)** = **— de formation et de recherche (UFR)**, department in a university
université (f) university
usage (m) use, usage
utiliser to use
usine (f) factory

V

vacances (f pl) vacation; break; **les — de Noël**, Christmas break (school); **partir en —**, to go on vacation
vacancier (-ère) (m f) vacationer
vaccin (m) vaccine
vague (f) wave
vague vague
vaincre (vaincu) to vanquish, to conquer
vainqueur (m) conqueror
vaisselle (f) dishes; **faire la —**, to wash the dishes
valeur (f) value
valoir (valu) to be worth; **il vaut mieux** (+ inf), it is better to...; **ça vaut la peine de** (+ inf), it is worth...
vanter to praise
varicelle (f) chicken pox
varié(e) varied
veau (m) veal
vedette (f) star, leading person (show business)
veille (f) preceding day
veiller to stay up, stay awake
vélo (m) bike
vendeur (-euse) (m f) salesperson
vendre (vendu) to sell
venger to avenge; **se venger**, to take revenge
venir (venu) to come
vent (m) wind
vente (f) sale
ventre (m) tummy
ver (m) worm; **— à soie**, silk-worm
vernissage (m) preview of an exhibition
verser to pour; to pay (sum)
vert(e) green; unripe (for fruit)
verger (m) orchard
véritable real
verre (m) glass; **— à pied**, stem glass
vêtements (m pl) clothes
vêtir (vêtu) to dress
veuf (veuve) widower, widow
viande (f) meat
vide empty
vider to empty
vie (f) life
vieux (vieille) old
vieillissement (m) aging
vigne (f) vine
vignoble (m) vineyard
ville (f) city; **en —**, downtown
vin (m) wine
viol (m) rape
violence (f) violence
violent(e) violent
violet(te) purple
violon (m) violin
virgule (f) comma
vis (f) screw; **un tourne-—**, screwdriver
visionner to view (film)
visser to screw
vite quickly
vitesse (f) speed
vitre (f) window-pane; **faire les vitres**, to clean the windows
vivre (vécu) to live; to be alive
vocabulaire (m) vocabulary
vœu (m) wish; **faire un —**, to make a wish; **Meilleurs vœux!** Best wishes!
voile (m) veil
voile (f) sail
voilier (m) sailboat
voir (vu) to see
voisin(e) (m, f) neighbor
voisinage (m) neighborhood
voiture (f) car
voix (f) voice; vote (election)
volaille (f) poultry

vol (m) flight; theft
volant (m) steering-wheel
voler to fly; to steal
volontaire voluntary; volunteer
volonté (f) will, willpower; **bonne** —, goodwill
vomir to vomit
voter to vote
vouloir (voulu) to want
voyage (m) travel, trip
voyager to travel
voyageur (-euse) (m f) traveler
vrai(e) true; real
vraiment really, truly
vue (f) view

244

yaourt (m) yogurt

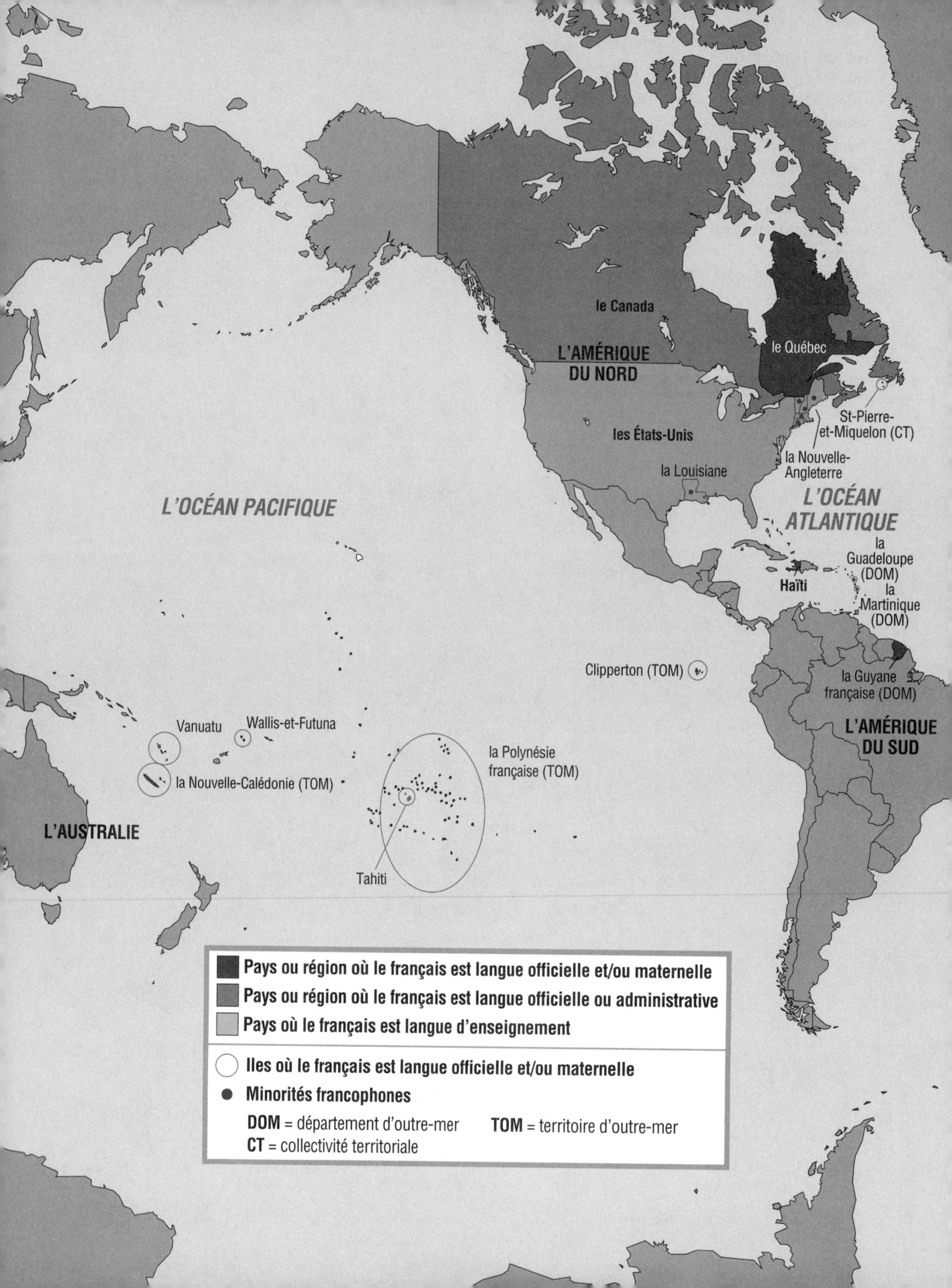
le Canada
L'AMÉRIQUE DU NORD
le Québec
St-Pierre-et-Miquelon (CT)
les États-Unis
la Louisiane
la Nouvelle-Angleterre
L'OCÉAN ATLANTIQUE
L'OCÉAN PACIFIQUE
la Guadeloupe (DOM)
Haïti
la Martinique (DOM)
Clipperton (TOM)
la Guyane française (DOM)
L'AMÉRIQUE DU SUD
Vanuatu
Wallis-et-Futuna
la Polynésie française (TOM)
la Nouvelle-Calédonie (TOM)
Tahiti
L'AUSTRALIE
Pays ou région où le français est langue officielle et/ou maternelle
Pays ou région où le français est langue officielle ou administrative
Pays où le français est langue d'enseignement
Iles où le français est langue officielle et/ou maternelle
Minorités francophones
DOM = département d'outre-mer
TOM = territoire d'outre-mer
CT = collectivité territoriale

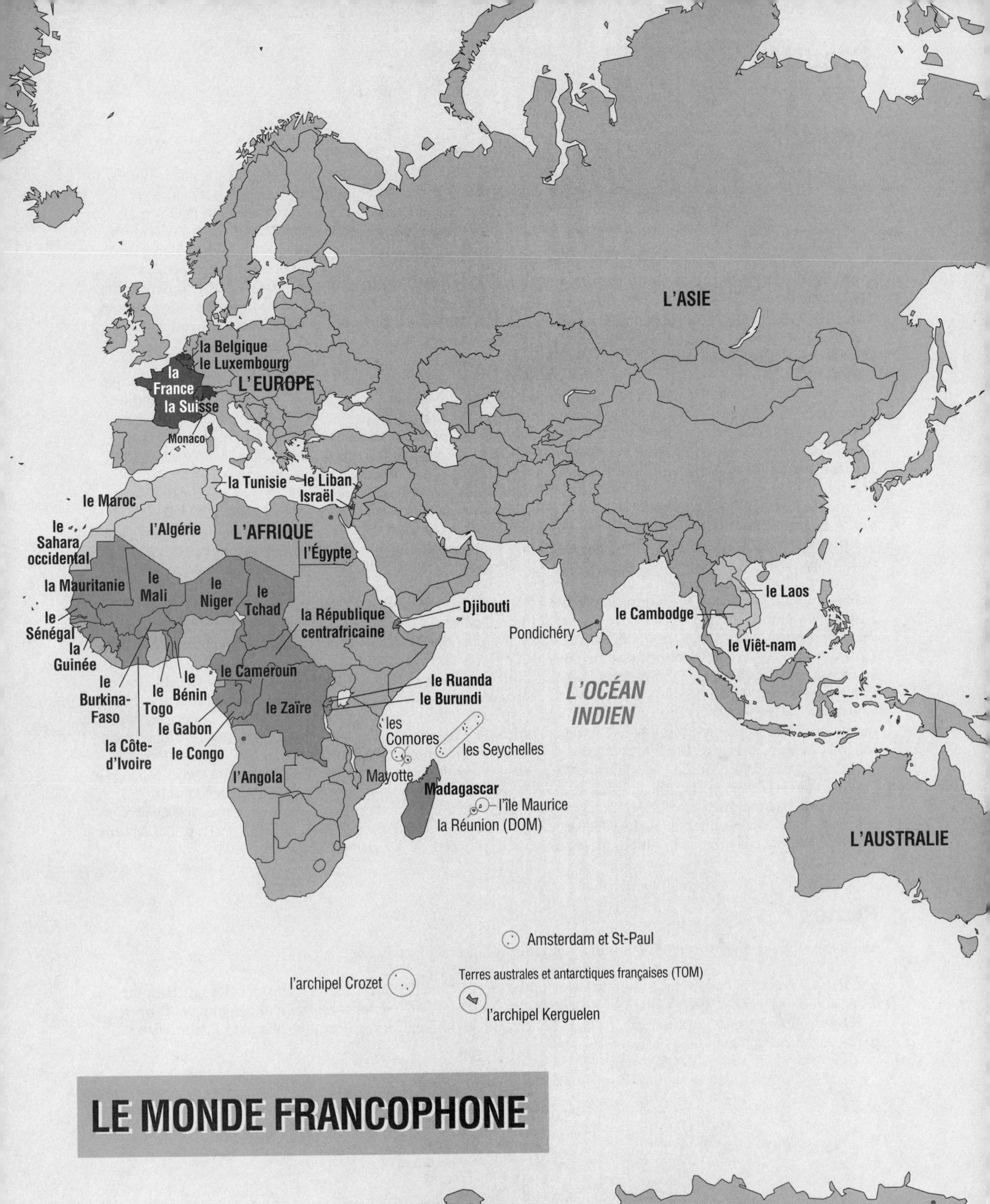

LE MONDE FRANCOPHONE

Credits

Realia

p. 7, Club Med; p10, Gilles Bibeau, «Français joual ou québécois?», extrait de *Découvrir le Québec.* Un guide culturel, 1984.); p11, Ministère des Affaires Internationales, de l'Immigration et des Communautés Culturelles, Québec.; p. 16, Louis Doucet, *Les Antilles aujourd'hui,* ©Editions du Jaguar.; p. 17, Christian Saglio, *Sénégal,* Collection Points; p 21, INSEE; p. 23, Mairie de Cannes; p. 25, *Le Fil des Ans;* p. 26,.©Parfumerie Fragonard, Photo B. Touillon; p. 30, D'après, J.-L. Mathieu et A. Mesplier, *Géographie de la France.,* © Hachette, 1986; p. 36, Anne Arvel, *Côte d'Ivoire,* ©Flammarion.; p. 37, UNIRC; p. 42, INSEE; p. 43, INSEE; p. 46-47, Theodore Zeldin, *Les Français.,* ©Librairie Arthème Fayard, 1983; p. 48, Lob-Gotlib-Alexis, *Superdupont,* 2e ed. ©A.U.D.I.E./Fluide Glacial, 1993; p. 49, Rolandaël, Télé 7 Jeux, septembre 1990; p. 51, ©S.O.S. Racisme; p. 58, *Perspectives Québec,* Gouvernement du Québec; p. 59, Maroc, *Guide Leclerc Evasion,* ©Disellee, 1991; p. 61, J. Lerauge pour *L'Ecole des Parents,* mai 1989; p. 64, ©Peugeot; p. 66, Véronique Gauthier et Muriel Asline, *Voici,* 27 février-3 mars 1991; p. 69-70, Gérard Mermet, *Francoscopie* 1995, ©Larousse, 1994; p. 71, Fédération des Conseils de Parents d'Elèves des Ecoles Publiques 108, avenue Ledru-Rollin-75011 Paris; p. 73, Emilie Carles, extrait d'*Une Soupe aux herbes sauvages.,* ©Robert Laffont; p. 74, Marylène Dagouat, *L'Express,* 20 mai 1993; p. 80, Mylène Rémy, *Le Sénégal aujourd'hui.,* ©Editions du Jaguar; p. 81, Michel Zéraffa, Tunisie., *Petite lanète* ©Editions du Seuil, 1995; p. 87, Claire Brétécher, Les Frustrés F, *Le Nouvel Observateur;* p. 90-91, Geneviève Schurer [enquête d'Annick Zadman], Voici, avril 1991; p. 92, Nicole Claveloux, *Okapi,* 26 novembre 1994 ©Bayard Presse; p. 95, D'après, Annie Leclerc, *Parole de femme,* ©Editions Bernard Grasset; p. 100, Leopold Senghor, *Chants d'ombre.,* ©Seuil; p. 101, Eric Fottorino, Christophe Guillemin, Erik Orsenna, *Besoin d'Afrique.* ©Librairie Arthème Fayard; p. 104, ©ONISEP, Septembre 1994; p. 109-110, Adapté du *Journal Français d'Amérique,* 28 juin-11 juillet 1991; p. 113-114, Adapté de Christophe Agnus, *L'Express,* 11 mai 1990; p. 117-118, Alphonse Daudet, extrait des *Contes du lundi;* p. 123, ©MNEF; p. 124, Adapté de *Feuilles d'information sur la Suisse;* p. 125, Adapté de Université Laval: *Le savoir du monde passe par ici;* p. 131, Adapté de la brochure de l'Institut Pasteur, *Communication et Soutien à la Recherche,* ©Institut Pasteur; p. 134, Adapté d'un article d'Anne-Marie Levene, *Voici,* n°145, 20-26 août 1990; p. 138, Gérard Mermet, *Francoscopie* 1995, ©Larousse, 1994;

p. 146-147, Siradiou Diallo, Le Zaïre aujourd'hui ©Editions du Jaguar; p. 148-149, Adapté d'un article de Claude Raison, Phosphore, janvier 1995, ©Bayard Presse; p. 154, ©PROMODES; p. 156-157, *Okapi,* novembre 1994 ©Bayard Press; p. 161-162, Pascale Pynson, «Ce que mangent les Français» dans *L'Etat de la France et de ses habitants, ©Editions La Découverte,* 1985; p. 165-166, Adapté de la nouvelle *Le Vin de Paris,* de Marcel Aymé, © Editions Gallimard; p. 170, ©Aux Anciens Canadiens; p. 171, *Vacances Québec,* © Tourisme Québec; p. 172, Adapté de Jean-Claude Klotchkoff, *Le Congo aujourd'hui,* ©Editions du Jaguar; p. 181, ©Compagnie Immobilière Phénix; p. 184-185, Laurent Joffrin et Henri Guirchoun, *Le Nouvel Observateur.,* 20-26 juin 1991; p. 188-189, Adapté de Thierry Mantoux, BCBG. *Le bon chic bon genre.,* ©Editions Hermé, 1988; p. 194-195, Yvonne François, *Le Togo* © Editions Karthala, 1993; p. 196-197, Algérie-Sahara, *Guide Poche-Voyage,* © Editions Marcus.; p. 200, Paris vous propose des hôtels, 1995; p. 205, Hélène Hervet et GABS, Sondage CSA-La Vie, *La Vie,* 5 juillet 1990; p. 208-209, Alain Kimmel, Martine Biyer-Weimann, Didier Maule, *Le Français dans le Monde;* p. 211, ©Le Procope; p. 213-214, Adapté de *La Naissance d'un maître,* d'André Maurois, Héritiers André Maurois, tous droits d'adaptation et de reproduction réservés; p. 218, Adapté de *Perspectives Québec,* © Ministère des Affaires Internationales, Québec; p. 219, Maroc, *Guide E. Leclerc Evasion,* ©Disllec, 1991; p. 220, Mylène Rémy, *Le Sénégal aujourd'hui.,* ©Editions du Jaguar; p. 221, Ministère du Tourisme, Cameroun

Photos

All photographs are the property of the author with the exception of the following:

p. 3, (top) F. Rojon/Rapho, (right) P. DeWilde/Hoaqui; p. 18, (left) Michel Gotin/Scope, (right) J. L. Dugast/Hoaqui; p. 38 (bottom left) and p. 49 (left) Bernard Regent/Diaf; p. 103, Lauros-Giraudon/Archives Photographiques Larousse; p. 111, (top) Jean-Michel Labat/Jerrican, (center) Robert Frerck/Odyssey/Chicago, (bottom) Bernard Regent/Diaf; p. 124, Archives Photographiques Larousse.